GRAND LIVRE

DES

PATISSIERS ET DES CONFISEURS

MOTTEROZ, Adin.-Direct. des Imprimeries réunies, A, rue Mignon, 2, Paris.

GRAND LIVRE

DES

PATISSIERS ET DES CONFISEURS

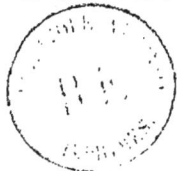

PAR

URBAIN-DUBOIS

AUTEUR DE LA *CUISINE ARTISTIQUE*, DE LA *CUISINE DE TOUS LES PAYS*, DE LA *CUISINE CLASSIQUE*

OUVRAGE EN DEUX PARTIES

RENFERMANT CENT TRENTE-HUIT PLANCHES GRAVÉES

Deuxième partie : 100 Planches

PARIS

LIBRAIRIE E. DENTU, GALERIE D'ORLÉANS, PALAIS-ROYAL

ET DANS TOUTES LES GRANDES LIBRAIRIES

1883

Droits de traduction et de reproduction réservés.

Tout exemplaire non revêtu de la signature ci-dessous, de l'auteur-propriétaire sera considéré comme contrefait.

GROSSES PIÈCES DE PATISSERIE

SUR SOCLE ET SUR TAMBOUR

Les grosses pièces de pâtisserie tiennent le milieu entre les entremets et les pièces ornementales; car elles touchent tout à la fois aux deux genres, en ce sens qu'elles sont préparées avec les mêmes éléments que les entremets, et qu'elles sont le plus ordinairement servies sur des tambours ou des socles ornementés qui, en somme, sont des diminutifs de pièces-montées. Elles comprennent différents genres et offrent, par ce fait, une très grande variété : les gros biscuits, les babas, les savarins, les brioches, constituent le genre simple; les croquembouches, les napolitains, les millefeuilles, les nougats, les grosses meringues, les grosses charlottes, rentrent dans l'ordre des pièces travaillées. Les grosses sultanes, en pastillage ou en sucre filé, constituent un genre particulier, car elles sont plutôt servies à titre de pièces ornementales.

Les grosses pièces de pâtisserie, telles que : gros baba, gros biscuit, gros savarin, etc., ont le double avantage de pouvoir être servies sur la table d'un dîner ou sur celle d'un buffet : sur un buffet, elles sont indispensables; dans un dîner, elles sont souvent servies comme pièce de milieu. Le premier mérite de ces pièces consiste dans la perfection de leur apprêt, et dans leur cuisson au point précis. Un apprêt irréprochable ne s'obtient qu'à l'aide de matières de premier choix : de la belle et bonne farine, du beurre fin, des œufs bien frais; sans ces auxiliaires, le résultat est toujours douteux, difficile à obtenir. La cuisson parfaite des grosses pièces, celle des gros biscuits, des brioches et des babas, celle des biscuits surtout, ne s'obtient qu'à l'aide d'un four soigneusement construit et chauffé. Mais, pour être dans les conditions prescrites, la cuisson de ces pièces exige les soins et les capacités d'un homme absolument compétent : bon pâtissier, bon fournier!

Les formes mâles conviennent à ces pièces qui, pour la plupart, sont servies sur des gradins ou des socles élevés. Bon nombre d'entre elles se passent d'ornementation; mais si la simplicité sied à quelques-unes, il en est d'autres, au contraire, qui exigent une plus luxueuse élégance; cependant, il convient toujours d'être sobre d'ornements quand il s'agit de les appliquer aux pièces mangeables.

En fait, toutes les grosses pièces de pâtisserie doivent être mangeables, ou du moins réputées telles; cependant, toutes ne le sont pas : les sultanes, les grosses meringues, les grosses charlottes, sont de ce nombre. En dehors de celles-ci, il en est d'autres qui, bien qu'étant dans les conditions voulues pour être mangées, ne le sont cependant jamais; ainsi, les croquembouches et les gros nougats, servis sur la table d'un buffet de bal, ne sont jamais entamés, en raison de leur composition qui ne permet pas de les distribuer aisément. Rien ne s'oppose à ce qu'un gros biscuit, un gros baba, un napolitain, soient entamés, car on peut toujours les découper d'avance, sinon entièrement, du moins en partie, de façon à ne point en altérer la forme; mais comment découper un croquembouche, un nougat, une grosse meringue, sans en détruire la forme et les apparences flatteuses, en raison de la résistance que présente la matière? La chose est difficile; voilà pourquoi de telles pièces de pâtisserie, bien que remplissant toutes les conditions voulues, ne peuvent cependant être servies qu'à titre de pièces ornementales.

C'est bien cet inconvénient qui a amené les praticiens à adopter pour ces cas particuliers, c'est-à-dire pour les pièces qui, dans les buffets de bal, sont dressées sur socle, l'usage des pièces ornementales imitant exactement celles qui sont mangeables.

La série des pièces *postiches*, puisqu'il faut les appeler par leur nom, comprend les grosses *sultanes*, les grosses meringues, les grosses charlottes, les grands millefeuilles, les grands nougats et les grands croquembouches; elle comprend ensuite ces pièces en pastillage, en meringue ou en sucre qui n'ont pas de genre défini, mais qui, par leur forme, se rapprochent toujours des pièces mangeables : ce sont surtout celles-là qui sont les véritables pièces *postiches* et qui, dans les grands soupers, jouent un rôle considérable.

Sans doute les grands millefeuilles, les grandes charlottes, pourraient ne pas être considérés comme des pièces postiches, puisqu'elles sont préparées dans des conditions à pouvoir être mangées; mais, en somme, quand ces pièces sont dressées sur des socles élevés, quand elles sont entourées de bordures délicates et fragiles, quand elles sont surmontées d'aigrettes ou de sujets d'ornementation, elles perdent, par ce fait, le titre de pièces mangeables, et ne peuvent être comprises que dans cette catégorie de pièces qui ne se mangent pas. Qui donc oserait, par exemple, sur la table d'un buffet de bal, se mettre à couper un croquembouche ou un nougat? Le pourrait-on, d'ailleurs? Or, si ces pièces ne sont pas à la portée des convives et si elles ne sont pas établies de façon à pouvoir être entamées, elles doivent forcément être classées dans la série des pièces *postiches*, et, dès lors, préparées dans des conditions peu coûteuses, pouvant être conservées longtemps, et, par conséquent, resservies.

Pourquoi les convives chercheraient-ils à entamer des pièces qui ne sont pas, pour ainsi dire, à leur portée, en raison des ornements qui les entourent, puisqu'ils trouvent à côté d'elles leur équivalent dont ils peuvent se servir ou se faire servir sans embarras, sans confusion? Car il ne faut pas perdre de vue que les grosses pièces de pâtisserie, surtout celles qui, par leur nature, ne doivent pas être entamées, sont toujours entourées de garnitures analogues à la pièce même. Dès lors, où serait la nécessité, pour les praticiens, de perdre un temps infini à confectionner des pièces coûteuses, difficiles à réussir et exigeant le plus souvent d'être terminées au dernier moment pour être appréciées? N'est-il pas préférable, n'est-il pas plus logique de remplacer ces pièces par des sujets d'ornement qui, par leur belle apparence, rachètent avantageusement les qualités solides qui leur font défaut? Ils les rachètent d'autant plus complètement, qu'il est facile de les préparer à loisir, avec calme et réflexion, de façon à leur donner l'élégance et la coquetterie indispensables.

Voilà bien le motif, si je ne me trompe, qui a fait accepter les pièces postiches, sur la table des grands buffets, et par les amphytrions et par les pâtissiers eux-mêmes.

––––––––––

Couleurs d'office. — On vend à Paris des couleurs liquides et végétales, en pâte ou transparentes, à l'usage des pâtissiers; les plus parfaites sont celles dites couleurs *Breton*; je vais donner néanmoins quelques procédés avec lesquels on peut opérer soi-même.

Couleur rouge. — On pile finement 150 grammes de belle cochenille, on la dépose dans un poêlon, on la mouille avec 1 litre d'eau; on ajoute 100 grammes de crème de tartre, 100 grammes d'alun, 200 grammes de sucre; on pose le poêlon sur feu pour laisser réduire le liquide de moitié; on additionne alors 2 décilitres d'esprit-de-vin; on donne un seul bouillon, on passe le liquide à la serviette pour l'enfermer en bouteille.

Couleur jaune. — On prépare la couleur jaune, en faisant macérer dans un vase des fleurs de de *souci*, bien pilées; on tient le vase au frais ou sur glace, pendant quelques semaines; c'est la liqueur que rendent ces fleurs, qui constitue la partie colorante. Mais les fleurs de safran et les étamines de lis donnent aussi une belle couleur jaune.

Couleur jaune composée. — On met dans un poêlon 25 grammes de safran en feuilles, 3 décilitres d'eau, 3 grammes d'alun et 15 grammes de sucre; on fait bouillir le liquide 10 minutes, on le passe à travers un linge, on le met en bouteille.

Couleur aurore. — On mélange du carmin liquide avec du jaune, en faisant dominer celui-ci.

Couleur verte. — On lave quelques poignées d'épinards, on les hache et on les pile, par petites parties à la fois; on les presse ensuite pour en extraire le suc; on verse ce suc dans un poêlon, et on chauffe, en remuant; aussitôt que le liquide se décompose, on le verse sur un tamis de soie, afin d'égoutter l'eau et ne conserver que les parties colorantes qui restent sur le tamis à l'état de purée; on enlève celle-ci avec une cuiller pour l'enfermer dans un petit vase en verre et le tenir à couvert sur glace. — Ce vert doit être employé à court délai. Il résiste plus longtemps si on mêle aux épinards une petite poignée de feuilles de cresson. — Dans bien des cas, on remplace ce vert par du vert *Breton* en pâte. — On obtient aussi la couleur verte, en mêlant du jaune et du bleu *écaille*. Mais le vert composé ne doit jamais entrer dans aucune préparation.

Couleurs composées. — Il est dit plus haut qu'on obtient la couleur verte en mélangeant du *bleu écaille* avec du *jaune*. — La couleur *orange* s'obtient par le mélange du jaune et du rouge. — Les couleurs *violette* et *lilas* s'obtiennent par le mélange du *rouge* et du *bleu*. — Les couleurs foncées s'obtiennent avec le chocolat et le caramel liquide.

Voilà à peu près les principales couleurs employées en pâtisserie; mais par la combinaison des nuances, on peut en obtenir une plus grande variété; dans tous les cas, on ne saurait trop répéter l'extrême prudence qu'il convient de mettre dans le choix des couleurs, afin d'écarter toute espèce de danger pour la santé. — On colore les imitations de fleurs et de fruits, en glace ou en pastillage, avec les couleurs fines, en poudre ou liquides. — Pour bronzer, on emploie la poudre de bronze de premier choix.

Carmin d'office. — On prend 2 onces de carmin en pierre, première qualité, on l'éteint avec un peu d'eau froide, pour le piler dans un petit mortier en verre; on le délaye ensuite avec un peu de sirop à 28 degrés. D'un autre côté, on fait bouillir la valeur de 2 litres de ce même sirop à 28 degrés, on lui mêle le carmin délayé, on donne un seul bouillon au liquide pour le laisser refroidir.

Au moment d'enfermer le carmin dans des bouteilles, on mêle au liquide une cuillerée à café d'ammoniaque liquide, pour chaque litre de sirop. — Ce carmin est d'un bon usage, peu coûteux, bien beau.

Sucre en grain de couleur jaune, bleue, violette ou lilas, pour sabler. — Pour obtenir du sucre bleu, on emploie du bleu d'outremer, délayé; le sucre jaune s'obtient avec du jaune végétal. On obtient le sucre violet, en mélangeant le rouge et le bleu : le rouge dominant. Pour obtenir le sucre lilas, on mêle aussi du rouge et du bleu, mais en faisant dominer ce dernier.

Sucre en grain de couleur rose, pour sabler. — On pile 500 grammes de sucre; on le passe au tamis ordinaire d'abord, puis au tamis fin pour le déglacer, c'est-à-dire en retirer la poussière. On le dépose alors dans une bassine pour le chauffer très légèrement sur des cendres chaudes, en le tournant avec la main; aussitôt qu'il est tiède, on le retire du feu pour le mélanger, peu à peu, avec du carmin végétal clarifié. — On étale aussitôt ce sucre sur une large feuille de papier, et on le frotte entre les mains jusqu'à ce qu'il soit entièrement nuancé d'un beau rose; on l'étale alors en couche, sur du papier blanc; on place celui-ci sur une plaque pour aire sécher le sucre à l'air, en le remuant souvent.

Sucre en grain de couleur verte, pour sabler. — On prépare le sucre vert d'après la même méthode que le sucre rose, en remplaçant le carmin par du vert-d'épinards ou du vert d'office. Il ne faut pas préparer ce sucre longtemps d'avance, car en vieillissant la nuance se ternit.

Mastic pour pièces-montées. — Cette préparation peut, en certains cas, pour des pièces non mangeables, remplacer le pastillage ou la pâte d'office. — Pour préparer ce mastic, on fait fondre 100 grammes de gomme arabique avec un peu d'eau; d'autre part, on fait fondre 100 grammes de gomme adragante; on passe ces solutions à travers un linge pour les déposer dans le mortier et les broyer; on ajoute 100 grammes de blanc d'Espagne pulvérisé, 100 grammes d'huile d'olive, et ensuite 500 grammes de glace de sucre, celle-ci peu à peu; quand cette pâte a acquis du corps, on la retire pour la déposer sur la table, et lui incorporer de l'amidon en poudre, jusqu'à ce qu'elle ait la consistance du pastillage. — Cette pâte doit toujours être nuancée avant d'être employée.

Méthode pour sabler au sucre de couleur. — La méthode pour préparer le sucre de couleur est décrite plus haut. — On sable ordinairement les gradins, les tambours ou de simples abaisses en pâte sèche ou en bois. — Pour opérer, on prend la quantité voulue de sucre blanc, rose ou vert. On fouette à moitié des blancs d'œuf, on les mêle avec un peu de sucre et une pincée de farine; avec ce liquide et un pinceau on humecte les parties destinées à être sablées; puis on sable largement le sucre, de façon qu'il en reste une couche lisse contre le bois ou la pâte. On laisse sécher le sucre à l'air.

Vernis blanc pour pièces-montées. — On mêle une pincée de crème de tartre à une demi-bouteille de lait, on place cette bouteille dans un endroit chaud pour faire tourner le lait et le filtrer; on pèse alors 250 grammes de ce liquide pour le mêler avec 125 grammes de gomme arabique en poudre, 125 grammes d'esprit-de-vin, 4 grammes de gélatine dissoute. On tient la bouteille à l'étuve tiède; quelques heures après, on passe le liquide.

Glace de sucre ou sucre royal. — On appelle *glace de sucre* les parties les plus fines du sucre pilé, qu'on fait passer à travers un tamis en soie ou *tambour*. On conserve ce sucre dans un lieu sec; on l'emploie pour la préparation des glaces crues, comme aussi pour le pastillage et la *glace* au blanc d'œuf.

Sucre vanillé. — Coupez finement 2 bâtons de vanille, pilez-les avec 200 grammes de sucre en poudre; quand la vanille est pulvérisée, ajoutez encore 200 grammes de sucre; passez au tamis de soie; enfermez-le dans un flacon.

Sucre à l'orange ou au citron pour parfumer. — Choisissez 2 oranges fraîches ou 2 citrons, frottez-les l'un après l'autre contre les surfaces d'un morceau de sucre raboteux, en ayant soin d'enlever à mesure, avec le couteau, les parties colorantes, cédées par les zestes; faites sécher ce sucre à l'air quelques minutes, tenez-le enfermé dans un flacon.

Granit pour sabler les gâteaux. — Ce granit se compose avec du sucre blanc à gros grains, des pistaches coupées en petits dés, des amandes coupées comme les pistaches, mais rougies au carmin végétal, et enfin avec de petits raisins de Corinthe bien noirs, choisis d'une égale grosseur. On mêle ces différents éléments et on sable les gâteaux masqués de marmelade ou glacés; en ce dernier cas, la glace doit encore être molle, afin que le granit puisse se coller.

Pistaches pour granir les gâteaux. — Choisissez des pistaches fraîches et fermes; mondez-les à l'eau bouillante; épongez-les bien, coupez-les en petits dés réguliers; employez-les telles quelles.

Amandes hachées pour praliner les gâteaux. — Mêlez dans une terrine 250 grammes de sucre avec 250 grammes d'amandes mondées et hachées; humectez l'appareil avec un blanc d'œuf ou des œufs entiers, travaillez-le 2 minutes. — On emploie cet appareil dans plusieurs cas, mais surtout pour masquer du biscuit en abaisse qu'on fait glacer ensuite au four, après avoir saupoudré l'appareil avec du sucre en poudre. — Pour praliner avec des amandes en filets, il faut, quand elles sont émincées, les faire très légèrement griller au four, sur plaque, sans les colorer; on les mêle ensuite avec moitié de leur poids de sucre et du blanc d'œuf, de façon à les envelopper. Quand le pralin est étalé sur les gâteaux, on le saupoudre de sucre et on le fait glacer à four gai.

Amandes colorées pour granir les gâteaux. — On colore les amandes en vert, en les humectant avec du vert-d'épinards délayé avec du sirop froid. — On colore les amandes en jaune, avec du jaune végétal délayé avec du sirop froid. — On colore les amandes en violet, avec du carmin limpide mêlé avec du bleu d'outremer, et délayé avec du sirop froid.

Amandes roses pour granir les gâteaux. — Hachez des amandes mondées; tamisez-les à la passoire pour en retirer les hachures fines. Étalez-les sur une plaque, chauffez-les à la bouche du four; mêlez-les peu à peu avec du carmin végétal, limpide, en le laissant tomber par gouttes. Frottez-les entre les mains pour les colorer d'une égale nuance; étalez-les sur du papier blanc, faites-les sécher à l'étuve.

Pâte d'amandes à la gomme adragante. — *Proportions :* 500 grammes sucre passé au tamis de soie, 250 grammes amandes, 40 grammes gomme adragante, le suc de 2 citrons.

Plongez les amandes à l'eau bouillante; mondez-les vivement, fendez-les chacune en deux parties, faites-les dégorger 24 heures à l'eau froide, en les changeant deux ou trois fois; égouttez-les ensuite pour les piler avec un peu de sucre; ajoutez le suc d'un citron, passez-les au tamis.

Prenez de la gomme adragante ramollie à point; passez-la à travers un linge, avec pression, sur un marbre bien propre; travaillez-la avec la main pour lui donner du corps; incorporez-lui peu à peu la moitié de son poids de sucre fin; ajoutez le suc d'un citron; quand la pâte est lisse, incorporez les amandes et le restant du sucre, moulez-la pour l'enfermer dans un vase fermé; faites-la reposer 48 heures au moins dans un lieu frais : remplissez-la ensuite avec de la glace.

Pâte d'office. — Tamisez 500 grammes de farine sur le tour; faites la fontaine; déposez sur le centre 350 grammes de sucre; ajoutez 2 œufs entiers et 6 jaunes, 125 grammes d'eau; délayez le sucre avec le liquide; incorporez ensuite la farine peu à peu, afin d'obtenir une pâte lisse et ferme; fraisez-la deux ou trois fois; moulez-la, faites-la reposer quelques heures.

Cette pâte n'étant appliquée qu'à l'ornementation, on peut, après l'avoir employée, la piler pour la convertir en poudre, la mêler avec un tiers de son volume de farine et quelques œufs, pour la détremper de nouveau et la cuire.

Pâte d'office aux amandes. — Cette pâte est en tous points supérieure à la pâte d'office ordinaire; c'est elle qu'on doit préférer pour quelque opération que ce soit. Son premier mérite c'est de ne pas se boursoufler ni se rétrécir à la cuisson; elle se soutient parfaitement et résiste aussi bien que la première; elle a sur la pâte d'office ordinaire l'avantage de pouvoir être mangée. Moulée ou employée en abaisses dans l'apprêt des pièces ornementales, elle ne laisse rien à désirer.

Proportions : 500 grammes d'amandes, 500 grammes de sucre pilé, 500 grammes de farine, 5 à 6 blancs d'œuf, grain de sel.

Faites la fontaine avec la farine; mettez dans le centre, le sucre, les amandes pilées, les blancs. Mêlez d'abord les blancs avec le sucre et les amandes, incorporez la farine peu à peu, de façon à obtenir une pâte lisse; laissez-la reposer quelques heures; abaissez-la au rouleau, piquez-en la surface avec une fourchette; étalez-la sur plaque beurrée, farinée; coupez-la sur patron, cuisez-la à four doux. En la sortant du four, détachez-la de la plaque; passez le rouleau dessus, afin d'en égaliser la surface; faites-la refroidir sous presse.

Glace-royale pour décor. — Déposez dans une terrine vernie 200 grammes de glace sucre, passée au tamis de soie, sans grumeaux; mêlez-lui la valeur d'un blanc d'œuf et demi, quelques gouttes d'acide citrique ou suc de citron. Travaillez l'appareil avec une cuiller en bois, en tournant de droite à gauche; au bout de 12 minutes de travail, la glace prend de la consistance en même temps que de la légèreté : elle doit se tenir à la cuiller et ne tomber qu'avec peine. Mêlez-lui une pointe de *bleu-Acaille* pour l'azurer d'une manière insensible; incorporez-lui alors 2 ou 3 cuillerées de fécule de pommes de terre, passée, fine, blanche; travaillez-la encore 2 minutes, couvrez la terrine avec un linge humide.

Dans quelques cas, on remplace la fécule par de la crème de tartre, en moindre quantité; mais la fécule est préférable pour les ornements de résistance et même pour les bordures poussées au cornet.

Carton-pâte pour ornementation. — Faites tremper pendant 24 heures 1 kilogramme de colle-forte, dans un vase en terre ou une casserole. Faites ramollir aussi, pendant un quart d'heure, 500 grammes de papier *Joseph* ou tout autre, sans colle; aussitôt ramolli, exprimez-en l'eau, broyez-le au mortier. Changez l'eau de la colle; mouillez à hauteur avec de l'eau tiède, chauffez-la sur feu doux, en la tournant jusqu'à ce qu'elle soit complètement dissoute; donnez-lui quelques bouillons, retirez-la; mêlez-lui trois quarts de litre d'huile de lin, ainsi que le papier converti en pâte; remettez l'appareil sur feu, tournez-le, sans le quitter, jusqu'à l'ébullition; retirez-le, incorporez-lui peu à peu 2 kilogrammes de poudre de *blanc d'Espagne*, ou, à défaut, de la *craie* pilée, passée au tamis. La pâte doit alors être liée, mais légère. Mettez-la sur la table, en tout ou en partie, remplissez-la avec du blanc d'Espagne, en la travaillant avec les mains, absolument comme on opère pour le pastillage, afin de lui faire prendre du corps et la consistance voulue : pour donner à cette pâte plus d'élasticité, on peut lui mêler quelques cuillerées de colle cuite, à la farine.

Quand la pâte est lisse, sans être trop ferme, enfermez-la dans un vase, laissez-la reposer. — C'est avec cette pâte qu'on exécute la plupart des charpentes de pièces ornementales. On peut mouler cette pâte, lui faire prendre toutes les empreintes; quand elle est sèche, elle ne craint plus ni l'humidité ni l'usure; elle résiste à tout. Avec cette pâte, on lève de grosses bordures à la planche, pouvant être appliquées à l'ornementation des grosses pièces. Si l'on fonce cette pâte dans un moule, il faut la tenir aussi mince que possible. — Quand on n'a pas le temps de préparer soi-même cette pâte, on l'achète chez les fabricants de cadres.

Pastillage. — *Proportions :* 500 grammes de sucre passé au tamis de soie, 200 grammes d'amidon fin, 100 grammes de gomme adragante, quelques gouttes de suc de citron, un grain de bleu végétal.

Procédé : Lavez la gomme à l'eau tiède, déposez-la dans un vase, couvrez-la avec de l'eau froide; fermez le vase, laissez ramollir la gomme 7 à 8 heures, en ayant soin de l'humecter si elle était trop sèche. Passez-la ensuite à travers un linge propre, en tordant celui-ci pour faire tomber la gomme sur un marbre, et la travailler, en la broyant avec la main fermée, jusqu'à ce qu'elle soit lisse et blanche.

A ce point, additionnez quelques gouttes de suc de citron et une poignée de sucre; continuez à travailler la pâte pour faire absorber le restant du sucre peu à peu, et lui donner du corps. Enfermez-la alors dans un vase; laissez-la reposer quelques jours dans un lieu frais ou sur glace : elle est d'un meilleur emploi si elle est préparée d'avance.

Pour finir le pastillage, placez la gomme sur le marbre, incorporez-lui l'amidon peu à peu; azurez-la légèrement; trempez une main dans l'eau froide, simplement pour l'humecter; travaillez la pâte avec cette main, jusqu'à ce que l'humidité ait été absorbée : cette addition très minime d'eau froide a pour but d'empêcher le retrait de la pâte.

Si le pastillage ne doit pas rester blanc, divisez-le en parties pour nuancer celles-ci avec des couleurs pulvérisées ou liquides, mais dans tous les cas *inoffensives;* car, bien que cette pâte ne soit pas destinée à être mangée, il est toujours prudent de ne pas s'exposer à des dangers d'une nature si grave.

Quand le pastillage est coloré, moulez séparément les parties pour les enfermer chacune dans un petit vase, les couvrir et les tenir en lieu frais.

On peut aussi préparer le pastillage dans un mortier, en broyant d'abord la gomme ramollie pour la faire blanchir et lui donner du corps; on incorpore alors le sucre peu à peu, jusqu'à ce que la pâte soit compacte; on la laisse reposer plusieurs jours si c'est possible; on la remplit ensuite, en lui incorporant l'amidon, sur la table. — Avant d'employer le pastillage reposé, on doit toujours le travailler quelques minutes avec les mains, en le moulant, sur le marbre saupoudré de sucre ou d'amidon.

Argenture et dorure. — On peut argenter ou dorer des ornements levés à la planche, soit en *carton-pâte*, soit en pastillage : celui-ci, donnant des surfaces plus lisses, réussit toujours mieux.

Si l'on veut argenter ou dorer des ornements en carton-pâte, il faut d'abord laisser bien sécher la pâte, puis en frotter les surfaces avec du *papier-sable*, afin de les lisser aussi bien que possible : avec le pastillage, cette opération n'est pas nécessaire.

Quand les surfaces sont bien lissées, on leur donne, à distance, 2 couches de *gélac*, et enfin une couche de *mixion* mêlée avec un peu de térébenthine. Mais cette dernière couche doit être excessivement légère. C'est sur cette couche qu'on applique les feuilles d'argent ou d'or battu, à l'aide d'un blaireau bien sec : cette opération est tout à fait simple.

Sur l'enveloppe métallique d'or ou d'argent, on peut toujours donner une légère couche de colle de poisson ou gélatine dissoute à l'eau chaude, mêlée avec un peu d'esprit-de-vin : on donne un seul bouillon au liquide; on le laisse refroidir jusqu'à ce qu'il arrive à la consistance d'un sirop; on donne alors la couche. On tient les ornements 2 minutes à l'étuve tiède; en les sortant, on les vernit légèrement au gélac blanc, si l'on opère avec des feuilles d'argent.

Rochers pour pièce-montée. — Les rochers sont, par le fait, les socles des pièces-montées; ils sont de deux espèces : ceux qui peuvent être mangés, ceux qui ne sont pas mangeables.

Quand on veut monter un rocher non mangeable, il faut d'abord construire un mandrin solide; si le rocher doit être plein, on peut former le mandrin avec 2 abaisses en bois, reliées par une solide tringle. Si le rocher doit être à jours, on peut simplement former le mandrin avec une boîte en bois mince et ronde, sur les parois de laquelle on perce deux ou trois ouvertures; on renverse ensuite cette boîte sur une abaisse pour la fixer solidement. C'est contre ce mandrin, en dedans et en dehors, qu'on groupe les détails du rocher.

Les rochers mangeables peuvent être montés sur des mandrins en pâte d'office; si ceux-ci sont en bois, ils doivent être recouverts de pâte; en ce cas, on en masque les surfaces avec des petits gâteaux secs de toute nature, simples ou glacés au caramel, saupoudrés de pistaches ou de raisins.

On forme les rochers non mangeables, soit avec du biscuit de couleur, cassé en morceaux informes, séchés à l'étuve douce, soit avec du sucre soufflé, blanc ou rose, également cassé en morceaux informes; on colle ces détails avec de la glace-royale ou avec du sucre au *cassé*, mais surtout en ayant soin de dissimuler la charpente du rocher. — Quand ces rochers sont montés, on peut les orner avec de la mousse ou des feuilles imitées en pâte d'amandes, verte. Dans bien des cas, on peut les orner aussi avec du sucre filé à la jetée, blanc ou nuancé, surtout quand il s'agit de simuler des nappes d'eau.

Biscuit pour rocher de socles. — Préparez un appareil de biscuit commun; quand les blancs sont incorporés, divisez-le en quatre parties; placez chaque partie dans une terrine différente pour les nuancer : une avec du chocolat dissous, mêlé avec un peu de blanc d'œuf fouetté; une autre partie avec du carmin végétal; la troisième avec du *vert-d'épinards ;* la quatrième partie reste à l'état naturel; versez ces appareils dans une grande caisse en papier, en les mêlant, sans les travailler, de façon à obtenir un biscuit *marbré.* Cuisez-le à four modéré; laissez-le bien refroidir; cassez-le ensuite par morceaux informes; faites-les sécher à l'étuve douce : ce biscuit n'est pas mangeable.

Meringue pour rocher. — Mettez dans une bassine 4 blancs d'œuf, 375 grammes de sucre non déglacé; mêlez bien l'appareil avec une cuiller en bois; quand il est coulant, travaillez-le avec un fouet, sur feu très doux, pendant 20 minutes : il doit alors se trouver léger; retirez-le, fouettez-le jusqu'à ce qu'il soit à peu près refroidi; employez-le aussitôt.

Planches gravées. — Les planches gravées sont en bois ou en soufre coulé : les premières sont préférables. Un praticien soucieux de bien faire ne doit rien négliger pour se munir peu à peu d'une collection aussi complète que possible, variée, choisie avec discernement. Le service que rendent ces planches dans le travail de la pâtisserie est en quelque sorte inappréciable. Les hommes les plus pratiques, les plus adroits, sont obligés d'y recourir : elles facilitent l'exécution et abrègent le travail, en le simplifiant.

Repère au pastillage. — On colle ordinairement le pastillage avec de la gomme arabique dissoute; mais, dans le travail des pièces-montées, il faut renoncer à cet emploi, car la gomme arabique est tout à fait insuffisante à coller indéfiniment des détails en pastillage. Ce qui vaut beaucoup mieux, c'est le repère; celui-ci est simplement préparé avec de la gomme adragante mêlée avec du sucre, comme pour faire le pastillage, puis étendue avec du blanc d'œuf, pour l'amener au point voulu de liquidité, sans addition d'amidon : collé avec ce repère, le pastillage ne se décolle plus.

Méthode pour tremper le sucre à filer. — Coupez du beau sucre en moyens morceaux; prenez-les un à un avec deux doigts, trempez-les dans l'eau froide; laissez-les jusqu'à ce que le sucre ne pétille plus; mettez-les à mesure dans un poêlon, laissez dissoudre le sucre sans y toucher.

Clochettes en sucre filé, fin. — On forme les *clochettes* à la main ou dans de petits cornets en fer-blanc, avec des nappes de sucre filé fin, coupées transversalement en bandes de la largeur voulue, roulées sur elles-mêmes, en forme de bouchon, serrées d'un côté afin de leur donner la forme de petites clochettes, mais dont le centre reste plein. On forme des clochettes avec du sucre filé blanc ou rose. On chauffe le petit bout des clochettes à la flamme d'une bougie ou du gaz pour les coller.

Clochettes en sucre au cassé. — On huile quelque moules à *clochettes* en plomb, à l'usage des pâtissiers, auxquels adhère une tige en fil de fer formant crochet; après les avoir huilés, on les trempe dans du sucre au *cassé* jusqu'au niveau de hauteur qu'on veut obtenir les *clochettes*. On laisse égoutter le sucre, puis on suspend les moules à des clous isolés; aussitôt que le sucre est froid, on dégage peu à peu la clochette du moule. — Ces clochettes sont employées comme ornement des grosses pièces ou comme soutien pour la base des petits *pompons;* on colle ceux-ci debout, dans les clochettes, à l'aide de sucre chaud. Avec ce soutien à leur base, les pompons sont moins exposés à s'incliner.

Dents-de-loup. — Les *dents-de-loup* sont tout simplement des triangles allongés, coupés sur des nappes de sucre filé fin, blanc ou nuancé; mais les nappes doivent être légèrement aplaties avec la lame du couteau, afin de les obtenir d'une égale épaisseur. — On emploie les dents-de-loup comme bordure de socles, de corbeilles et de coupes. — On peut aussi couper des détails de sucre avec un coupe-pâte, pour former des ronds, des croissants ou tout autre ornement de ce genre.

Voluptés en sucre filé. — Les *voluptés* sont des espèces de grosses **S**; elles sont simples ou compliquées; elles sont filées à la cuiller, sur marbre huilé et sur dessin tracé au crayon; ces détails groupés ensemble forment un sujet particulier ou servent d'auxiliaire à d'autres sujets. On peut se rendre compte de leur nature, autant que de leur application, en consultant les dessins où figurent des aigrettes.

Aigrettes en sucre filé. — On compose les *aigrettes* avec du sucre filé en cordons et du sucre filé fin. Il n'y a aucune règle à prescrire pour leur composition, qui est absolument une affaire de goût. Les aigrettes sont plus ou moins simples ou composées, selon les pièces auxquelles elles doivent être associées comme ornement : on trouvera plus loin des modèles variés.

Pompons en sucre filé. — Les pompons sont des détails d'ornement aussi bien applicables aux entremets froids qu'aux grosses pièces de pâtisserie : le pompon est pour ainsi dire le couronnement obligé des grandes aigrettes.

On forme les pompons à l'aide d'une bande de sucre filé fin, c'est-à-dire une gerbe aplatie avec la lame du couteau; on coupe la gerbe de largeur voulue, puis on la roule sur elle-même dans le sens des fils de sucre; quand elle est assez épaisse, on la coupe, on la presse légèrement d'un bout, on l'introduit aussitôt dans le creux d'un cornet en fer-blanc, ou même en carton; on lui fait prendre la forme conique, en le tassant tout doucement. En sortant le pompon du cornet, on le colle sur une clochette plate, afin qu'il conserve mieux son aplomb.

Pour bien se rendre compte de la variété que comporte cet ornement, il faut étudier les différents spécimens reproduits aux planches adaptées à la série des entremets froids et à celle des grosses pièces de pâtisserie. Parmi les plus remarquables de ces ornements, je signale ceux appliqués à la grande sultane coulée (voy. planche 51).

Couronne royale. — La couronne représentée par le dessin 257 peut être imitée en sucre filé. Les 8 soutiens de la couronne, ornés de pierreries, sont coulés au cornet dans des matrices en plomb, puis courbés sur une forme analogue; ils peuvent aussi être coulés sur des bandes de fer-blanc cintrées; ils sont ensuite rassemblés en cercle, et soudés ensemble au point de jonction, et surmontés avec une petite boule en sucre fin, ornée d'une croix. Tout le fond, c'est-à-dire toute la charpente de la couronne, doit être en sucre jaune, tandis que les ornements en sucre fin restent blancs. Les pierreries sont imitées en sucre rouge. Pour faire ressortir les détails de la couronne, il faut placer à l'intérieur une grosse boule en sucre filé rose.

Cep de vigne en sucre. — Avec du sucre on peut exécuter une imitation de cep de vigne d'un joli effet. Le cep est formé avec du sucre tors, de couleur jaune; les feuilles sont imitées en sucre au *cassé* de couleur, formées sur des moules en plomb. Les grains de raisin sont imités avec de petites boules de sucre fin, de teinte rose, groupées ensemble et suspendues au cep de vigne; ce dernier est soutenu sur une tige droite, en sucre tors, couleur de bois, collée sur une pastille en sucre, coulée sur marbre, mais masquée avec une épaisse nappe de sucre filé, blanc, rose ou vert.

Sucre à couler. — Coupez en morceaux du beau sucre en pain; mettez-le dans un poêlon avec moitié de son poids d'eau froide, comme pour le sucre à filer; laissez-le dissoudre à froid. Mêlez-lui ensuite quelques gouttes d'acide acétique, couvrez-le, cuisez-le à la *glu*. A ce point, retirez-le du feu, mêlez-lui encore quelques gouttes d'acide; azurez-le très légèrement, faites-le *loucher*, en le frottant contre les parois du poêlon avec une cuiller en bois; coulez-le aussitôt dans les moules. — On coule ordinairement ce sucre dans des moules en plâtre trempés d'abord à l'eau froide, puis bien égouttés, et fortement serrés avec une grosse ficelle, afin que le sucre ne s'échappe pas à travers les divisions mal jointes du moule.

Quand le moule est rempli, on attend que la surface du sucre se fige à l'ouverture par laquelle il a été versé dans le moule; puis on brise cette mince croûte, et on renverse le moule pour en vider le sucre liquide dans le poêlon, afin d'obtenir le sujet creux. On coule rarement des sujets pleins, à moins qu'ils ne soient de toute petite dimension.

Conservation du sucre filé. — Quel que soit le sujet filé, *sultane, aigrette, pompon*, si on veut le conserver en bon état, il faut, aussitôt qu'il est terminé, le placer sous une simple cloche, dans un lieu sec, afin de le garantir de l'action de l'air; mais si le sujet doit être conservé plusieurs jours, il faut absolument le placer sous un globe en verre s'emboîtant sur un tambour en bois, creux, s'ouvrant par le haut, ayant sa surface percée de trous, et dont le centre est empli avec de la chaux vive, en morceaux. Cette matière ayant la faculté d'attirer à elle toute l'humidité de l'air, le sucre peut, par ce fait, se conserver longtemps intact, en hiver surtout. — Les pièces en glace et en pastillage peuvent, avec avantage, être conservées d'après cette méthode.

Ornements en sucre tors. — Voici comment on prépare le *sucre tors :* on cuit le sucre au *cassé*, on le verse aussitôt sur un marbre légèrement huilé pour le laisser refroidir quelques minutes; puis on le retourne avec une spatule, en ayant soin de reporter les bords de la nappe de sucre sur la partie centrale, c'est-à-dire là où le sucre est le plus chaud; aussitôt qu'il devient malléable, on huile légèrement le bout des doigts pour tirer le sucre à deux mains, en reportant toujours sur la masse les parties qu'on enlève, jusqu'à ce que le sucre, par ce travail, devienne brillant tout en prenant de la consistance. Il faut avoir soin de tenir toujours le sucre entassé, afin qu'il se maintienne chaud le plus longtemps possible; car il ne peut être transformé en ornements que pendant qu'il a de la souplesse : dès qu'il est froid, il devient cassant.

Pour travailler ce sucre plus vivement, il convient d'en cuire peu à la fois, et de s'y mettre à plusieurs personnes. — Le *sucre tors* peut être employé à former des anses pour vases ou coupes, roulées en uattes formées avec 2 ou 3 cordons de sucre. On les roule jusqu'à ce que le sucre soit à peu près refroidi ; on donne alors la courbe nécessaire à l'anse, et on la laisse refroidir ainsi.

Avec le sucre *tors*, on peut aussi imiter des feuilles couleur naturelle du sucre ou nuancées en vert; pour exécuter une feuille d'arbre, il suffit d'amincir le sucre avec les doigts, l'appuyer fortement dans un moule en plomb, incrusté, légèrement huilé. — C'est avec ce sucre qu'on exécute ces belles *gerbes* dans le genre de celle représentée à la planche 44. — On peut encore imiter des roses dont on forme les pétales à la main pour les grouper ensuite, quand le sucre est froid, sur un bouton en sucre, afin de former la fleur. Ces roses peuvent être colorées au pinceau ou avec de la couleur fine, en poudre. — Les détails en sucre *tors* doivent refroidir à l'air.

Sucre soufflé. — Pour obtenir du beau sucre *soufflé*, il faut en préparer peu à la fois. Le sucre est cuit juste au *petit-cassé*, c'est-à-dire à ce point où l'on peut encore le rouler dans les doigts, après l'avoir trempé à l'eau froide. On lui mêle alors, pour 1 kilogramme de sucre cuit, 2 cuillerées de glace de sucre, simplement travaillée avec du blanc d'œuf comme une glace-royale, mais légère et pas trop mousseuse; il faut cependant la travailler 7 à 8 minutes, en observant surtout de ne lui mêler aucun acide, ni crème de tartre, ni fécule, absolument rien.

La glace est mêlée au sucre cuit, en deux fois, hors du feu, travaillez aussitôt le sucre vivement, avec une cuiller en bois, jusqu'à ce que la mousse tombe ; versez-le alors dans une caisse en fer-blanc, forme de carré-long, ayant 10 centimètres de haut, légèrement chauffée et huilée. Placez immédiatement une plaque bien chaude sur le sucre, mais en la tenant à 2 centimètres au-dessus de la caisse, afin de laisser un peu d'espace entre la plaque et le sucre. Au bout de quelques secondes, le sucre monte lentement; quand il est monté, tenez-le encore 5 à 6 minutes pour le bien sécher et le cristalliser : démoulez-le ensuite sur un tamis.

A défaut de caisse en fer-blanc, on peut faire monter et sécher le sucre dans une caisse en fort papier, forme de carré-long, ayant 8 à 10 centimètres de hauteur, mais bien droite, et bien fermée sur les côtés. On peut aussi faire monter le sucre dans un petit tamis tenu à l'étuve, légèrement huilé; on le sèche alors à l'aide d'une salamandre rougie, qu'on promène au-dessus du sucre.

Le sucre soufflé n'est réussi qu'alors qu'il monte bien, qu'il sèche sans s'affaisser, qu'il reste léger, sec et poreux. Ce sucre peut être nuancé; on peut l'obtenir rose ou vert; en ce dernier cas, il convient plutôt de colorer le sucre cuit que la glace; pour l'obtenir rose, mêlez à la glace quelques gouttes de *rouge-breton*, limpide. Le sucre soufflé, couleur chocolat, réussit moins bien que le blanc ou le rose, en raison des parties grasses que contient le chocolat, et aussi en raison de la fécule que les fabricants additionnent à ce produit. On emploie ordinairement la poudre de cacao, sans sucre; on la délaye avec un peu d'eau chaude, on la mêle au sucre cuit, alors que celui-ci est à peu près à point. On termine l'opération en mêlant de la glace-royale au sucre, absolument comme pour le sucre soufflé blanc.

Pour former les rochers, le sucre soufflé doit être distribué en morceaux informes, cassés et non coupés; ces morceaux sont collés avec de la glace-royale à la fécule.

Le sucre soufflé peut se conserver bien longtemps s'il est renfermé dans un lieu sec, à l'abri de la poussière.

SOMMAIRE DE LA PLANCHE 39

DESSIN 245. — GATEAU DE BROCHE (BAUM-KUCHEN), POUR GROSSE PIÈCE

Proportions : 500 grammes beurre, 325 grammes farine, 175 grammes bel amidon ou fécule, 580 grammes sucre en poudre, 2 œufs entiers, 18 jaunes, 18 blancs fouettés, 2 décilitres de crème double, zestes râpés d'orange et de citron, kirsch ou marasquin, fleurs de muscade et cardamome (carthames de Chine) pulvérisés, grain de sel.

Ramollissez le beurre, en l'épongeant dans un linge, travaillez-le ensuite à la cuiller, dans une terrine, avec le sucre, jusqu'à ce qu'il soit léger et mousseux; ajoutez alors les œufs entiers, un à un, puis les jaunes, sans interrompre le travail; si l'appareil menaçait de tourner, ajoutez un peu de fécule; au bout de 20 minutes, incorporez toute la fécule et la farine, tamisées, zestes et fleurs de muscade, blancs fouettés et la moitié de la crème.

Prenez un mandrin en bois, ayant à peu près la forme d'un pain de sucre, mais moins conique, coupé droit des deux bouts, et percé au centre sur toute sa longueur, afin de pouvoir le traverser avec une broche plate, en fer; entourez ce mandrin avec une ficelle, enroulée en spirale sur toute sa longueur, en ayant soin de tenir le bout de cette ficelle sur la partie la plus mince du mandrin.

Couvrez cette ficelle avec du papier sur toute la longueur du mandrin, en le collant; traversez le mandrin avec la broche, en le fixant solidement à l'aide de petites cognées. — Le feu de broche doit être bien allumé, et plus long que le mandrin[1]; tenez la broche aussi près que possible du foyer, faites-la tourner vivement par quelqu'un; beurrez aussitôt le papier, au pinceau, sur toute sa surface; dès qu'il est chaud, arrosez-le avec une couche mince d'appareil[2], afin de le masquer complètement. Faites vivement tourner la broche, afin que la flamme saisisse et maintienne la couche de pâte; aussitôt qu'elle est sèche, prenez l'appareil avec une cuiller à bec, laissez-le tomber en nappe, d'un bout à l'autre, en allant de gauche à droite; c'est cette couche qui

---

1. Aujourd'hui on a remplacé le mandrin en bois par un mandrin en métal, vide, fixé à la broche par des écrous. Les confiseurs allemands ont des foyers de cheminée construits en demi-voûte, de façon que la flamme puisse mieux envelopper le gâteau pendant sa cuisson.

2. Dans le début, l'appareil doit être légèrement consistant, c'est-à-dire avec moins de blancs d'œuf et moins de crème, afin qu'il s'attache mieux au papier.

DESSIN 246.

DESSIN 245.

DESSIN 247

reil un peu consistant qui en se dilatant et par l'effet de la rotation de la broche, se forment en pointes ; dès que la surface de la pâte est garnie de ces pointes, il ne s'agit plus que de continuer à les masquer avec l'appareil un peu moins consistant, afin de les grossir, en les allongeant petit à petit. Le point essentiel consiste à obtenir ces pointes d'une égale longueur et d'une même teinte.

En dernier lieu, allongez la pâte avec ce qui reste de crème double. Quand cette pâte est tout absorbée, que les couches superposées forment une épaisseur de 3 à 4 centimètres, diminuez l'action du feu, afin que les surfaces se colorent d'un beau blond, mais très lentement.

Cela fait, retirez la broche du feu, appuyez-en le bout sur une table, faites-la tourner tout doucement, en l'arrosant avec une glace au sucre en poudre, parfumée aux zestes, liquéfiée avec les liqueurs : la chaleur du gâteau suffit pour sécher cette glace et lui donner du brillant ; mais il ne faut pas cesser de tourner la broche jusqu'à ce que le gâteau soit complètement refroidi. Pour le démouler, coupez aux deux extrémités du gâteau la ficelle qui entoure le mandrin, afin d'en retirer le papier, et dégager ainsi le gâteau. Dressez celui-ci debout sur une abaisse en bois, masquée de papier blanc, portant sur son centre une tringle en bois de 25 centimètres de haut, également masquée ; cette tringle est nécessaire pour maintenir le gâteau en équilibre.

Fixez cette abaisse sur un socle de forme hexagone, formant cascade sur les six faces. Fixez sur le haut du gâteau une aigrette à pompon, en sucre filé.

Dessin 246. — MERINGUE EN ANANAS

Sur la table d'un buffet, cette meringue peut faire pendant à la meringue étagée, représentée par le dessin 242. Les grosses meringues sont des pièces qui produisent toujours leur effet ; peu coûteuses en somme, et d'une exécution facile, elles devraient être plus cultivées qu'elles ne le sont par les pâtissiers : on peut en tirer de grandes variétés.

Cette meringue est représentée dressée sur une base cintrée, à gradin, masquée en pastillage, décorée en relief et bordée, posant sur quatre pieds. La pièce est simplement montée sur une charpente en anneaux gradués, poussés sur plaques beurrées et farinées, avec de la meringue à décor, puis séchés à four doux.

Quand ces anneaux sont détachés des plaques et refroidis, montez-les l'un sur l'autre en les collant ; fermez l'ouverture du dernier anneau avec une abaisse en pâte d'office ; égalisez les surfaces de cette charpente, masquez-les avec une mince couche de meringue. Posez alors la charpente sur un plafond masqué de papier beurré ; posez le plafond sur un grand moule à charlotte ou sur une terrine, décorez-en les surfaces avec des rangées de grosses perles en meringue, poussées à la poche, en commençant par la rangée du bas. Le point essentiel, c'est de pousser ces perles bien rondes, égales en grosseur pour toutes les rangées, mais en diminuant peu à peu le volume des perles, à mesure que les rangées se rapprochent de l'extrémité de la charpente.

Quand la meringue est montée, saupoudrez-la avec de la glace de sucre, tamisée à travers un petit sac en étamine. Sur le centre de chaque perle piquez une petite pointe en angélique ou en amande. Faites sécher la meringue à four très doux, pour qu'elle prenne une belle nuance claire. Quand elle est sortie du four et refroidie, retirez le papier sur lequel elle posait ; collez-la sur une abaisse en pâte d'office ; puis collez celle-ci sur la base à gradin.

Le haut de la meringue étant exposé à prendre plus vite couleur que les parties basses, il faut en envelopper l'extrémité, aussitôt que l'appareil est sec. — A défaut d'un four suffisamment élevé de chapelle, on pourrait faire la charpente en deux pièces, les perler séparément, les faire sécher, et les assembler en les sortant du four.

Dessin 247. — MERINGUE ÉTAGÉE

Cette pièce est d'un très joli effet, si elle est correcte et de belle nuance, égale partout ; elle est représentée dressée sur une large base en bois, ornée d'une belle bordure, posant sur quatre pieds. Elle se compose de sept étages gradués ; elle a la hauteur de 65 à 70 centimètres sur 38 à 40 de diamètre. Ce genre de pièces convient surtout pour aller sur la table d'un buffet ; elles ont ceci d'avantageux qu'elles peuvent être préparées longtemps d'avance sans perdre de leur fraîcheur.

On peut préparer cette pièce d'après deux méthodes : d'abord, en formant les étages à l'aide d'anneaux en meringue, par le même procédé décrit pour la meringue en ananas. Mais cette méthode ne peut guère être appliquée que pour les meringues peu élevées, celles qu'on sert pour entremets, car le travail est trop long et trop minutieux. Quand il s'agit d'une grosse pièce, du calibre de celle-ci, il faut absolument employer des moyens plus expéditifs.

Établissez d'abord une charpente en carton ou en fer-blanc, pour chaque étage, de largeur et de hauteur voulues, de façon à former une pyramide régulière ; ces tambours sont fermés en haut et en bas ; l'abaisse du bas est un peu plus large que le diamètre du tambour ; celle du haut est percée sur le centre par une ouverture circulaire, pour servir à leur maniement. L'étage inférieur doit être fixé sur une abaisse en pâte d'office cuite.

Masquez d'abord les tambours, sur les côtés, avec une couche lisse de meringue ; faites-la sécher à l'étuve. Quand elle est refroidie, renversez le tambour sur un moule à charlotte ; puis, poussez les chenilles à la poche, aussi correctes que possible, de même longueur, en observant de faire dépasser d'un centimètre la lisière du tambour par la pointe des chenilles, et aussi d'incliner légèrement cette pointe en dehors ; il est bien évident qu'il faut une main exercée à ce travail pour pousser ces chenilles régulières en longueur et en épaisseur.

Aussitôt que les surfaces sont masquées, saupoudrez-les avec de la glace de sucre, tamisée à travers un petit sac en étamine. Faites sécher la meringue à four très doux, sans retirer l'étage de dessus le moule. Continuez à orner ainsi les six étages restants en leur donnant à tous la même régularité. — Quand la meringue est bien refroidie, montez les étages l'un sur l'autre, sur la base bordée, pour former la pyramide ; fixez un gros pompon sur le haut de l'étage supérieur ; entourez la base de la pièce avec une couronne de petites meringues ou d'autres gâteaux.

Les pièces en meringue, dans le genre de celles reproduites à cette planche, sont loin de présenter de grandes difficultés d'exécution, car elles sont de forme simple. Leur mérite consiste surtout dans la régularité du décor, aussi bien que dans la belle nuance de la meringue : dorée, claire, égale partout. Cette nuance, bien qu'en somme ce soit le four qui la donne, ne s'obtient pourtant pas sans difficulté : il faut à l'artiste de la science et une grande pratique du four pour donner à ces pièces le ton qui leur convient, et en l'absence duquel elles manquent tout à fait de relief, perdant par ce fait tout l'intérêt qui s'attache à un sujet méritoire.

Les grandes sultanes et la majeure partie des pièces postiches peuvent être dressées soit sur tambour, soit sur socle ; mais les grosses meringues n'ont pas ce privilège ; elles ne peuvent être dressées sur socle, elles ne peuvent être présentées que dressées sur tambour.

SOMMAIRE DE LA PLANCHE 40

Dessin 248. — PHARE NAPOLITAIN

Cette pièce est à trois étages en forme de tour; elle est montée sur une plate-forme en blockhaus dont la base est rocailleuse; la plate-forme est fixée sur le centre d'une large abaisse bordée.

Excepté la charpente de la plate-forme et l'abaisse inférieure qui sont en bois, toutes les parties de la pièce sont mangeables.

Le phare est exécuté à l'aide de trois gâteaux napolitains préparés en bonne pâte, d'après la méthode prescrite à la page 9. Ces gâteaux, d'un diamètre gradué, sont posés l'un sur l'autre; les deux premiers sont façonnés au couteau, en forme de tours circulaires, légèrement coniques; percées chacune d'une porte et de plusieurs fenêtres cintrées. Le troisième gâteau est de forme hexagone, à six pans; c'est une imitation de la tour des feux, placée sur le haut des phares.

Les trois étages sont indépendants l'un de l'autre; le plus bas est fixé sur une épaisse abaisse en pâte d'office, un peu plus large que son diamètre; il est surmonté d'une autre abaisse mince, un peu plus large, également en pâte d'office, ornée tout autour d'une balustrade à jour, levée à la planche. La tour du milieu est aussi surmontée d'une abaisse plus large, bordée en créneaux. La tour la plus élevée, celle qui figure ici la tour des feux, est simplement ornée d'une bordure pleine; mais elle est surmontée d'une sorte de dôme à côtes, sur le sommet duquel flotte un petit drapeau.

Quand ces tours sont régulièrement façonnées, creusez légèrement les portes et fenêtres des deux premières; masquez-en les fonds creux avec une couche de glace au chocolat, poussée au cornet.

Masquez alors toute la surface des tours avec une mince couche de belle marmelade d'abricots, serrée et tiède; laissez-la sécher. Ornez les portes avec des bandes de pâte à massepain coupées de façon à imiter l'arceau en relief; bordez les fenêtres avec des liserons plats; entre le portail et les fenêtres de la première tour, appliquez en relief un liseron perlé; puis, disposez des petites solives au-dessous de l'abaisse à galerie, formant corniche sur le haut des deux tours. Rayez enfin les parois des tours rondes, en imitation de pierres de taille, à l'aide d'un fin cornet: la tour des feux n'est pas rayée, elle est simplement ornée au cornet. Quand les tours sont terminées, collez-les l'une sur

DESSIN 249.

DESSIN 248.

DESSIN 250

l'autre; fixez la pièce sur la plate-forme. Cette plate-forme est exécutée sur une solide charpente en bois, dont les surfaces sont plaquées avec des bandes de biscuit-punch formant revêtement; elles sont également masquées de marmelade, et rayées au cornet. La balustrade qui en fait le tour pour venir aboutir à l'escalier imité en pâte à massepain, est levée à la planche.

Comme variété, cette pièce pourrait être exécutée en pâte à gaufre, aux amandes; en ce cas, les tours seraient vides, car il faudrait les former dans trois moules différents, sans fond, en fer-blanc, ayant chacun exactement la forme et les dimensions d'une des tours. Pour plus de sûreté, la pâte à gaufre doit être doublée, après cuisson. En ce cas, la plate-forme pourrait aussi être exécutée en pâte à gaufre, à condition de l'appliquer contre une solide charpente en bois ou en fer-blanc, masquée de papier; les portes et les fenêtres des tours seraient alors très légèrement creusées et bordées, leurs surfaces seraient rayées au cornet absolument comme précédemment.

La pièce pourrait également être exécutée en beau nougat; cette exécution ne présenterait aucune difficulté, du moment qu'on disposerait des moules convenables; car ici les moules deviennent absolument indispensables; comme diversion on pourrait exécuter la plate-forme, sur charpente, soit en biscuit soit en pâte à gaufre, sans rien changer à son ornementation.

Dans les deux cas, les tours doivent toujours être surmontées d'une large abaisse à galerie, ornée avec de la pâte à massepain; elles peuvent bien être rayées au cornet, mais sans être masquées de marmelade.

Dessins 249, 250. — GROSSES MERINGUES, EN DOME

Ces deux pièces sont construites dans le même ordre et d'après la même méthode; les détails du décor sont les mêmes, mais appliqués différemment.

Ces pièces sont exécutées sur une charpente formée par des anneaux en meringue, d'un diamètre gradué, poussés sur plaques beurrées et farinées, puis cuits à four doux, en procédant comme il est dit pour la grosse meringue en ananas

Collez les anneaux avec de la glace-royale, en les montant l'un sur l'autre. Collez ensuite la charpente sur une abaisse en pâte d'office de 2 centimètres plus large; placez-la sur un plafond couvert d'un rond de papier beurré; placez ce plafond sur un large moule, afin de pouvoir exécuter le décor avec plus de facilité. Masquez d'abord toutes les surfaces avec une mince couche de meringue pour décor; puis, avec la pointe d'un couteau, tracez sur cette couche des lignes de haut en bas, de façon à former dix divisions; sur ces lignes, poussez deux cordons minces de meringue, l'un à côté de l'autre, un peu plus large sur le bas que sur le haut : c'est sur ces lignes, que seront plus tard poussées les rangées de perles qui, du bas, convergent sur le sommet de la charpente.

Sur l'espace laissé libre, entre les cordons formant les divisions, poussez d'abord des cordons, en lignes horizontales, en commençant par le bas, de façon à remplir le vide jusqu'en haut.

Aussitôt que deux rangées de cordons sont poussées, poussez les rangées de perles, allant de bas en haut, mais en diminuant légèrement le diamètre des perles à mesure que la rangée s'élève; continuez ainsi le décor. Saupoudrez ensuite la meringue avec de la glace de sucre; faites-la sécher à four très doux, en lui faisant prendre une belle nuance claire. En la sortant, placez-la dans une étuve tiède, tenez-la ainsi deux ou trois jours.

Dressez-la enfin sur un tambour vide, en bois léger, posant sur quatre pieds, masqué en pastillage, décoré en relief et bordé. Fixez alors sur le haut du dôme un joli pompon en sucre filé fin, posé debout sur le centre d'une torsade à cannelons, également en sucre fin, encadrée par une rosace de feuilles en sucre *tors*, disposées en éventail.

La charpente de la grosse meringue représentée par le dessin 250 est exécutée dans les mêmes conditions que la précédente ; mais la pièce est décorée dans un ordre tout différent : ici, les cordons en meringue vont de haut en bas, tandis que les rangées de perles sont disposées en lignes horizontales ; mais en somme, ce décor n'est qu'une simple variété de celui qui précède. — La meringue doit être comme la première cuite au four, de belle nuance, et bien séchée.

Cette pièce est représentée dressée sur un tambour en bois, formant gradin, posé sur quatre pieds, masqué de pastillage, décoré et bordé. Elle est ornée, sur le haut, d'un large pompon en sucre filé fin, portant sur son centre une flamme également imitée en sucre filé. L'espace libre entre le gradin et les bords du tambour, est garni avec une chaîne de jolies petites meringues garnies de crème.

SOMMAIRE DE LA PLANCHE 41

DESSIN 251. — FONTAINE AUX DAUPHINS

Cette pièce est établie sur une large base en bois, portant sur son centre une tringle en fer, à laquelle est enfilé un tambour en bois, vide, formant trois gradins. La tringle porte sur le haut une coupe en fer-blanc à large rebord incliné, fermée en dessus : ceci constitue le premier étage de la pièce. Le second étage se compose simplement d'une autre coupe, à pied élevé, plus étroite que la première. Le pied et la coupe sont en fer-blanc ; la coupe est creuse ; elle porte sur son centre un support en forme de calice d'où semble s'échapper la gerbe d'eau qui alimente les deux coupes.

La base de la pièce est masquée en pastillage, et ornée d'une jolie bordure à jour ; la charpente des gradins est aussi masquée en pastillage ; le premier gradin est plat, les deux autres sont arrondis et décorés en chute-d'eau, d'abord au cornet avec de la glace-royale, puis avec du sucre filé fin. Les trois dauphins groupés autour de la tringle sont coulés en sucre, et ornementés avec des feuillages aquatiques imités en pastillage ou en sucre *tors*.

DESSIN 252.

DESSIN 251.

DESSIN 253.

Pl. 41.

La grande coupe est entièrement masquée en pastillage ; les cannelures sont rapportées.

La coupe formant le deuxième étage est aussi masquée en pastillage ; la gerbe d'eau est imitée sur une charpente en sucre coulé ou en sucre tors, couverte avec une nappe de sucre filé fin. L'eau qui s'échappe des deux coupes est aussi imitée avec du sucre coulé et du sucre filé fin.

Cette pièce n'est pas mangeable ; elle est absolument ornementale ; mais elle doit forcément être garnie à sa base, avec des gâteaux de différente nature.

Avec quelques modifications dans les détails, on pourrait cependant exécuter cette fontaine en beau nougat, sans qu'elle perde beaucoup de son élégance. En ce cas, il faudrait disposer d'un grand moule à coupe, en métal, et d'un autre moule à coupe moins grand, avec son pied, puis d'un moule à dauphin, également en métal, qui servirait à former les trois sujets. La base de la pièce pourrait rester telle qu'elle a été décrite, et telle qu'elle est représentée par le dessin ; elle serait également garnie de petits gâteaux. L'eau des coupes et celle des gradins seraient imitées avec le sucre.

Dessin 252. — CHATEAU-FORT, SUR ROCHER

Cette pièce repose sur un rocher imité en biscuit de couleur, dont la charpente est en bois ou en fer-blanc, fixée sur plat.

La pièce est divisée en trois parties distinctes, exécutées séparément, et chaque partie collée sur une abaisse en pâte d'office. Le premier étage est de forme carrée, percé d'un portail cintré ; il est flanqué sur chacun de ses angles d'un mur de soutènement. Le deuxième étage est aussi de forme carrée ; il est fixé sur une abaisse à angles saillants et arrondis, portant chacun les deux tiers d'une tourelle, car celles-ci sont exécutées en deux parties. Le troisième étage comprend une tour de forme hexagone, fixée sur le centre d'une abaisse coupée exactement comme la précédente, c'est-à-dire ayant les angles saillants et arrondis, portant chacun sur la partie supérieure d'une des tourelles ; celles-ci sont reliées sur les quatre faces par un mur crénelé, adhérant aussi à l'abaisse.

Le corps de la pièce peut être exécuté d'après différentes méthodes : d'abord, en biscuit ou en pâte d'amandes ; dans le premier cas, les divisions sont pleines, dans le second elles sont vides. Pour exécuter la pièce en biscuit, c'est du biscuit-punch qu'on emploie.

Cuisez les trois principales divisions de la pièce, c'est-à-dire les trois étages, dans des moules en fer-blanc, sans fond, chacun dans les proportions voulues et conformes au dessin reproduit. Les créneaux, les tourelles, les murs de soutènement sont coupés sur du biscuit en feuille, cuit sur plaque.

Laissez rassir le biscuit formant les divisions ; parez-les ; mettez-les bien d'aplomb ; lissez-en les surfaces ; fixez-les chacune sur l'abaisse en pâte cuite qui lui est destinée ; adaptez solidement au deuxième étage les parties de tourelle qu'il comporte. Sur les angles du troisième étage, fixez la partie supérieure des tourelles, en les faisant bien raccorder avec les parties inférieures. Assemblez les divisions, collez-les l'une sur l'autre ; reliez-les ensemble, en les traversant avec une petite tringle en bois, passant sur le centre des abaisses. Fixez la pièce sur la charpente collée sur plat. — Appliquez alors à leur place, les meurtrières, les créneaux, les murs de soutènement. — Quand la pièce est montée, creusez légèrement les portes, fenêtres et meurtrières des étages. — Masquez toutes les surfaces avec une mince couche de belle marmelade d'abricots, serrée, tiède ; laissez-la sécher. — Avec de la pâte à massepain et de la glace poussée au cornet, ornez les portes, les fenêtres, les créneaux ; puis rayez les surfaces en imitation de pierres de taille, à l'aide d'un mince cordon de glace-royale poussée au cornet. — Masquez la charpente de la base avec des morceaux informes de biscuit de couleur, en les groupant de façon à imiter un rocher ; ornez-le avec quelques feuillages en pâte d'amandes, et aussi avec une nappe d'eau imitée en sucre filé.

Pour exécuter la pièce en pâte d'amandes, on peut au besoin se dispenser de moules. En ce cas, établissez d'abord les proportions des étages, le diamètre, la hauteur et enfin les dimensions de chaque division ; sur ces données, coupez des patrons en carton, sur lesquels seront ensuite coupées les divisions de chaque étage.

La pâte employée est la pâte à feuilles de chêne ou la pâte d'amandes pour timbale. Cuisez-la en abaisses minces, sur plaques cirées ; en sortant la pâte du four, pendant qu'elle est encore molle, coupez les divisions à l'aide des patrons en carton, préparés d'avance. — Pour donner à ces divisions la solidité requise, coupez-les en double et, aussitôt refroidies, assemblez-les, collez-les ensemble avec de la glace ou de la marmelade. Les abaisses coupées pour les tourelles doivent rester simples, elles n'en sont que plus légères. Aussitôt coupées, enroulez-les autour d'un cylindre quelconque, d'un rouleau à pâtisserie ; laissez-les refroidir ainsi ; collez-les au sucre ou à la glace-royale.

Quand les divisions des étages sont refroidies, assemblez-les, en coupant les angles en biais ; puis collez-les pour monter les étages ; fixez chaque étage sur une abaisse en pâte d'office ; collez-les l'un sur l'autre. Appliquez ensuite les créneaux. Masquez toutes les surfaces des divisions et des tourelles avec une mince couche de marmelade d'abricots, serrée. Simulez les portes, les fenêtres et les meurtrières par un simple encadrement en pâte à massepain ou au cornet ; masquez l'intérieur de ces encadrements avec de la glace brune poussée au cornet. Carrelez ensuite toutes les surfaces de la pièce avec de minces cordons de glace poussée au cornet.

Quand tous les ornements sont appliqués, collez la pièce sur la charpente, masquée de biscuit de couleur, imitant le rocher.

Avec de simples moules en fer-blanc, adaptés à la forme des étages et des tourelles, on pourrait encore exécuter cette pièce en beau nougat. En ce cas, toutes les soudures des divisions devraient être bordées avec un liseron en pâte à massepain, afin d'en dissimuler les jointures, car on ne peut couper le nougat avec la même facilité que le biscuit, surtout sur les parties angulaires.

Dessin 253. — PAVILLON ROBINSON

Cette pièce est tout à la fois simple, originale, très jolie pourtant, et d'un bel effet sur table ; elle est dressée sur un simple tambour en bois, masqué et décoré en pastillage, collé sur plat.

Le pavillon est à deux étages ; il est fixé sur une abaisse en pâte d'office, ornée d'une balustrade dans le même style, c'est-à-dire rustique ; il est fixé sur une imitation en tronc d'arbre lui servant de support.

Cette pièce peut être exécutée d'après différentes méthodes, selon qu'elle doit être servie sur la table d'un grand dîner familier, comme pièce de milieu, ou même sur un buffet de bal d'enfants ; en ces cas, elle doit forcément être exécutée avec des éléments mangeables. Si, au contraire, la pièce devait figurer sur la table d'un grand buffet, on pourrait alors la construire tout simplement en pastillage. A quoi servirait de mettre sur la table d'un grand buffet des pièces mangeables, qui ont mille chances contre une de ne pas être entamées. Sur les grandes tables de buffet, ce sont précisément les grands socles, les pièces ornementales luxueuses, aussi bien que les élégantes pièces postiches qui jouent le plus grand rôle, car elles sont là à titre d'auxiliaire ornemental, destinées à concourir pour un effet d'ensemble dans une fête grandiose, exprimant l'abondance et le luxe d'une grande maison. Les riches amphitryons qui ne se rendent pas compte des splendeurs de la table ne sont réellement pas à envier, il faudrait plutôt les plaindre, car ils ne savent pas savourer les charmes délicats, et les satisfactions que procure l'hospitalité généreuse et opulente.

Si la pièce doit être mangeable, le tronc d'arbre est modelé sur une tringle en bois, à laquelle se rattachent quelques soutiens disposés en arc-boutant, de façon à faire appui au pavillon ; il est d'abord ébauché en pâte à massepain, puis masqué d'une couche de pâte à chocolat, tiède, modelée sur place en forme d'écorce d'arbre. Les échelles sont exécutées à l'aide de supports en sucre tors, auxquels sont adaptés des petits barreaux également en sucre.

Les deux étages du pavillon sont exécutés en pâte à ruche cuite sur plaques beurrées et farinées ; tous ces détails sont soudés au sucre ou à la glace-royale. Les balustrades des deux étages peuvent être exécutées en pâte à massepain ; les deux toitures sont exécutées sur une charpente en pâte d'amandes, et le chaume imité avec de la meringue italienne, nuancée en jaune, poussée au cornet.

Mais les deux pavillons, les balustrades, les toitures et les échelles pourraient fort bien être en beau nougat ; cette exécution n'offrirait pas de grandes difficultés, puisqu'elle pourrait s'opérer sans le secours de moules. En ce cas, le tronc d'arbre pourrait rester tel qu'il est en pâte d'amandes et en chocolat. — Cette pièce est représentée garnie de petits gâteaux, sur l'espace laissé libre entre le tambour et les bords du plat.

SOMMAIRE DE LA PLANCHE 42

Dessin 254. — BALLON IMITÉ

Cette pièce est représentée dressée sur une large base en bois, masquée et bordée en pastillage, portant sur son centre un tambour en bois, mince, plus étroit, masqué en pastillage, décoré et bordé.

Le ballon est exécuté sur une charpente en fil de fer, et maintenu en équilibre à l'aide d'une tringle en fer, partant du centre de la base en bois, traversant le tambour, puis la corbeille du ballon, pour venir aboutir à l'extrémité du dôme de celui-ci.

La charpente du ballon est en fil de fer et en fer-blanc, elle se compose d'une sorte de cône renversé, en fil de fer, adhérant fortement par le haut et par le bas, à la tringle centrale, en même temps qu'à un large anneau en fer-blanc bordé d'un cercle étroit, formant la division du cône avec le dôme du ballon. Les fils de fer du cône sont fixés à distance égale, autour de l'anneau ; ils sont enserrés à leur base par un anneau en fil de fer, et vont s'accrocher à un cercle en fer-blanc disposé debout sur le centre de la corbeille. Cette corbeille est exécutée en pastillage sur une charpente en fer-blanc, solidement fixée sur le tambour, fermée sur le haut, en partie du moins, car elle porte sur le centre une large ouverture, entourée par le cercle en fer-blanc posé debout, en relief.

Le ballon est construit, partie en pastillage, partie en glace-royale, partie en sucre filé.

Le dôme est exécuté sur un large moule en fer-blanc ; il peut tout aussi bien être en sucre qu'en glace-royale ; la double bordure qui en forme la base est exécutée en dehors du dôme, sur une bande en fer-blanc adhérant à la charpente. Le vide du cône, derrière les rayons en fil de fer, est garni avec des nappes de sucre filé, ou simplement par un cône plus étroit, exécuté en pastillage ; ce cône figure la soie pendante du ballon, enfermée par la cage en fil de fer ; ces fils de fer, et ceux de la base du dôme, viennent s'accrocher aux anneaux de la corbeille et sont simplement enveloppés dans du papier blanc. L'anneau qui retient les fils de fer de la cage est orné d'une bordure pendante, en pastillage.

Quelques petits drapeaux sont fixés sur le haut du dôme ; ils sont groupés en éventail, à l'aide de petits trous pratiqués sur une épaisse bande en pastillage, disposée sur le centre même du dôme. L'espace libre entre la bordure de la base et le tambour central, est garni avec des petits gâteaux.

DESSIN 256.

DESSIN 254.

DESSIN 255.

PL. 42.

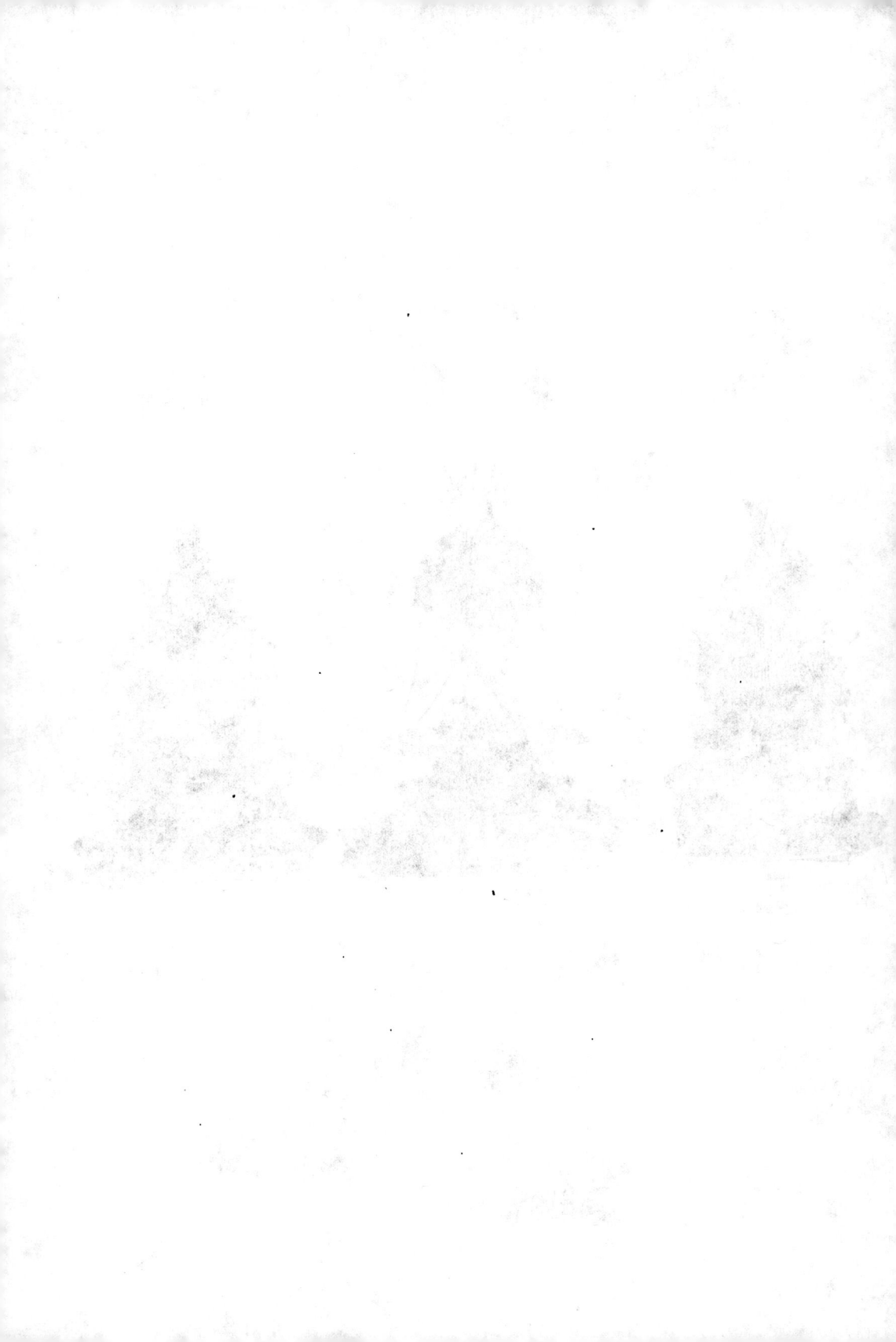

Dessins 255, 256. — GRANDES RUCHES EN MERINGUE, SUR TAMBOUR

Les deux ruches reproduites à cette planche ont la hauteur de 75 centimètres : 20 pour la base, 55 pour la ruche. Ces pièces conviennent pour être servies sur la table d'un buffet de bal ; elles sont d'un joli effet, solides, peu coûteuses, peu travaillées, elles ont l'avantage de pouvoir être exécutées d'avance ; cette considération est souvent d'une grande importance.

La première des deux ruches est exécutée sur une charpente dont la base est cylindrique, et le haut formé en toiture de dôme gradué, se terminant en pointe, ayant sa base en écartement légèrement accentué : le dôme et la base sont exécutés séparément : la base d'abord.

Pour former cette base, beurrez des cercles à meringue avec du beurre bien épongé ; glacez-les avec moitié glace de sucre et moitié fécule ; emplissez-en le vide avec de la meringue pour décor ; saupoudrez de sucre, faites sécher à four très doux, pour que la meringue ne travaille pas. A défaut de cercles, on peut opérer simplement à l'aide d'anneaux en meringue, couchés à la poche, sur plaques beurrées et farinées ; puis séchés à four doux et refroidi ; ils sont ensuite collés les uns sur les autres. Mais une méthode beaucoup plus simple consiste à opérer sur une charpente en fer-blanc, masquée de pâte, et celle-ci séchée à l'étuve.

L'ouverture de cette charpente doit être fermée en dessous, à 4 centimètres du bord, avec une abaisse en pâte d'office ou en carton blanc, de façon à pouvoir poser d'aplomb, sur la base cylindrique.

Posez le dôme et le cylindre chacun sur un large moule, et ce moule sur une plaque ; décorez-les en imitation de chaume, avec de la meringue légèrement jaunie, poussée à la poche ou au cornet, en cordons réguliers. Sur les parois du cylindre, les cordons sont poussés de haut en bas ; mais sur le dôme, ils sont poussés les uns à côté des autres, par rangées, en commençant par le bas du dôme, et en posant les rangées à cheval, en imitation d'un toit en chaume : l'opération est très simple.

Il faut avoir soin de laisser à mi-hauteur du cylindre une petite ouverture cintrée, figurant la porte de la ruche, au-devant de laquelle est disposé un petit appui.

Saupoudrez légèrement la meringue avec du sucre fin ; faites-la sécher à four très doux, en lui faisant prendre une belle nuance jaune clair. Quand elle est refroidie, tenez-la encore deux jours à l'étuve tiède. Au dernier moment, collez le cylindre sur une abaisse en bois, masquée de pastillage, bordée d'un liseron sur son épaisseur, un peu plus large que le tambour ; collez le dôme sur le haut du cylindre.

Sur l'appui saillant de la petite porte cintrée de la ruche, placez quelques mouches à miel, en sucre ; distribuez quelques-unes de ces mouches sur le dôme, ornez enfin celui-ci d'une petite guirlande de fleurs en sucre. Au dernier moment, collez sur le haut du dôme, un petit pompon en sucre filé blanc.

Entourez la base de la ruche avec une chaîne de petites meringues, garnies de crème ; entourez également la base du tambour avec les mêmes meringues, car, à ces pièces, aucune garniture ne saurait mieux s'y adapter.

La deuxième ruche est exécutée dans les mêmes conditions que la précédente ; mais ici la partie cylindrique, c'est-à-dire le corps de la ruche, est formé en imitation d'anneaux en paille, cousus les uns sur les autres : le dôme est en forme de pyramide graduée.

La ruche est fixée sur un rocher en sucre *soufflé* dont je décrirai plus loin l'apprêt ; ce rocher est exécuté sur une charpente, ou plutôt sur un tambour vide, en bois mince, fixé sur une base bordée, posée sur quatre pieds.

De même que la précédente, cette ruche est ornée d'une guirlande de fleurs et feuilles imitées en pastillage, grimpant de la base au sommet. La petite porte de la ruche disposée à sa base, est munie d'un appui saillant, et entourée d'abeilles en sucre.

SOMMAIRE DE LA PLANCHE 43

DESSIN 257. — COUPE AUX FRUITS, SUR GRAND SOCLE.   DESSIN 258. — RUCHE EN PATE D'AMANDES, SUR TAMBOUR.
DESSIN 259. — RUCHE EN MERINGUE, SUR TAMBOUR.

DESSIN 257. — COUPE DE FRUITS, SUR GRAND SOCLE

Avec une pâte aussi souple et maniable que le pastillage, on peut facilement modeler des fruits à la main, à l'aide d'ébauchoirs ; ce qui est moins facile, c'est de les colorer, en leur donnant cette physionomie de vraisemblance et de naturel qui en fait tout le mérite ; le mauvais coloris des fruits les rend vulgaires et disgracieux. — Les gros fruits en pastillage sont toujours modelés creux, à l'aide d'un ébauchoir.

En modelant les fruits, il faut surtout s'attacher à tenir le pastillage mince, afin de pouvoir le bien faire sécher ; les gros fruits, tels que *pommes, poires, pêches, abricots, prunes*, etc., sont seulement modelés aux trois quarts de leur forme, car ils sont généralement groupés de façon à ne pas être vus en entier, soit qu'ils entrent comme garniture d'une corbeille, soit comme bordure de socle. Les petits fruits, tels que *cerises, fraises, groseilles, noisettes*, peuvent être modelés en entier.

Quelle que soit la teinte naturelle des fruits, on peut toujours les exécuter d'abord en pastillage blanc, et, quand celui-ci est bien sec, le masquer avec une glace-royale liquéfiée à point et nuancée de la teinte formant le fond naturel des fruits ; quand cette glace est sèche, on donne aux fruits des teintes plus vives ou des demi-teintes, avec des couleurs pulvérisées dont on imprègne un petit tampon de coton ; en ce cas, il suffit, pour faire prendre la couleur, de souffler sur la glace et passer aussitôt le tampon dessus.

On passe au vernis à bonbon les fruits qui réclament du brillant, tels que les *poires, pommes,*

DESSIN 258.

DESSIN 257.

DESSIN 259.

Pl. 43

cerises et *groseilles*. — On imite la couche givrée de certains fruits : *prunes noires* et *pêches*, en les saupoudrant avec de la fécule qu'on fait tomber de haut, en la tamisant à travers un sachet en laine ; mais il faut préalablement que les fruits soient humectés avec l'haleine, en soufflant dessus.

Quand on veut dresser les fruits sur une coupe, on emplit d'abord celle-ci avec un fond en carton formant le dôme, contre lequel on les groupe et on les colle à la glace-royale, en les entourant avec des fleurs artificielles.

Ce sujet peut également être servi sur la table d'un buffet ou sur celle d'un dîner, comme pièce de milieu ; il se compose de deux parties distinctes : la base et la coupe aux fruits. La base est à gradin, posée par quatre pieds ; ce gradin est imité par un double tambour, vide, en bois mince, traversé par une tringle en fer adhérant au centre de la base ; sur le haut de cette tringle est solidement fixée une abaisse en bois. — La coupe aux fruits est montée sur un petit socle en fer-blanc, fermée sur le haut.

La base et son double tambour sont masqués en pastillage et bordés. Les quatre cornes d'abondance posées debout sur le dernier gradin, n'ayant aucun effort à faire, peuvent être moulées en pastillage dans un moule en deux pièces ; si on voulait les faire porter au-dessous de l'abaisse comme soutien supplémentaire, il faudrait les faire exécuter en fer-blanc, puis les masquer et les décorer avec du pastillage. — L'abaisse disposée sur le haut de la tringle est simplement masquée de papier blanc et ornée d'une double bordure.

La coupe aux fruits est indépendante de la base ; elle est exécutée séparément. Le socle portant la pyramide est masqué en pastillage, et bordé. Les fruits se composent de grosses poires, de pêches, de pommes, de raisins et d'un bel ananas couronnant la pyramide. Les fruits imités sont comme les fleurs ; ils doivent être d'une ressemblance parfaite sous peine de ne produire aucun effet.

Les poires, les pêches, les pommes, peuvent être imitées en pastillage ou en sucre coulé [1] ; dans les deux cas, ces fruits sont vides. S'ils sont en sucre, ils doivent être peints au pinceau ; s'ils sont en pastillage, ils sont d'abord légèrement nappés avec une glace coulante ; jaune pour les pêches, verdâtre pour les pommes et les poires. Quand la glace est sèche, les fruits sont fardés avec du carmin en poudre, à l'aide d'un tampon en ouate. Pour imiter le duvet des pêches, on tamise de la fécule dessus, après les avoir légèrement humectées simplement avec l'haleine.

Les grains de raisins sont imités en pastillage ou en pâte d'amandes nuancée ; ils sont d'abord vernis avec du vernis à bonbons, puis formés en grappe, en les collant sur une charpente ; on leur donne aussi le duvet avec de la fécule.

L'ananas est coulé en sucre dans un moule en plâtre, puis nuancé ; la couronne qui le surmonte peut être imitée en sucre tors nuancé ou en pastillage. Mais cette pièce étant absolument ornementale, et d'ailleurs, en raison même de sa hauteur, ces fruits n'étant pas exposés à être man-

---

1. Les sujets en sucre sont coulés dans des moules en plâtre. Il n'est pas plus difficile de couler le sucre que de couler la stéarine. Il s'agit d'abord d'avoir de bons moules, et de cuire le sucre au point voulu : cette opération est d'ailleurs fort simple.

Il faut couper le sucre ; le mettre dans un poêlon, le mouiller à peine avec de l'eau tiède et un peu d'acide citrique ou de vinaigre blanc. Quand il est dissous, le cuire au degré de *la plume* ; le retirer et le graisser légèrement en le frottant contre les parois du poêlon avec une cuiller en bois.

Les moules dans lesquels on coule le sucre doivent être démontés et trempés à l'eau froide pendant 10 minutes, puis bien égouttés, assemblés de nouveau et serrés avec une grosse ficelle.

Si on coule les figures, il ne faut pas négliger de remuer le sucre dans le moule, avec une petite baguette en bois, afin d'en chasser l'air que le liquide peut contenir, sinon il y aurait des vides dans le sujet ; en tout cas, il convient de reverser le sucre du moule dans le poêlon aussitôt que le sujet est formé : plus on laisse le sucre dans le moule, plus la croûte devient épaisse ; or pour les gros sujets, il convient de tenir plutôt la croûte mince.

gés, tous les procédés sont bons pour rendre l'imitation parfaite ; par ce motif, on peut leur adjoindre des feuilles artificielles et d'autres petits fruits qui en relèvent le ton : des cerises et des grappes de groseilles qu'on imite si bien aujourd'hui. On trouve dans le commerce des raisins blancs et noirs imités avec une grande perfection.

Ces fruits, formant la coupe de cette pièce, sont groupés contre la pyramide, en les collant ; l'ananas est posé sur le haut de la pyramide, et les raisins sont rangés sur la frise du socle en grappes pendantes, entremêlées de feuilles.

Avant de servir cette pièce, l'espace libre de la base, entre le double tambour et la bordure, doit être garni de petits gâteaux. Mais, par précaution, il est bon de ne poser la coupe aux fruits sur sa base, qu'alors que celle-ci est sur la table où elle doit être servie.

Dessin 258. — RUCHE EN PATE D'AMANDES

Cette pièce étant mangeable ne peut pas être montée sur une charpente soit en carton, soit en bois.

Elle est représentée dressée sur un tambour en bois vide, fixé sur une large base bordée ; les parois du tambour sont ornées avec des détails en pastillage.

La guirlande de fleurs qui orne la ruche pourrait bien être imitée en sucre ou en pastillage, mais il est préférable d'employer des fleurs artificielles, sur la nature desquelles personne ne peut se tromper, et qui, n'adhérant pas à la pièce, sont enlevées avant même de couper celle-ci.

La ruche est construite en deux parties : la toiture et le corps principal ; celui-ci est collé sur une abaisse en pâte d'office.

Voici la recette pour préparer la pâte à ruche : 500 grammes d'amandes, 750 grammes de sucre, 250 grammes de farine, blancs d'œuf, zeste haché, grain de sel.

Pilez les amandes mondées, avec un blanc d'œuf ; ajoutez peu à peu le sucre, le zeste et assez de blanc d'œuf pour obtenir la pâte molle. Mettez-la sur la table, pour la travailler avec les mains, en lui incorporant la farine : elle doit rester assez molle pour pouvoir être poussée à la seringue d'office, sans qu'elle s'affaisse.

Pour former le corps de la ruche, coupez un patron en carton de forme circulaire, du diamètre que doit avoir la base de la ruche. — Beurrez et farinez des plaques ; puis, à l'aide d'un crayon et du patron, tracez des cercles à distance, sur la surface des plaques. Sur les cercles tracés, poussez de gros cordons de pâte, à l'aide d'une seringue d'office, munie à son extrémité d'une petite plaque mobile, percée d'un rond lisse, sans cannelures, ayant 2 centimètres de diamètre. Formez ainsi des anneaux réguliers ; soudez-en les extrémités avec du blanc d'œuf, rayez-les tranversalement avec le revers d'un petit couteau, à 3 ou 4 centimètres de distance ; dorez-les, cuisez-les à four bien atteint, pas trop chaud, en les faisant légèrement colorer ; 5 minutes après qu'ils sont sortis du four, détachez-les des plaques, en passant le couteau dessous. Laissez-les bien refroidir ; puis, montez-les, les uns sur les autres, sur une abaisse en pâte d'office, en les collant à mesure avec de la glace-royale ou du sucre au *cassé*, mais en observant que la rayure de chaque anneau se trouve d'être à cheval, sur le milieu, entre les deux rayures de l'anneau placé au-dessous de lui, de façon à imiter le tracé d'un mur de briques. — Aux deux tiers de hauteur de la pièce, pratiquez une petite ouverture voûtée, figurant la porte par où les abeilles doivent entrer ou sortir ; sur le devant de l'ouverture collez un soutien en relief ; collez ensuite la ruche sur une abaisse en pâte d'office.

La toiture de la ruche ne formant pas un dôme régulier, l'opération devient plus minutieuse que pour monter les anneaux du corps principal. Si les anneaux ne sont pas d'un égal diamètre, il en faut de larges et de très étroits ; mais si l'on veut tracer d'avance le profil de la toiture sur un carton coupé de la hauteur même qu'on veut donner à celle-ci, il est facile de se rendre compte et du nombre d'anneaux nécessaires pour la monter et du diamètre que devra avoir chaque anneau : c'est l'épaisseur même de ces anneaux qui servira de base à ce calcul.

Poussez ces anneaux, comme auparavant, en suivant les cercles tracés d'avance sur plaques beurrées et farinées ; rayez-les, dorez-les, cuisez-les. Montez-les ensuite, les uns sur les autres, en les collant avec de la glace-royale, et en tenant compte surtout de la rayure transversale des anneaux. Quand la glace est sèche, consolidez intérieurement ces anneaux avec des cordons de sucre, coulés de haut en bas. Collez ensuite, à 4 centimètres des bords intérieurs de la toiture, une abaisse en pâte d'office qui doit lui servir d'appui quand elle sera placée sur le corps de la ruche.

Maintenant, nappez extérieurement les deux parties de la ruche avec une glace-royale coulante, aux zestes, légèrement jaunie. Quand la glace est sèche, collez la base de la ruche sur le tambour, et, sur celle-ci, posez la toiture. Déposez alors la guirlande de fleurs, en bordure, autour du corps de la ruche ; faites-la monter jusqu'au faîte de la toiture, en l'assujettissant de distance en distance avec de la glace-royale verte, à la fécule. — Sur l'appui de l'ouverture pratiquée, disposez quelques abeilles imitées en fondant au chocolat ; distribuez-en quelques-unes autour de la base et sur la toiture, en les collant. — Bien que cette pièce soit réellement mangeable, cela ne dispense pas de garnir la base du tambour avec une chaîne de jolies meringues à la crème ou avec toute autre espèce de petits gâteaux.

Dessin 259. — RUCHE EN MERINGUE

La ruche portant le numéro 262 est représentée dressée sur un tambour en bois mince, masqué en pastillage, décoré en rustique, et fixé sur une large base bordée, posée sur quatre pieds. — Cette ruche est exécutée dans les mêmes conditions que celles reproduites à la planche 42 ; elle est formée en deux parties : la toiture en dôme ovoïde, et le corps de la ruche, de forme cylindrique. — La charpente du dôme est formée sur un grand moule en fer-blanc, avec de la pâte à gaufre ou du pastillage ; elle est ensuite décorée au cornet, avec de la meringue pour décor, ou avec de la glace-royale légèrement jaunie, de façon à imiter la paille. — Si le décor est en meringue, faites-le sécher à l'étuve chaude ; s'il est en glace-royale, faites-le sécher à l'air.

La charpente cylindrique du corps de la ruche peut tout aussi bien être formée d'anneaux en meringue cuite ou formée sur un moule avec de la pâte à gaufre ou du pastillage; cette charpente, est ensuite décorée extérieurement au cornet avec de la meringue jaunie ou de la glace-royale.

De même que les précédentes, cette ruche est ornée d'une guirlande de fleurs qui, partant de la base, remonte jusqu'au sommet. Autour de la petite porte basse ménagée contre le corps de la ruche, sont disposées des abeilles en sucre. — Cette pièce est représentée sans garniture, mais l'espace laissé libre autour de la ruche et à la base du tambour peut être garni soit avec de petits gâteaux, soit enfin avec des fruits confits, glacés au *cassé* et posés dans de petites caisses plissées, en papier.

SOMMAIRE DE LA PLANCHE 44

DESSIN 260. — GRANDE SULTANE SUR SOCLE, FILÉE A LA CUILLER

Les sultanes sont des pièces qui peuvent aussi bien figurer sur la table d'un dîner que sur celle d'un buffet de bal, et, bien que n'étant pas mangeables, elles sont cependant considérées comme des grosses pièces de pâtisserie; elles en tiennent lieu, puisqu'elles ne sont, au fond, que l'enveloppe ornementale d'un gâteau quelconque qui est censé être placé à l'intérieur. Il est vrai que ces gâteaux sont parfois remplacés par des imitations; mais cela n'a rien d'anormal, puisqu'il faudrait briser les sultanes pour atteindre ces gâteaux, et que, sur les tables du grand monde, les convives ont l'habitude de ne toucher qu'aux objets qui, par leur forme aussi bien que par leur nature, ne laissent aucun doute sur leur destination. Cette retenue est si grande que, sur la table d'un buffet, si l'on néglige de faire une entaille aux pièces mangeables, même à celles qui, par leur composition, sont faciles à couper, telles que : les biscuits, les babas et les savarins, il arrive que la plupart du temps ces pièces restent intactes. Or, il n'est pas à présumer qu'aucun convive veuille se hasarder à briser des pièces que, si leur caractère ornemental pouvait lui échapper, leur élégance et leur coquetterie naturelle suffiraient certainement à défendre contre toute attaque intempestive.

DESSIN 261.

DESSIN 260.

DESSIN 262.

Pl. 44.

Les grandes sultanes, quel qu'en soit le genre, quelle qu'en soit la forme, jouent un grand rôle dans la pâtisserie ; de toutes les grosses pièces, ce sont celles qui produisent un plus grand effet ; ce sont aussi les plus luxueuses, les plus remarquables. Une grande et belle sultane, en effet, soigneusement exécutée dans son ensemble et ses détails, est une pièce qui doit être d'autant plus estimée qu'on la rencontre rarement rendue dans des conditions irréprochables, car il est très difficile d'atteindre cette perfection sans que celui qui opère possède une aptitude éprouvée.

Les sultanes, j'entends les belles sultanes, correctes, élégantes, ont le privilège d'intéresser tout à la fois le monde gastronomique, et de faire l'admiration des praticiens eux-mêmes : c'est un éloge flatteur, mais mérité. Et, en effet, en présence d'une grande et belle sultane, dressée dans les conditions voulues, sur socle ou sur tambour, on voit, on sent tout ce qu'il a fallu de science et de travail intelligent pour atteindre ce résultat.

Un fait remarquable, c'est que l'exécution d'une sultane en sucre est une entreprise qui intimide toujours les hommes n'ayant pas fait une étude suivie de ce travail : ils hésitent, ils reculent devant l'obstacle prévu. C'est que tout le monde comprend que le sucre à filer n'est pas une matière docile qu'on peut manier à volonté, travailler à loisir, comme le pastillage ou la glace-royale : le sucre n'attend pas, il faut le prendre à son point précis de cuisson et ne plus le quitter; il faut l'utiliser quand même, le façonner, le filer enfin, selon le genre du sujet entrepris, selon le dessin arrêté. Il faut non seulement l'employer au moment propice, mais l'employer sans retard, promptement, sans hésiter; car il se détériore avec une rapidité désolante, et on ne peut plus revenir sur ce qui est fait : là est l'écueil, car si toutes les dispositions ne sont pas prises pour pousser activement le travail sans arrêt, sans erreur possible, il est évident que l'opération n'aboutira pas.

Mais, en dehors de ces craintes, le travail du sucre filé est relativement facile; je dirai même que, du moment qu'on l'aborde, on ne tarde pas à y prendre goût, et qu'alors il devient aussi attrayant qu'agréable; d'ailleurs, il en est à peu près ainsi de tous les obstacles dont la persévérance fait triompher ; le difficile s'évanouit à mesure que l'assurance augmente : le tout, c'est de s'y mettre. A vrai dire, on s'explique l'appréhension que doit éprouver celui qui n'est pas sûr de lui-même, en abordant de front un travail si minutieux; mais, je le répète, il n'y a que le premier pas qui effraie.

Évidemment ce n'est pas du premier coup qu'on peut prétendre à atteindre la perfection ; il faut s'armer de persévérance, répéter les essais; car c'est de la pratique seule qu'il faut attendre le succès; elle seule peut donner l'assurance nécessaire; elle seule permet de dominer les obstacles. Ce qu'il ne faut pas perdre de vue, c'est que l'art de filer le sucre est, par le fait, un détail de la pâtisserie, mais un détail capital, d'une grande portée, pouvant, dans une large mesure, contribuer à l'avenir d'un homme. Je ne connais pas de praticiens ayant acquis dans cette partie une notoriété distinguée, qui n'aient tiré de leur savoir le plus grand profit. A Paris, tous les hommes qui ont réussi avec succès dans le travail du sucre n'ont pas tardé à acquérir de la renommée, et la renommée, il ne faut pas l'oublier, est le premier échelon de la fortune.

Voici la méthode pour filer les sultanes à la cuiller :

Prenez un grand moule à sultane[1], en double fer-blanc, muni à l'intérieur d'un manche en

---

1. La grande sultane reproduite à cette planche est coulée à la cuiller sur un grand moule ayant 31 centimètres de hauteur sur 27 de diamètre, à son ouverture.

bois, adhérant à une douille soudée sur le centre du fond. Tracez sur les parois extérieures du moule, avec la pointe d'un crayon, des lignes inclinées qui, en se croisant, formeront le grillage que représente la sultane. Pour plus de sûreté, il est bon de tracer ces lignes à l'aide d'un patron.

Huilez légèrement les parois et le dessus du moule; entourez la lisière du haut et du bas avec un anneau de ficelle, en la serrant contre le moule : ces anneaux donnent une certaine solidité, et facilitent la prise du sucre sur le moule.

Mettez dans 2 ou 3 petits poêlons 5 à 600 grammes de sucre trempé depuis quelques heures (voy. page 357). Cuisez le sucre d'un de ces poêlons, au degré du *cassé*, dans les conditions prescrites plus bas à l'article de la grande sultane en sucre coulé; aussitôt qu'il est à point, retirez-le, trempez le fond du poêlon à l'eau froide, pour arrêter la cuisson; posez-le aussitôt sur une couche de cendres tièdes, afin de le maintenir chaud pendant le filage.

Prenez de la main gauche le moule à sultane, en le tenant horizontalement par le manche; trempez une cuiller de table dans le sucre, laissez-le égoutter jusqu'à ce qu'il coule en cordon proportionné; portez alors la cuiller sur les bords du moule, laissez tomber le cordon[1] sur la ficelle, de façon à la masquer. Coulez ensuite les cordons de sucre de haut en bas sur les lignes tracées, mais d'abord celles qui s'inclinent dans le même sens, en tournant à mesure le moule. Le but à atteindre consiste à couler des lignes régulières, avec des cordons de sucre de même épaisseur, sans faire des gouttes : c'est tout; cela paraît bien simple, mais c'est cependant là où l'écueil réside. Filer du sucre, ce n'est pas difficile; ce qui l'est davantage, c'est de le filer bien.

A mesure que le sucre d'un poêlon commence à s'épuiser, il faut en avoir un autre sur feu, prêt à atteindre le degré voulu. — Quand les lignes tracées sont couvertes dans un sens par les cordons de sucre, reprenez-les dans le sens inverse, en les croisant et opérant toujours avec le même soin.

Quand le grillage est complet, grillez le dessus du moule, en arrêtant les cordons du sucre, juste à la lisière. Laissez bien refroidir le sucre et le moule; puis, présentez la sultane au feu, pour quelques secondes, en tournant le moule; dégagez-la aussitôt peu à peu, avec les deux mains, pour l'enlever; collez-la directement sur le tambour où elle doit être posée pour aller sur le socle, afin de ne plus être dans l'obligation d'y toucher. Placez-la ainsi sous globe, ou, mieux encore, dans une petite armoire vitrée, en l'entourant avec de la chaux vive, non éteinte, qui, en absorbant l'humidité de l'air, peut conserver plusieurs jours le brillant et la solidité du sucre.

Filez l'aigrette; collez-la sur une pastille mince, en sucre. Collez cette pastille sur une mince abaisse en bois, un peu plus large que la sultane, masquée de papier blanc, ornée d'une double bordure en glace-royale ou simplement bordée avec des *dents-de-loup* en sucre filé. Collez l'abaisse et l'aigrette sur le haut de la sultane. Quand le socle est sur la table, posez la sultane sur sa plate-forme, c'est-à-dire sur le petit tambour collé sur le haut du socle.

Le socle sur lequel la sultane figure appartient à un genre mixte, c'est-à-dire que les cornes d'abondance, exécutées en nougat, et garnies de fruits, font tout à la ois de ce socle une pièce orne-

---

1. On obtient un cordon de sucre plus ou moins épais ou mince, selon qu'on rapproche ou qu'on éloigne la cuiller du moule: plus la cuiller est éloignée, plus le cordon tombe mince.

mentale et mangeable qui, par ce fait, peut tout aussi bien être servie sur la table d'un buffet, que comme pièce de milieu dans un dîner. Dans les deux cas, les fruits des cornes d'abondance doivent être disposés de façon à être facilement atteints.

La charpente de ce socle est exécutée en bois et en carton-pâte. La base est de forme circulaire, en bois, posée sur quatre pieds ; elle est entourée, sur son épaisseur, d'une bande en carton blanc de 4 à 5 centimètres de large, clouée en écartement. Elle porte sur son centre une tringle en bois de 36 centimètres de haut ; c'est sur cette tringle que les divisions de la charpente, exécutées en carton-pâte, sont enfilées. Le pied du socle est enfilé le premier, puis la coupe, et, sur celle-ci, l'entonnoir renversé qui la surmonte. Sur cette dernière division vient porter la coupe du haut, sur laquelle s'appuie l'abaisse en bois, fixée sur la tringle. Par le fait, la charpente n'a pas d'autre effort à faire qu'à supporter le poids des sept cornes d'abondance adhérant à la surface de l'entonnoir renversé. — La charpente et la base sont masquées en pastillage ; cette dernière est décorée sur la bande inclinée, avec des détails levés à la planche, appliqués en relief ; sur le haut elle est ornée d'une belle bordure montante, à jour, légèrement évasée.

Les cornes d'abondance sont moulées dans la même forme, avec du nougat dont les amandes sont coupées en petits dés. Une observation très importante à faire, c'est que le nougat des cornes d'abondance soit exactement de même nuance pour toutes ; sinon la pièce perdrait beaucoup de sa distinction. — L'embouchure des cornes d'abondance est garnie avec des fruits confits et des fruits frais, glacés au *cassé*, légèrement collés au sucre, en les groupant, afin qu'on puisse les détacher sans efforts. Les fruits pendants, en dehors de l'embouchure, sont collés sur une tige d'angélique fixée dans l'embouchure même.

L'extrémité des cornes d'abondance est ornée avec un petit pompon en sucre filé, et leur embouchure avec de petites perles également en sucre filé. Immédiatement au-dessus des cornes d'abondance, la jonction des deux coupes est dissimulée par une bordure à jour. Le haut du socle, c'est-à-dire l'épaisseur de l'abaisse supérieure, est ornée d'une belle guirlande de fleurs en pastillage ou en sucre, variées en espèces et en nuances : cette guirlande donne une grande élégance à l'ensemble de la pièce. — De la base à la frise aux fleurs, ce socle mesure 96 centimètres de hauteur ; la sultane en mesure 31 et l'aigrette 16.

Quand la sultane est fixée sur le haut du socle, elle doit être entourée à sa base, soit avec de petites boules en pâte d'amandes, glacées au *cassé*, soit avec une garniture de petits gâteaux. La base du socle doit aussi être entourée de gâteaux.

Dessin 261. — GRANDE SULTANE PLEINE, EN PASTILLAGE, SUR TAMBOUR

Le travail des sultanes en pastillage est minutieux et ingrat ; pour bien les rendre, il faut au praticien une grande patience et des soins très attentifs, car c'est surtout dans l'application correcte des petits détails que réside le mérite de ces pièces.

Cette sultane mesure la hauteur de 69 centimètres se divisant ainsi : 4 centimètres pour la base,

26 pour le tambour, 5 pour le gradin de la sultane, 31 pour le corps de la sultane, 3 pour la corniche. La hauteur de l'aigrette varie de 30 à 40 centimètres.

La forme de la sultane est ronde ; elle se compose d'un entablement à arceaux soutenus par 6 colonnes en imitation de palmier ; elle pose sur un petit tambour à gradin fixé sur le centre d'une base en bois, bordée, posant sur quatre pieds ; mais ces deux divisions sont indépendantes, et préparées séparément.

La sultane peut être exécutée d'après deux méthodes, c'est-à-dire simplement en pastillage ou sur charpente en carton blanc, plaqué en pastillage. Ces deux méthodes sont également praticables.

Si l'on construit la sultane en pastillage, sans charpente, voici comment il faut opérer : coupez d'abord en pastillage l'entablement à arceau sur un patron en carton et d'une seule bande ; enroulez celle-ci contre les parois d'un moule uni ou d'un cylindre en carton, en la renversant ; soutenez-la droite, en dehors du moule, à l'aide d'une simple bande de papier. Quand elle est sèche, enlevez le moule ; appliquez intérieurement, contre l'épaisseur des arceaux, une bande en pastillage d'un centimètre et demi de largeur.

Préparez alors les colonnes en imitation de palmier, mais simplement le tronc et le piédestal, sans le feuillage du haut ; fixez-les solidement et bien droites sur une bande en pastillage, un peu plus large, d'un tiers de centimètre d'épaisseur ; laissez sécher.

Collez enfin les colonnes debout, à égale distance, sur le tambour formant gradin, masqué de pastillage ; quand elles sont consolidées, renversez l'entablement à arceaux, collez-les bien d'aplomb sur les colonnes.

Fermez alors le vide des arceaux avec une bande en pastillage, coupée sur patron, et séchée ; consolidez intérieurement ces différentes parties avec du pastillage ramolli ; puis, décorez au cornet, en grillage, les surfaces de l'entablement ; bordez extérieurement les arceaux avec un liseron plat, étroit ; cintrez-les en dessous avec un petit liseron dentelé. Ornez les colonnes de leur feuillage : appliquez en relief, contre les façades intérieures des arceaux, un vase sur son piédestal, levé à la planche ; ornez-en la base avec une bordure.

Fermez la sultane sur le haut avec une abaisse en bois, masquée en pastillage, un peu plus large que la sultane, formant corniche ; sur le centre de cette abaisse, collez une aigrette en pastillage, surmontée d'un simple pompon en sucre filé ; ornez le haut de la corniche avec une bordure montante. Quand tous ces détails sont consolidés, posez la sultane sur le tambour.

Dessin 262. — SULTANE EN PASTILLAGE ET EN GLACE-ROYALE, SUR TAMBOUR

Les sultanes en glace-royale, pour être moins usitées que celles en sucre, n'en sont pas moins appréciables ; elles peuvent être aussi volumineuses que les premières, aussi élégantes, aussi coquettes.

La glace-royale n'offrant pas les inconvénients du sucre cuit, ces sultanes peuvent être préparées d'avance, à loisir, sans secousse, et dans un ordre plus détaillé, plus correct ; enfin, elles peuvent être conservées longtemps intactes, sans que l'humidité puisse avoir sur elles une si désastreuse influence que le sucre filé.

La sultane, représentée par le dessin 527, est de même dimension que la précédente ; elle est de forme hexagone, fixée sur une abaisse de même forme ; le double tambour sur lequel elle est posée, est aussi de forme hexagone, fixé sur une base circulaire bordée, posant sur quatre pieds.

Tous les détails de cette sultane sont préparés séparément.

Dessinez d'abord sur du papier une façade de l'entablement hexagone ; collez le dessin sur une plaque en verre, de façon à le voir au travers. Masquez la surface opposée du verre avec une mince couche de beurre bien épongé, à travers laquelle on puisse suivre le dessin ; puis, avec le cornet, poussez des cordons de glace, en suivant le dessin tracé ; enfin encadrez l'arceau dans trois fils de fer : deux pour les côtés et un pour le haut, afin de consolider le décor ; masquez-les avec la glace : ce décor doit être tout à la fois fin et solide, mais surtout régulier.

Placez le verre à l'étuve douce, assez douce pour sécher la glace sans fondre le beurre. Enlevez ensuite le décor du verre en chauffant celui-ci pour fondre le beurre : faites-le glisser avec soin sur une plaque couverte de papier, pour le faire sécher encore.

Sur des bandes en pastillage, coupez les six faces du corps de la sultane ; puis, videz-les en arceau, sans couper la base, à l'aide d'un patron en carton ; faites-les sécher sur plaque couverte de papier.

Dessinez le grillage du portail sur du papier ; collez celui-ci sous une plaque de verre en opérant comme il vient d'être dit. Poussez au cornet, sur la couche de beurre, le double grillage du portail, faites-le sécher. Enlevez-les du verre, faites encore sécher sur papier ; appliquez-en un sur chaque face de portail, de façon à fermer le vide, en le collant avec de la glace ; bordez la courbe de l'arceau avec un liseron plat qui vient s'appuyer de chaque côté sur une petite colonne en pastillage, levée à la planche.

Assemblez ces six façades debout, sur un petit tambour hexagone, masqué en pastillage, d'un centimètre et demi plus large que le corps de la sultane, fixez-les avec de la glace-royale. Poussez un gros cordon de glace contre les angles, et appliquez contre chacun d'eux une colonne en sucre *tassé* ou en pastillage, avec base et chapiteau : fixez-les solidement.

Fermez alors l'ouverture du haut avec une abaisse hexagone, en pastillage sec et solide, d'un centimètre plus large que le corps du socle ; c'est contre les bords de cette abaisse que viendront s'appuyer les arceaux de l'entablement, en les faisant porter sur le chapiteau des colonnes. Ces arceaux laissent ainsi entre eux et le corps de la sultane un vide donnant un grand relief à l'ensemble de la pièce.

Couvrez la sultane avec une abaisse de forme hexagone, à corniche, ornée d'une bordure montante. Sur le centre de l'abaisse, fixez solidement l'aigrette ; cette aigrette est exécutée en sucre *tiré* (sucre tors), dont les tiges sont groupées une à une contre un support intérieur. L'aigrette est collée sur un pied de coupe en pastillage, et entourée à sa base avec une petite guirlande de fleurs en sucre.

Collez la sultane sur la plate-forme du double tambour ; entourez celle-ci avec une bordure en glace-royale exécutée sur verre.

L'espace laissé libre entre le double tambour et la bordure de la base doit être garni de gâteaux.

SOMMAIRE DE LA PLANCHE 45

DESSIN 263. — GATEAU MILLEFEUILLE, SUR GRAND SOCLE

Ce millefeuille est préparé avec de la génoise fouettée sur feu, cuite sur plaque de l'épaisseur d'un centimètre.

Laissez rassir la génoise ; parez-la, distribuez-la en abaisses rondes de 18 centimètres de diamètre sur 1 centimètre d'épaisseur. Prenez-les une à une, masquez-en la surface avec une couche de marmelade d'abricots, collez-les les unes sur les autres, sur une abaisse en pâte d'office, en montant le gâteau bien droit : il doit avoir 22 centimètres de haut. Masquez également les surfaces tout autour avec de la marmelade un peu plus serrée et tiède, afin d'obtenir une couche ferme et lisse : laissez-la sécher quelques heures.

Décorez alors le gâteau avec des cerises mi-sucre ou des petites boules en pâte d'amandes rougie, glacées au *cassé*, puis appliquées en ligne droite contre les parois du gâteau, en les collant au sucre ; entourez également la base et le haut. Collez le gâteau sur un petit tambour un peu plus large, masqué en pastillage blanc, décoré au cornet.

Collez sur le haut du gâteau une abaisse en pâte d'office un peu plus large que le gâteau, masquée en pastillage, portant sur son centre une jolie aigrette en sucre, surmontée d'un pompon. Ornez les bords de l'abaisse avec une double bordure en pastillage, levée à la planche. C'est dans ces conditions que le millefeuille est posé sur la plate-forme du socle.

La charpente de ce socle se compose d'une large base en bois, posée sur quatre pieds, portant sur son centre une tringle en bois de 70 centimètres de haut, à laquelle est enfilé un double tambour formant gradin, haut de 14 centimètres, exécuté en bois mince ; sur ce double tambour, il s'en trouve un autre de 18 centimètres de haut, en carton-pâte, de forme évasée, exécuté à l'aide de deux coupes rondes collées l'une contre l'autre en sens inverse. Sur ce dernier est enfilé un petit dôme ; c'est sur ce dôme que vient porter la coupe du socle, à base allongée ; l'abaisse supérieure est fixée sur le haut

DESSIN 264.

DESSIN 263.

DESSIN 265.

Pl. 45.

de la tringle et ne pèse pas sur cette coupe. Toutes ces différentes divisions sont masquées en pastillage, ornementées en relief : le double tambour est entouré d'une guirlande de fleurs. La base et le haut du tambour, en forme de corbeille évasée, sont ornés d'une jolie bordure montante. L'abaisse supérieure est ornée avec une double bordure, l'une montante, l'autre descendante ; cette dernière est exécutée avec de larges feuilles pleines, de palmier, levées à la planche, séchées sur un plan courbe, puis collées en éventail contre l'épaisseur de l'abaisse, en les soutenant en dessous à l'aide d'un support en carton. La bordure supérieure est à jour, également levée à la planche, collée en évasement. L'espace libre entre la base et le double tambour est destiné à être garni avec de petits gâteaux.

DESSINS 264, 265. — PIÈCES EN MERINGUE, SUR TAMBOUR

Les deux pièces reproduites sur la planche, de chaque côté du grand socle, sont posées sur des tambours en pastillage, fixés sur une large abaisse en bois, posant sur quatre pieds.

La première de ces pièces (dessin 264) est de forme circulaire ; elle est exécutée sur une charpente en fer-blanc de 40 centimètres de haut, très légèrement conique, fermée en dessus. La charpente du tambour est également exécutée en fer-blanc, puis masquée en pastillage, décorée au cornet.

Fixez la charpente sur une abaisse de son même diamètre, en pâte d'office ou en carton-pâte ; placez-la sur un plafond rond. Humectez-en les surfaces avec de la dorure, masquez-la avec une enveloppe de pâte à nouille ; laissez-la sécher à l'air.

Masquez ensuite les parois de la charpente, sur la pâte, avec une couche régulière de meringue à décor (page 265), d'un demi-centimètre d'épaisseur ; lissez-la, décorez-la au cornet dans l'ordre représenté par le dessin. Saupoudrez légèrement les surfaces avec de la glace de sucre, séchez la meringue à four très doux, en lui faisant prendre une belle nuance jaune clair. Quand la meringue est bien refroidie, collez la pièce sur son tambour ; fixez sur le haut une abaisse du même diamètre, masquée en pastillage, ornée d'une jolie bordure montante, levée à la planche, portant sur son centre une jolie aigrette en pastillage, surmontée d'un petit pompon en sucre. L'espace laissé libre entre la bordure de la base et le tambour doit être garni de petites meringues à la crème.

La pièce portant le numéro 265 est de forme hexagone ; elle est aussi exécutée sur une charpente en fer-blanc, fermée d'un côté, masquée de pâte à nouille. Quand la pâte est sèche, les surfaces sont masquées d'une couche régulière de meringue à décor, bien lisse, ayant l'épaisseur d'un demi-centimètre, elles sont alors décorées au cornet avec de la même meringue ; ce décor étant tout à fait simple, doit forcément briller par sa régularité.

Saupoudrez la meringue avec de la glace de sucre, faites-la sécher à feu très doux, en lui laissant prendre une belle couleur.

Le tambour sur lequel la meringue est dressée est exécuté sur une charpente en bois mince ou en carton, de forme hexagone, masquée en pastillage rose, plaqué en mosaïque avec du pastillage blanc. Ce tambour est fixé sur une large base en bois, de forme circulaire, posée sur quatre pieds, ornée d'une jolie bordure montante.

L'aigrette surmontant la meringue est exécutée en pastillage, fixée sur une petite coupe en pâte ou en fer-blanc, décorée en meringue.

De même que la précédente pièce, celle-ci doit être garnie de petites meringues dressées autour de la base.

SOMMAIRE DE LA PLANCHE 46

Dessin 266. — GRAND VASE AUX FLEURS, EN GLACE OU EN PASTILLAGE

Cette pièce peut fort bien figurer comme pièce de milieu, sur la table d'un dîner ; mais elle peut également être servie sur la table d'un buffet. Sa hauteur est de 80 centimètres ; on pourrait relever la pièce de 15 à 20 centimètres, si l'on augmentait sa base de deux gradins.

Le corps du tambour, formant piédestal, sur lequel le vase est porté, est de forme hexagone ; il est construit sur une charpente composée de deux abaisses en bois, reliées par un soutien intérieur ; il est fermé tout autour, à l'aide de six bandes en carton blanc, échancrées, coupées sur le même patron ; ces bandes sont clouées contre l'épaisseur des deux abaisses, et maintenues courbes sur le centre avec des bandelettes de papier.

Ce tambour est un peu plus large à sa base que sur le haut ; il est fixé sur un autre tambour également hexagone, en bois mince, vide, formant gradin ; celui-ci est fixé sur une large base hexagone posée sur six pieds.

Toutes les surfaces de la charpente sont masquées en pastillage blanc, et décorées. La base n'est pas bordée, mais sur ses angles sont appliquées en relief des solives en bois ou en fer-blanc, masquées en pastillage ; sur chaque solive est fixée une petite coupe en fer-blanc, masquée aussi en pastillage, dont le creux est orné de feuilles d'aloès imitées en pastillage vert ; à ces coupes sont reliées de petites guirlandes de fleurs suspendues en demi-cercle ; ces fleurs sont toutes blanches ; elles sont groupées sur une petite bande en carton ou en étoffe, soutenue à l'aide d'un cordon blanc.

Le vase que le socle supporte peut être exécuté en pastillage blanc, dans un moule en deux pièces ; il peut aussi être coulé en sucre de conserve. Mais la méthode la plus simple et la plus sûre,

DESSIN 267.

DESSIN 266.

DESSIN 268.

Pl. 46.

en raison du poids que ce vase doit supporter, c'est de le faire exécuter en bois par un tourneur, et en plusieurs pièces. En ce cas, il doit être percé sur le centre, et enfilé à une tringle en fer, fixée sur le centre de la base inférieure : le pied du vase porte sur un petit tambour de forme hexagone.

Dans ces conditions, le vase ne peut plus donner aucune inquiétude sur sa solidité. Il est alors masqué de pastillage blanc, orné de deux anses latérales, puis d'un écusson appliqué en relief entre les deux anses; de chaque côté.

Les fleurs dont le vase est garni constituent la véritable valeur de la pièce, en raison de leur difficile exécution ; j'entends des fleurs bien imitées, car la parfaite imitation seule les rend méritoires. Mais, quand il s'agit d'aborder la confection d'un bouquet semblable à celui représenté ici, il est évident qu'il ne faut pas en être à son coup d'essai; il convient de ne pas se dissimuler qu'on aborde un travail minutieux, lent, réclamant une étude suivie, persévérante. La reproduction du dessin peut bien indiquer comment les fleurs doivent être groupées, mais elle ne saurait contribuer à en faciliter l'exécution ; et d'ailleurs, les descriptions les plus précises seraient encore insuffisantes à atteindre ce résultat. Il est de ces sujets qu'on ne peut apprendre qu'en les voyant exécuter et en les pratiquant ; les fleurs sont de ce nombre.

Un avis qu'on peut donner comme règle à ceux qui débutent, aussi bien qu'à ceux qui sont déjà initiés à ce travail, c'est d'exécuter d'après des modèles en nature : c'est la seule méthode à suivre, si l'on veut arriver à une imitation parfaite des fleurs, surtout par rapport à leurs nuances; car une fleur bien imitée ne serait ni complète, ni agréable à voir, si le coloris laissait à désirer.

Toutes les fleurs peuvent être imitées, soit en glace, soit en pastillage; mais dans ce nombre infini, il ne faut choisir que celles se prêtant le mieux à l'emploi qu'on leur destine, soit en raison de leur forme, soit en raison de leurs nuances.

Les fleurs les mieux adaptées à composer un bouquet varié, sont : les différentes espèces de roses, les dahlias, les tulipes, les campanules, les myosotis, les lilas, les œillets, les fuchsias, les boules de neige, les bluets, les fleurs d'oranger, les jasmins, les asters, fleurs étoilées; les liserons des champs, les potentilles, les pensées, les camélias, les narcisses, les belles de nuit, les hortensias bleus, blancs et roses, les giroflées.

Avec le pastillage on peut obtenir des fleurs d'une grande vraisemblance, seulement il ne faut pas se dissimuler que ce travail réclame de la pratique et une certaine aptitude; mais il ne peut guère être expliqué avec précision sans le secours de la démonstration.

Pour exécuter les fleurs en pastillage, on se sert de petits ébauchoirs, les uns à tête ronde, les autres plats et tranchants, pointus ou coniques. Le pastillage qu'on emploie à ce travail peut être blanc ou nuancé selon la nature des fleurs qu'on veut exécuter.

Les roses, qui sont en apparence d'une confection si compliquée, ne sont pas cependant très difficiles à imiter. On forme un à un les pétales avec des petites boules en pastillage qu'on amincit à la main, qu'on coupe et qu'on façonne avec les ébauchoirs, en leur donnant la forme voulue; on les groupe ensuite, en les collant sur un bouton en pastillage, mais en ayant soin de leur donner l'évasement nécessaire afin d'imiter exactement la fleur.

On confectionne par le même procédé les *pensées*, les *œillets* et les *marguerites*. Pour exécuter

51

les *fleurs d'oranger*, les *muguets*, les *lilas*, et en général les fleurs à calice, il faut d'abord préparer un bouton en pastillage de forme allongée et pointue d'un côté ; on le coupe en croix sur sa longueur, sans diviser les parties ; et on amincit ces parties, en les modelant avec la main ou à l'aide d'un ébauchoir.

Les fleurs en pastillage peuvent aussi être exécutées à la main ; celles à pétales, telles que les roses, les dahlias, les œillets, les narcisses, les pensées, sont groupées sur un bouton fixé à l'extrémité d'une baguette en bois, piquée debout. Les pétales sont préparés, un à un, dans la forme voulue, puis réunis contre le bouton fixé à la baguette : c'est ainsi qu'ils sont séchés ; en les retirant de la baguette, ils sont ornés d'un pédoncule, et assujettis à un fil de fer plus ou moins fort, mais peint en vert, afin d'imiter la tige. Il est des cas, cependant, où les pétales des fleurs doivent être modelés sur une forme : tels sont ceux des tulipes. Ceux des lis, par exemple, ayant une forme courbe, sont modelés à la main, mais ils doivent cependant sécher sur une forme.

Les fleurs de nuance uniforme, les roses jaunes ou rouges, les myosotis, doivent être exécutés avec du pastillage nuancé, en teinte de la fleur même, tandis que celles dont les nuances sont variées doivent être exécutées avec du pastillage blanc, et coloriées ensuite à l'aide d'un pinceau.

Avec la glace-royale on exécute de jolies fleurs. — On peut acheter des douilles spéciales, ayant des ouvertures lisses ou cannelées que l'on adapte au bout des cornets ; mais avec un simple cornet de papier, coupé en courbe et maintenu plat, à l'aide d'un fil de fer ployé, on peut également former des pétales de rose. Dans les deux cas, il s'agit de pousser ces pétales l'un après l'autre contre un bouton en pastillage de forme conique ; le difficile consiste à les pousser dans les conditions voulues pour qu'ils conservent et le relief nécessaire, et cette forme naturelle qu'une main adroite sait seule leur donner.

La glace avec laquelle on forme les roses peut être blanche ou nuancée, mais les roses rouges doivent être fardées avec du coton ou au pinceau très doux, préalablement appuyé sur du carmin en poudre.

On forme les pétales des tulipes sur des œufs légèrement beurrés ; quand ils sont secs, on les détache, en chauffant légèrement les œufs, puis on les nuance au pinceau pour les grouper artistement sur un bouton en pastillage, en les collant.

On peut aussi exécuter des fleurs à pétales, en sucre au *cassé* ou en sucre *tors*, travaillé à la main ; ce travail réclame beaucoup de pratique et surtout de la dextérité.

L'assemblage du bouquet s'opère séparément sur un gros fil de fer droit, auquel viennent se rattacher les tiges des autres fleurs ; celles-ci exigent d'être groupées avec beaucoup de précaution ; les nuances et les espèces doivent être distribuées avec goût, et offrir au regard une variété agréable ; elles doivent être entremêlées avec des feuilles vertes, artificielles. Les tiges intérieures doivent être serrées de façon à pouvoir être enfilées à une tige de fil de fer, fixée sur le centre inférieur du vase.

Cette pièce mesure la hauteur de 1 mètre 45 centimètres ainsi distribués : le socle, 40 centimètres de la base à l'abaisse bordée ; le vase, son pied et le tambour qui le porte, mesurent 57 centimètres. Le bouquet mesure 55 centimètres.

Ce vase aux fleurs, exécuté depuis une dizaine d'années, est encore aujourd'hui dans un bon état.

Dessin 267. — PYRAMIDE DE GÉNOISE, SUR TAMBOUR

Cette pièce est dressée sur un tambour vide, en bois mince, masqué de pastillage rose, décoré sur son épaisseur avec des grappes de raisin et des feuilles de vigne, levées à la planche avec du pastillage blanc. Ce tambour est fixé sur une base en bois, bordée, posant sur quatre pieds.

La pyramide dressée sur le tambour se compose de quatre gâteaux plats, de forme circulaire et graduée. Cette pyramide est surmontée d'un petit vase en pâte d'amandes, garni de fleurs en sucre, solidement piqué sur le centre du plus haut gâteau, à l'aide d'une longue baguette en sucre au *cassé*, collée dans le creux du pied de ce vase.

Le nombre des gâteaux peut être augmenté selon qu'ils sont moins épais, selon la hauteur qu'on veut donner à la pyramide. La forme des gâteaux peut aussi être variée. On peut les faire carrés, trigones ou hexagones, ceci n'est qu'une affaire de préférence.

Beurrez quatre moules à *manqué*, de forme ronde ; masquez-en le fond avec un rond de papier, beurrez celui-ci. Mettez dans une terrine vernie 1 kilogramme de sucre en poudre ; ajoutez peu à peu 24 œufs entiers et un grain de sel ; travaillez fortement l'appareil avec une cuiller. Posez la bassine sur feu très doux, fouettez l'appareil 12 à 15 minutes avec un fouet ; quand il est léger, retirez-le du feu ; ajoutez 1 kilogramme de beurre fondu, puis un kilogramme de farine tamisée, et enfin le zeste d'un citron râpé sur du sucre ou finement haché. Avec cet appareil, emplissez les moules à peu près à hauteur ; posez-les sur plaque, cuisez à four modéré, bien atteint.

Démoulez les gâteaux sur une grille à pâtisserie, laissez-les rassir. Divisez-les alors, chacun en deux ou trois parties, sur la largeur ; fourrez-les avec de la marmelade ; remettez-les en forme, masquez-en les surfaces, aussi avec de la marmelade ; glacez-les ensuite avec une glace-royale blanche, parfumée. Décorez les gâteaux au cornet, sur les surfaces et sur la lisière des bords. Dressez-les en pyramide sur le tambour, fixez le petit vase sur le haut. L'espace laissé libre entre la bordure et le tambour doit être garni de petits gâteaux.

Dessin 268. — PYRAMIDE DE GATEAUX BRETONS, POUR GROSSE PIÈCE

Pour exécuter cette pyramide, il faut cuire l'appareil breton dans des moules cannelés, à cylindre, de forme basse, de dimensions graduées, de façon à pouvoir monter les gâteaux les uns sur les autres. Les moules doivent être beurrés, farinés.

Proportions : 665 grammes sucre, 250 grammes farine de gruau, 90 grammes de fécule, 375 amandes, 36 jaunes, 24 blancs, sel, zeste râpé.

Pilez les amandes avec 6 à 8 jaunes ; passez-les au tamis, mettez-les dans une terrine pour les fouetter. Travaillez dans une autre terrine le sucre et le restant des œufs ; quand l'appareil est mousseux, mêlez-lui les amandes ; 5 minutes après, ajoutez la farine et la fécule, en les tamisant sur l'appareil. Quand le mélange est opéré, ajoutez les blancs, le zeste, le sel. Emplissez alors six moules, à peu près à hauteur; cuisez les gâteaux à four doux. En les sortant, démoulez-les sur une grille, parez-les, abricotez-en les surfaces; glacez-en la moitié au chocolat, l'autre moitié à la glace fondante, aux amandes; coupez alors les gâteaux à la jointure des cannelons, mais légèrement; quand la glace est sèche, montez les gâteaux en pyramide sur un fond en pastillage décoré, en alternant les deux nuances, mais en ayant soin de coller à mesure les cannelons sur la coupure, à l'aide d'une couche de crème beurrée, à la vanille (page 125); décorez-en l'épaisseur aussi avec de la crème beurrée, poussée au cornet cannelé. Sur le haut du gâteau fixez un pompon en sucre filé, entourez-en la base avec des feuilles imitées en sucre *tors*.

SOMMAIRE DE LA PLANCHE 47

Dessin 269. — GRAND CROQUEMBOUCHE DE CHOUX.   Dessin 270. — BASTION EN NOUGAT SUR ROCHER.
Dessin 271. — PAVILLON EN NOUGAT, SUR ROCHER.

Dessin 269. — GRAND CROQUEMBOUCHE DE CHOUX, SUR SOCLE

Les grands croquembouches ont la hauteur de 31 centimètres sur 22 de diamètre; ils sont montés dans de grands moules en fer-blanc, sans fond, légèrement coniques.

Préparez d'abord une pâte à chou avec 5 décilitres d'eau, un grain de sel, 25 grammes de sucre, 400 grammes de beurre, 500 grammes de farine, 8 à 9 œufs entiers.

Mettez la pâte dans une poche à douille; poussez sur plaque, à distance voulue, des petites boules de la grosseur d'un grain de raisin; dorez-les, cuisez-les à four doux, de façon à obtenir la pâte sèche. Quand les choux sont sortis du four, détachez-les de la plaque, laissez-les refroidir. Piquez-les ensuite un à un, à de petites brochettes en bois, pointues d'un côté; tenez-les quelques minutes à l'étuve; puis, prenez les brochettes, trempez les choux un à un, dans le sucre cuit au *cassé*. Laissez bien égoutter le sucre, piquez les brochettes par le gros bout, sur une grille à pâtisserie ou une passoire renversée: pour cette opération, il faut être deux ou trois personnes.

Aussitôt que le sucre est sec, détachez les choux des brochettes. Prenez-les de nouveau un à un, trempez-les très légèrement, d'un côté, dans le sucre, simplement pour les coller ensemble; montez-les par rangs, dans l'intérieur du moule, contre les parois légèrement huilées: il faut opérer vivement.

Quand le sucre des choux est bien refroidi, chauffez légèrement les parois du moule, pour

DESSIN 270

DESSIN 269.

DESSIN 271.

PL. 47.

l'enlever. Dressez le croquembouche sur un fond un peu plus large que le croquembouche, en bois vide, masqué de papier blanc. Sur le haut du croquembouche, collez une abaisse en bois ou en pâte d'office, ornée d'une bordure montante, en pastillage, portant sur son centre une aigrette en pastillage, montée sur une petite tringle en bois ; posez sur le haut un petit if en sucre filé, surmonté d'un gland. Collez alors l'aigrette sur le croquembouche, collez celui-ci sur le centre du socle.

Le socle représenté par le dessin est en pastillage, monté sur une charpente en bois. Sa forme est très élégante et luxueuse ; il a la hauteur de 70 centimètres ; il est fixé sur un petit tambour en bois, et celui-ci, sur une large abaisse également en bois, posée sur quatre pieds, ornée d'une jolie bordure montante exécutée en pastillage.

Le corps du socle porte une petite abaisse bordée, sur le centre de laquelle est fixée une tringle en bois, portant sur le haut l'abaisse principale ; c'est contre cette tringle que s'appuient les quatre cornes d'abondance, en pastillage, garnies de fleurs en sucre ou en pastillage, d'espèces et de nuances variées. Mais les cornes sont simplement collées sur la petite abaisse, elles n'ont aucun effort à faire ; cela s'entend.

L'abaisse supérieure est en bois, masquée de papier blanc, ornée sur son épaisseur d'une double bordure montante et pendante, en pastillage, levée à la planche, légèrement évasée.

Le tambour sur lequel le croquembouche est dressé est entouré d'une garniture de petits gâteaux dressés en couronne. Le tambour sur lequel le socle est dressé doit également être entouré d'une garniture de petits gâteaux.

Dessin 270. — BASTION EN NOUGAT

Avec du beau nougat on peut exécuter des pièces d'un joli effet, sans qu'il soit nécessaire d'avoir de grandes capacités artistiques. Il suffit en effet que ces pièces soient établies dans des proportions exactes.

Les sujets qu'on peut exécuter en nougat sont nombreux et variés ; mais on doit s'attacher à éviter ceux qui sont trop compliqués, car l'appareil se prête peu aux petits détails.

Pour l'exécution des pièces en nougat, il faut, ou disposer des moules en rapport avec celles qu'on se dispose à entreprendre, ou alors se contenter de former des sujets à surfaces planes, car on ne manie pas le nougat avec la même facilité que le pastillage. Mais, même sans le secours de moules, on peut, avec du goût, obtenir encore des résultats satisfaisants ; il s'agit seulement de savoir borner ses prétentions et ne pas aborder des sujets minutieux. Un grand nombre de sujets peuvent être exécutés sans le secours d'autres moules que ceux dont on dispose dans les plus modestes cuisines.

L'appareil à nougat, pour grosses pièces, en général, doit être préparé avec des amandes coupées en dés ou hachées, puis tamisées à la passoire, mais non émincées. Avec les amandes fines, cet appareil est en effet plus malléable, plus lisse, et se prête mieux aux combinaisons du praticien.

La préparation du nougat est décrite à la page 80.

Le bastion reproduit par le dessin est représenté dressé sur un rocher imité en sucre soufflé ; ce rocher est exécuté sur une charpente en bois, fixée sur le centre d'une large base bordée, posée sur quatre pieds.

Le bastion est exécuté en nougat aux amandes en petits dés, dans différents moules en métal qu'on peut acheter chez tous les fabricants de moules. Il suffit donc d'obtenir les divisions correctes, mais surtout de même nuance, pour les assembler et les coller au sucre.

Quand ces différentes divisions sont assemblées, fixez la pièce sur la charpente du tambour; ornementez-la avec des détails en pâte à massepain. A chaque créneau de la base, appliquez un demi-tube de canon, et au-dessous de ceux-ci, appliquez une chaîne de petites guirlandes levées à la planche. Bordez la lisière des arceaux de voûte, ainsi que la base de la corniche. Fixez enfin sur le haut du dôme un pompon en sucre filé, posé sur une grenade également en sucre.

DESSIN 271. — PAVILLON EN NOUGAT

De même que la précédente, cette pièce est représentée dressée sur un rocher imité en sucre soufflé, monté sur une charpente en bois mince, collée sur le centre d'une large base bordée posant sur quatre pieds.

La pièce se compose d'un triple gradin formant sa base, de cinq colonnes torses et d'une coupole avec entablement, surmontée d'une petite flèche. Toutes ces divisions sont exécutées dans des moules en métal, qu'on peut acheter partout en France.

La coupole, l'entablement et la base de la pièce sont en nougat préparé avec des amandes en petits dés. Comme diversion, les colonnes peuvent être coulées en sucre au *cassé*.

Quand ces différentes divisions sont démoulées, assemblez-les, en les collant au sucre. Quand le pavillon est monté sur sa base, collez-le sur la charpente en bois; décorez-le alors avec des détails en pâte à massepain; puis groupez le sucre soufflé autour de la charpente pour former le rocher.

SOMMAIRE DE LA PLANCHE 48

DESSIN 272. — GRANDE SULTANE EN PASTILLAGE, SUR SOCLE

Le socle portant la sultane est en pastillage, monté sur une charpente en carton-pâte ; il est fixé sur une base à trois gradins, portant sur son centre une tringle en bois qui, traversant les gradins et le corps du socle, vient aboutir à l'abaisse supérieure sur laquelle la sultane est placée.

La base du socle est en bois ; elle est entourée d'une bande inclinée de carton blanc, masquée en pastillage, ornée sur son épaisseur avec des liserons; elle est surmontée d'une bordure montante.

Les gradins sont en bois mince. Les cornes d'abondance portant sur ces gradins sont en pastil-

DESSIN 273.

DESSIN 272.

DESSIN 274.

lage. La base du socle est exécutée avec une coupe renversée : la même qui forme la coupe du socle ; celle-ci est ornée d'une bordure pendante. Les deux coupes sont séparées par une bobèche ornée d'une guirlande de roses. L'abaisse supérieure est ornée d'une bordure descendante, légèrement inclinée.

La sultane que ce socle porte est fixée sur un double tambour formant gradin, masqué en pastillage, bordé de liserons. Elle est en pastillage blanc, percée à jour. Ce genre est tout nouveau, mais très intéressant. Il sera certainement bien accueilli par tous les pâtissiers, par ceux qui aiment la variété dans leur travail, et par ceux que le filage d'une sultane épouvante. Je ne veux pas dire qu'une sultane en pastillage soit d'un aspect aussi brillant qu'une sultane en sucre ; ce que je puis affirmer, c'est qu'elle est jolie, élégante et d'un bel effet ; elle offre en outre l'avantage de pouvoir se conserver longtemps ; celle reproduite ici existe depuis trois à quatre ans ; elle est en pastillage rose.

Pour exécuter cette sultane, il faut disposer d'une planche en plomb de grand format : 31 centimètres de large, sur 83 de long, creusée en grillage, la même qui est employée pour couler en sucre le grillage des sultanes dont il sera question plus bas ; il faut aussi un moule en double fer-blanc, très légèrement conique, correspondant, par son diamètre, à la longueur de la planche à grillage. Il faut, de plus, deux coupe-pâte en fer-blanc, dont le profil est un carreau allongé, exactement semblable à celui formé par le grillage de la planche.

Beurrez d'abord le haut et le bas du moule ; enveloppez-le avec du papier blanc, en collant celui-ci sur les bords supérieurs du moule.

Abaissez, en abaisse mince, sur un marbre, du bon pastillage, bien reposé, de même largeur et de même longueur que la planche à grillage ; laissez-le reposer. Appliquez le pastillage sur la planche bien propre ; pressez-le avec le rouleau, de façon à imprimer sur le pastillage le grillage de la planche en plomb. Coupez la bande droite sur les quatre faces ; dégagez-la délicatement, puis renversez-la, en même temps que la planche, sur une large bande en carton blanc, bien plane, de même dimension que la planche. Découpez alors, à deux personnes, sur le carton, à l'aide des coupe-pâte, les carrés imprimés sur la bande en pastillage, aussi régulièrement que possible. Ce travail est un peu long, mais du reste facile.

Quand la bande est toute percée, couvrez-la avec une autre bande de carton semblable à la première ; glissez alors une grande et mince plaque de pâtisserie sous la première bande en carton ; et, à l'aide de cette plaque, renversez vivement le pastillage sur la seconde bande en carton ; il s'agit, en somme, de renverser la bande découpée, sans déranger le découpage ; voilà pourquoi il faut opérer avec la plus grande attention.

Quand la bande est renversée, ayant le côté imprimé en dessous, coupez-la de longueur voulue, pour qu'elle fasse juste le tour du moule masqué de papier ; humectez-la ensuite légèrement avec de la gomme, à l'aide d'un pinceau, et appliquez sur toute son étendue une large bande en tulle amidonné, coupée exactement dans les dimensions de la bande en pastillage ; appuyez le tulle de façon à le faire adhérer au pastillage : il a pour effet de maintenir celui-ci bien droit et correct, en évitant qu'il se déforme. Entourez alors le haut et le bas de l'enveloppe de papier, tout autour, avec un léger cordon de glace-royale ; puis, couchez le moule en travers de la bande en pastillage, immédiatement sur le tulle ; relevez les bords de la bande à l'aide du carton, en les appliquant contre les parois du moule; soudez les bords de cette bande avec du repère en pastillage, et ficelez la bande en carton, de façon qu'elle soutienne bien le pastillage. Laissez sécher celui-ci, ainsi que la soudure, à la chaleur de la cuisine. Enlevez le carton aussitôt que les surfaces sont sèches; mais la sultane ne peut être démoulée qu'alors que le pastillage est assez sec pour ne point se briser.

Pour démouler la sultane, il suffit de chauffer légèrement l'intérieur du moule pour fondre le beurre, puis d'enlever le moule, en laissant adhérer le papier à la sultane : ce papier est enlevé plus tard, alors que les surfaces intérieures du pastillage seront aussi sèches que celles de l'extérieur.

Quand le papier est retiré, consolidez intérieurement la soudure de la sultane, ainsi que la lisière du haut et du bas, avec une bande en pastillage, humectée au repère; collez ensuite la sultane, d'abord sur une abaisse en bois mince, juste de son diamètre, et, enfin, sur le double tambour. Fermez également l'ouverture supérieure de la sultane avec un rond de même grandeur, en carton blanc.

Fixez alors sur la sultane une abaisse masquée en pastillage, ornée d'une jolie bordure levée à la planche, portant sur son centre une aigrette formée de trois coupes graduées, fixées l'une sur l'autre, délicatement ornementées. Cette aigrette est surmontée d'un petit pompon en sucre filé.

DESSIN 273. — PAGODE EN NOUGAT

Cette pièce est de forme carrée, à deux étages; elle est représentée posée sur une base en nougat, également carrée, à deux gradins, ornée d'une bordure blanche. Cette base de la pièce est fixée sur une charpente en bois, un peu plus large, formant escalier sur les quatre faces, mais dont les angles vides sont en dernier lieu garnis avec des morceaux de sucre soufflé, blancs et roses. La charpente est masquée en pastillage; elle est fixée sur le centre d'une large base en bois, masquée en pastillage.

Les deux divisions de la pièce, les coupoles, les pilastres et la base à deux gradins, sont exécutés en nougat, dans des moules en métal bien connus.

Préparez du beau nougat [1] en dés fins. Huilez légèrement les moules avec de l'huile d'amandes douces; foncez-les minces avec le nougat; laissez bien refroidir celui-ci avant de démouler. Assemblez les différentes divisions, soudez-les au sucre. Quand les deux étages sont montés, collez-les l'un sur l'autre, fixez-les sur la base carrée, à deux gradins. Décorez les pilastres du haut et du bas avec des détails en pâte à massepain. Sur le centre de l'étage inférieur, fixez une petite coupe blanche, moulée en pâte, dont le centre est orné avec du sucre filé, en imitation de petite cascade. Bordez la lisière de la base à deux gradins avec des détails en pâte à massepain coupés à l'emporte-pièce, et séchés. — A chaque angle de la toiture, collez un montant à torsade, en sucre coulé, portant sur la partie cintrée un petit pompon double, en sucre filé fin. Sur la pointe du dôme du deuxième étage, fixez un petit croissant en pâte blanche, posant sur deux boules en pastillage. Fixez alors la pièce sur la charpente du rocher, et garnissez-en les angles vides avec le morceau de sucre soufflé.

---

1. L'apprêt du nougat est décrit au chapitre des entremets, page 310.

DESSIN 274. — TOUR EN NOUGAT

Cette tour est de forme hexagone, surmontée d'un dôme, également à six pans; elle est représentée fixée sur une base de même forme, cintrée sur le haut.

Le corps de la pièce, le dôme, la bordure de la frise qui l'encadre, et enfin la base même, sont exécutés en nougat moulé dans des moules en métal qu'on peut se procurer chez tous les fabricants de moules.

Toutes ces différentes divisions doivent être foncées minces avec du nougat en petits dés. Quand elles sont démoulées et refroidies, elles doivent être coupées bien justes sur les jointures, de façon à pouvoir les souder ensemble sans laisser de jour; assemblez-les, collez-les au sucre. Quand la pièce est montée, fixez-la sur la charpente du rocher, collée sur le centre d'une large abaisse en bois, masquée en pastillage, bordée, posant sur quatre pieds. Si les jointures se soudaient mal, dissimulez-les à l'aide de liserons en pâte à massepain, levés à la planche. — A chaque angle de la corniche, soudez un petit montant à torsade, en sucre coulé sur marbre; adaptez à chacun une petite clochette, en sucre filé fin; sur le haut du dôme, collez une jolie petite aigrette à pompon, fixée sur une pastille en sucre. Sur la plate-forme de la base en nougat, sur le centre de laquelle la pièce est fixée, collez au-devant de chaque façade une petite coupe moulée, en pâte à massepain, garnie de petits fruits confits. La plate-forme elle-même peut être ornée avec quelques détails en pâte à massepain. — Le rocher est imité avec des morceaux informes de beau sucre soufflé blanc et rose, entremêlés avec des feuillages imités en fruits confits ou en pâte d'amandes.

SOMMAIRE DE LA PLANCHE 49

DESSIN 275. — TEMPLE GREC SUR GRAND SOCLE.   DESSIN 276. — PAVILLON EXÉCUTÉ AU CORNET.
DESSIN 277. — PIÈCE GOTHIQUE EN MERINGUE.

DESSIN 275. — TEMPLE GREC SUR GRAND SOCLE

On sert peu, sur socle, des pièces-montées purement ornementales ; et c'est un tort selon moi, car elles produisent toujours un très bel effet ; on peut s'en rendre compte par l'examen de ce sujet, dont l'élégance ne donne rien à désirer.

Mais, pour que la pièce et le socle rendent tout leur effet, il faut absolument les mettre en harmonie, non pas précisément sous le rapport du style ou de la forme, mais surtout par rapport aux dimensions. Pour que la pièce soit de plus belle apparence, elle doit être de forme mignonne, élevée, pas trop large, et disposée sur une base graduée. L'ensemble de la pièce doit toujours être de dimension plus élevée que celle du socle. Les pièces à jour réussissant toujours mieux, c'est à ce genre qu'il faut donner la préférence.

Le corps du socle est exécuté en pastillage, sur une charpente en carton-pâte, moulé mince, et en différentes divisions ; elle se compose d'un pied de coupe à boudin, posé sur une petite base circulaire ; à ce pied est adaptée une petite corbeille de forme basse, évasée, supportant la frise du socle. Le socle est porté par une large base en bois, formant gradin, posée sur quatre pieds ; les gradins sont vides, en bois mince. La base porte sur son centre une tringle en fer, traversant les gradins, et à laquelle sont enfilées les différentes divisions du socle : le pied de coupe et sa base, ainsi que la corbeille. L'abaisse supérieure, formant la frise du socle, est vissée sur l'extrémité de cette tringle. L'épaisseur de la base du socle est masquée en pastillage, décorée en relief, et ornée d'une bordure montante, en pastillage, levée à la planche. Le deuxième gradin est aussi bordé ; le gradin supérieur est coupé en talus, décoré en cannelons creux, et orné sur le haut d'une petite bordure évasée. A la base de la corbeille, disposée en soutien de la frise, est adaptée une bordure montante. La frise du socle est ornée d'une double bordure en pastillage.

Le petit temple est exécuté en pastillage ; il se compose d'une coupole ornementée en relief, portant sur son centre une petite statue en pastillage, représentant l'abondance. La coupole pose sur un entablement bordé, supporté par six colonnes cannelées, à chapiteau, dont la base porte sur un socle en bois mince, vide, fixé sur une base en bois, un peu plus large que le socle. Ceci constitue les

DESSIN 276.

DESSIN 275.

DESSIN 277.

dimensions du temple ; mais celui-ci est représenté posé sur une large base mobile, exécutée en bois mince, décorée en relief.

A l'intérieur du temple, au centre même de la colonnade, est disposé un petit porte-bouquet orné de fleurs imitées.

La base du socle, entre la bordure et le double gradin, est garnie de petits nougats remplis de crème. La base du temple, ou plutôt le haut du tambour inférieur, pourrait aussi être garni ; mais pas avec des gâteaux, plutôt avec de petites caisses de fruits glacés, ou même avec des imitations en pâte à massepain, glacées au *cassé*. Mais, en somme, en raison de la hauteur du socle, aucune garniture n'est nécessaire.

Le socle et la pièce qu'il porte, étant tout à fait indépendants l'un de l'autre, ne doivent être réunis que sur la table même où le sujet va figurer, afin de prévenir tout accident.

Dessin 276. — PAVILLON EXÉCUTÉ AU CORNET

Ce pavillon est à deux étages de forme hexagone, à jour. Il est représenté dressé sur une large base en bois posée sur quatre pieds, portant sur son centre une charpente également hexagone, mais en bois, dont les façades forment arceau ; elle est masquée en pastillage, bordée et décorée en relief.

Les six façades de l'étage principal sont percées en arceau, simulant des fenêtres cintrées, à grillage et à jour; elles sont exécutées séparément, sur verre. Le dôme est aussi à jour et à six façades ; mais celles-ci, en raison de leur courbe naturelle, ne peuvent être exécutées que sur un moule en fer-blanc, de forme hexagone ou ronde : ce dôme peut être en deux pièces.

Pour l'exécution des deux étages, voici la méthode d'opérer : je commence par l'étage principal. — Dessinez sur papier six esquisses du décor des façades tel qu'il se trouve reproduit sur la gravure, en lui donnant la hauteur de 30 centimètres sur 14 centimètres de large, toutes exactement semblables; collez-les sur six plaques de verre, un peu plus larges que les esquisses. Masquez la surface du verre, du côté opposé à l'esquisse, avec une couche de beurre bien épongé : la couche doit être assez mince pour qu'on puisse bien distinguer le dessin qui est en dessous. Sur cette couche, poussez d'abord, au cornet, avec de la glace-royale pour décor, le cadre de la façade entière; sur ce cadre, appliquez une charpente en fil de fer. Poussez ensuite, au cornet, l'arceau des fenêtres à grillage. Sur cet arceau appliquez une autre charpente en fil de fer, se rattachant par la base au cadre de la façade même ; encadrez le fil de fer de ces charpentes entre deux cordons de glace-royale ; puis, exécutez le décor de la façade en suivant le dessin tracé ; quand le décor est terminé, doublez les cordons de glace. Placez ensuite les verres dans une étuve tiède dont la chaleur puisse sécher la glace sans fondre le beurre : faites sécher vingt-quatre heures.

Sur les surfaces extérieures du dôme en fer-blanc, appliquez une charpente en fil de fer, consistant en un anneau entourant la base, et un autre anneau entourant le haut du dôme, à 2 centimètres du sommet. Reliez ces anneaux par six arêtes en solide fil de fer, disposées à égale distance l'une de l'autre, de façon à former six façades correspondant par leur largeur inférieure avec celles de l'étage principal. Cela fait, masquez la surface extérieure du dôme avec une mince couche de beurre bien épongé. Encadrez chaque arête et les deux anneaux avec un simple cordon de glace.

Avec la pointe d'un crayon, tracez alors sur chaque face une esquisse du dessin à exécuter, dans l'ordre reproduit par la gravure ; exécutez d'abord le décor central, au cornet ; exécutez ensuite le grillage, en faisant raccorder les cordons de glace avec ceux qui encadrent les arêtes, afin de leur donner plus de résistance ; doublez aussi les cordons de glace.

De chaque côté des arêtes, poussez un épais cordon de glace ; appuyez-les avec le pouce pour les aplatir régulièrement ; poussez ensuite, sur le fil de fer même, une chaîne correcte de petites perles.

Sur le haut du dôme, fixez un petit tambour de forme hexagone, en pastillage, décoré au cornet. — Préparez une petite coupe sur son pied, moulée en glace ou en pastillage, ornée sur la lisière avec une jolie bordure pendante ; garnissez-la avec des fleurs et des feuilles imitées en pastillage. — Faites sécher cette coupe et le dôme, à l'étuve, pendant 24 heures.

Quand les façades sur verre sont bien sèches, dégagez-les du verre en chauffant celui-ci en dessous, de façon à faire dissoudre la couche de beurre. Rangez-les sur des plaques bien planes couvertes de papier blanc ; faites-les sécher encore 24 heures. — Démoulez le dôme, en chauffant l'intérieur du moule ; posez-le sur une plaque, faites-le sécher encore.

Pour monter l'étage principal, prenez les façades, une à une, appuyez-les par la base contre l'épaisseur d'une abaisse hexagone, en pastillage, masquée d'un cordon de glace, afin de les coller ; assemblez-les et soudez-les ensemble bien exactement. Collez l'étage sur un tambour en bois, vide, de forme hexagone, un peu plus large que le diamètre de l'étage, ayant 5 centimètres de haut, masqué en pastillage, décoré au cornet. Fixez ensuite le tambour et l'étage sur la charpente hexagone adhérant à la base.

Fermez alors le haut de l'étage avec une triple abaisse en pastillage formant corniche, également de forme hexagone, s'adaptant juste au diamètre supérieur de l'étage ; soudez-la bien ; décorez-en les moulures au cornet ; ornez-en la lisière avec une jolie bordure montante, à jour, poussée au cornet sur verre, ou levée à la planche ; sur cette corniche, collez le dôme ; sur le haut de celui-ci, collez la coupe. — Groupez des morceaux de sucre soufflé autour de la charpente à arceaux.— En servant cette pièce, l'espace libre entre le rocher et la lisière de la base doit être garni de jolis petits gâteaux.

Dessin 277. — PIÈCE GOTHIQUE EN MERINGUE

Cette pièce est de forme hexagone ; elle est représentée dressée sur une plate-forme en bois ou en fer-blanc, également hexagone, masquée en meringue, séchée à l'étuve, collée sur la charpente du rocher ; cette charpente est fixée sur le centre d'une large abaisse en bois, masquée et décorée en pastillage. — La meringue employée à l'exécution de la pièce, est la meringue pour décor (voy. page 354). Toutes les divisions, tous les détails de cette pièce sont exécutés séparément en meringue poussée au cornet ou à la poche.

Le décor de la pièce peut être exécuté par deux méthodes différentes: à jour, ou en relief sur une surface; dans les deux cas, la pièce est tout à fait vide. Les deux méthodes sont praticables, avec cette différence que, pour exécuter le décor à jour, il faut absolument posséder des qualités particulières, tandis que le décor en relief est en quelque sorte accessible à toutes les intelligences.

Voici la méthode pour exécuter le décor en relief : prenez d'abord les dimensions justes de la pièce. Coupez des patrons en cartons : un pour la façade de l'étage principal, un autre pour celle de la flèche; coupez aussi un patron pour les ogives saillantes : un seul patron suffit pour chacun des étages et pour les ogives.

Choisissez des plaques épaisses, bien planes; chauffez-les légèrement; masquez-les au pinceau avec du beurre épuré; quand ce beurre est froid, farinez-les. Posez alors le patron d'une façade du corps de la pièce; appuyez-le sur la plaque, et, à l'aide d'un crayon pointu, tracez sur la plaque le profil du patron en carton; retirez-le ensuite, puis formez le cadre de la façade, en poussant sur le tracé un cordon régulier de meringue; remplissez alors tout le vide du cadre avec la meringue; lissez-en aussitôt les surfaces en lui donnant l'épaisseur d'un demi-centimètre. Exécutez ensuite le décor que le dessin représente, sur la surface en meringue, avec des cordons poussés en relief, aussi réguliers, aussi corrects que possible. Saupoudrez entièrement la façade avec de la glace de sucre, tamisée à travers un petit sac; faites sécher la meringue à four très doux, sans la colorer; laissez-la complètement refroidir. Chauffez ensuite légèrement le dessous de la plaque pour détacher la façade. Opérez de la même façon pour exécuter les cinq autres façades du corps de la pièce, de même que pour les façades de la flèche, et enfin pour les six ogives.

Quand toutes les façades et les ogives sont séchées et détachées des plaques, prenez les six façades de la division inférieure, assemblez-les et collez-les debout, avec de la glace-royale, autour d'une abaisse en pâte d'office coupée de forme hexagone. Quand la glace est sèche, posez délicatement la division sur une double abaisse en pâte d'office de forme hexagone, dont l'une un peu plus étroite que l'autre, de façon à former escalier. Collez alors l'étage sur un tambour en fer-blanc de forme hexagone, masqué et décoré avec de la meringue; tenez quelques heures la pièce à l'étuve douce, afin de consolider les soudures.

Pour monter la flèche, voici comment il faut opérer : coupez d'abord les façades bien droites, sur les côtés; assemblez-les. — Cuisez deux ou trois anneaux en meringue de forme hexagone, ayant à peu près le diamètre de l'étage principal, et l'épaisseur d'un centimètre. Collez-les l'un sur l'autre; coupez-les en talus sur les six faces, de façon à former pyramide; collez-les alors sur le haut de l'étage principal. Contre cet appui, montez les façades de l'arête, en les collant à la glace-royale. Quand la flèche est montée, ornez les angles avec des arêtes en relief; collez sur le haut un petit ornement préparé à part et séché. En avant de chaque façade de la flèche, collez debout l'une des ogives et, sur chaque angle de la corniche, fixez un petit clocheton également préparé à part.

Avant de fixer la pièce sur la charpente du rocher, tenez-la 3 ou 4 jours à l'étuve. En la sortant, collez-la sur la charpente du rocher, et terminez celui-ci.

Si l'on voulait exécuter cette pièce à jour, avec de la meringue, il faudrait opérer d'après la même méthode, mais en poussant le décor au cornet directement sur des plaques beurrées et farinées; cuire ensuite la meringue, et la détacher avec le plus grand soin : ce travail, plus délicat et plus minutieux, offre par ce fait de plus grandes difficultés, mais il est aussi plus apparent, plus artistique.

Cette pièce, exécutée à jour, au cornet, avec de la glace-royale, d'après la méthode appliquée au précédent pavillon, est vraiment d'un très joli effet, sans être d'une exécution bien difficile.

SOMMAIRE DE LA PLANCHE 50

Dessin 278. — PAVILLON MAURESQUE, SUR GRAND SOCLE

Les grands socles ornés de petites pièces-montées sont peu connus ; ils n'en sont pas moins appréciables, et méritent toute l'attention des praticiens ; ils sont d'un très joli effet, et font une agréable diversion avec les genres connus et pratiqués par le plus grand nombre ; c'est par ce motif que j'ai tenu à en produire un spécimen d'une grande élégance, pouvant donner une idée précise de ce genre nouveau.

Le corps du socle est en sucre taillé, formé de deux coupes cannelées dont l'une debout, l'autre renversée ; celle du haut est à frise pendante, très gracieuse.

La base du socle est formée d'une large abaisse en bois, posée sur quatre pieds, portant un petit tambour, également en bois, mais vide. Sur le centre de la base est fixée une tringle en fer, traversant le tambour et les deux coupes en sucre, pour venir aboutir à la frise du socle ; celle-ci est en bois, de forme hexagone, très joliment bordée.

Les deux coupes en sucre taillé sont ornées, à leur point de jonction, avec une torsade en pastillage, entourée d'une jolie bordure pendante, à jour, apportant au corps du socle un grand relief. La base et le tambour sont masqués en pastillage, et bordés.

Le pavillon est en pastillage blanc ; il se compose d'une coupole mauresque, portée sur six colonnes en palmier, posant sur une base circulaire, à gradins, ornée d'une galerie à jour. La coupole est formée sur une charpente en carton ou en fer-blanc, masquée en pastillage, décorée sur ses surfaces ; elle est surmontée d'un petit belvédère à coupole, supporté par six colonnes lisses, et entourées d'une petite galerie.

Le pavillon est fixé sur une base ronde, à gradin, portée par un tambour de même forme que

DESSIN 279.

DESSIN 278.

DESSIN 280.

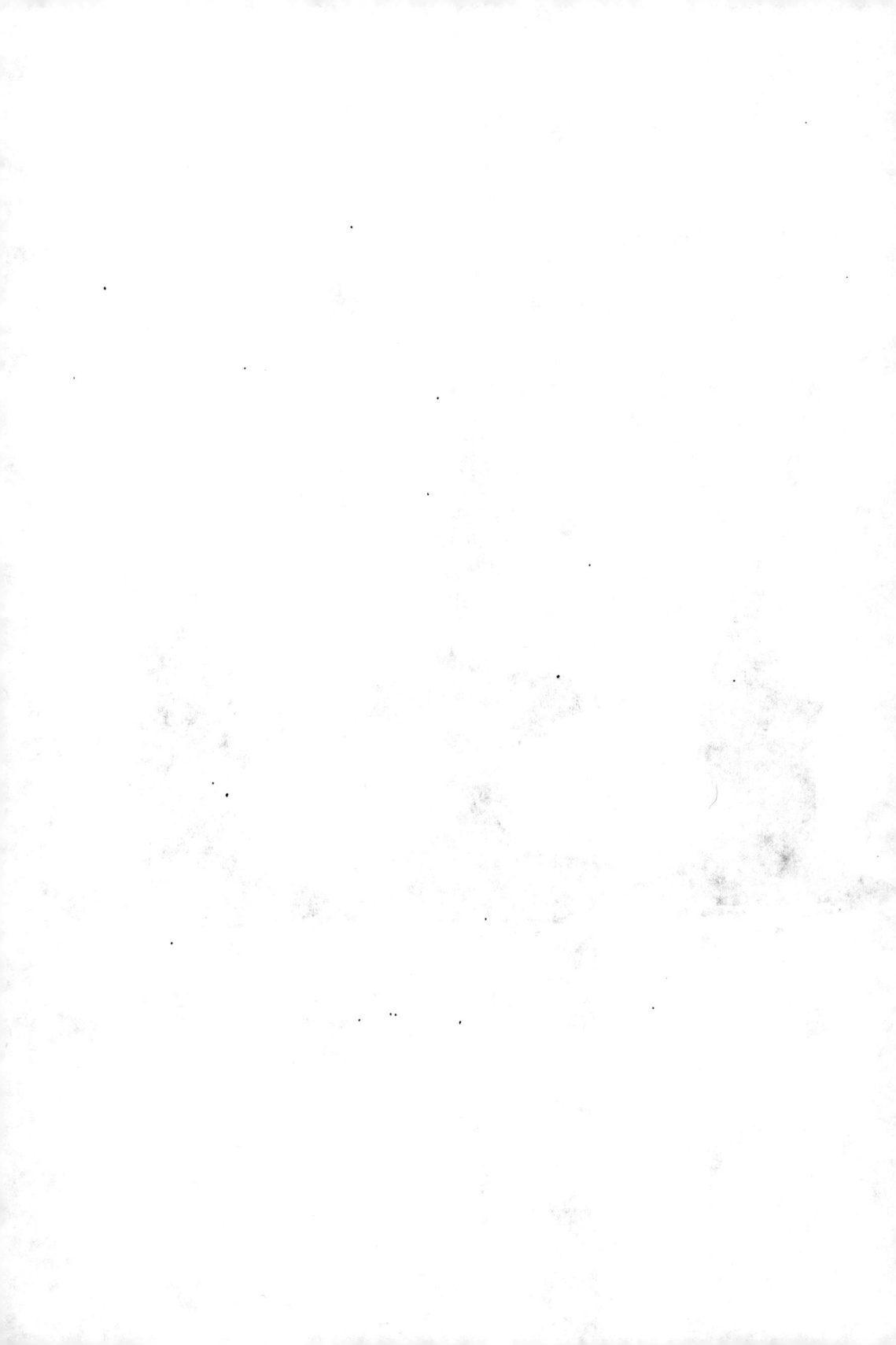

la frise du socle, c'est-à-dire à six pans, mais plus étroit, de façon à pouvoir disposer une petite garniture de gâteaux entre la bordure et le tambour. Une autre garniture de gâteaux est disposée sur la base du socle.

DESSIN 279. — GRANDE SULTANE A GRILLAGE, AU CORNET [1]

Prenez un grand moule à sultane, de 31 centimètres de haut, fermé d'un côté; entourez-le en haut et en bas, sur la lisière, avec un anneau en fil de fer, reliez ces deux anneaux par trois ou quatre arêtes droites, également en fil de fer pas trop mince, de façon à diviser les parois en quatre compartiments réguliers; rassemblez l'extrémité de ces arêtes sur le haut du moule. Masquez les surfaces de ce moule, sur les côtés et sur le haut, avec une mince couche de beurre épongé, légèrement ramolli. Placez-le aussitôt sur glace pour raffermir le beurre.

Avec la pointe d'un crayon, tracez contre les parois du moule, un grillage correct, dans l'ordre représenté par le desssin. Entourez d'abord les arêtes et les anneaux en fil de fer qui constituent la charpente de la sultane, avec un cordon de bonne glace-royale pour décor (page 354), poussée

1. Ayant voulu essayer s'il serait possible d'exécuter en pastillage une sultane semblable à celle-ci, j'ai fait faire une planche en soufre, à losanges, représentant juste le quart du diamètre d'un grand moule à sultane, rond, fermé sur le haut, très légèrement conique, mesurant 31 centimètres de hauteur, 26 centimètres de diamètre à l'embouchure, et 25 centimètres sur le fond fermé.

La planche employée mesure 31 centimètres de haut; elle est un peu plus large d'un bout que de l'autre en raison de la lisière plate qui lui adhère des deux côtés, car la largeur de cette lisière diminue à mesure qu'elle s'élève vers le haut de la planche; mais le cadre des losanges est tout à fait régulier. La hauteur de la planche se compose de 5 lignes de losanges; mais la première et la dernière ligne ne se composent que de moitiés de losange. La largeur de la planche se compose aussi de 5 lignes de losanges et de 2 lignes de demi-losanges disposées sur les côtés, ce qui donne en tout 6 lignes de losanges. D'ailleurs, pour plus amples renseignements, je me propose de reproduire plus loin un modèle partiel de cette planche, formant le cadre normal d'une des quatre divisions, dont les losanges sont de grandeur naturelle. Je reproduirai aussi une esquisse de la sultane même, dans son état primitif.

Voici la méthode d'opérer pour monter une sultane en 4 divisions: coupez d'abord un patron en papier blanc formé de 2 feuilles collées à la suite l'une de l'autre, en lui donnant 31 centimètres de hauteur, 32 centimètres et demi de largeur à la base, 77 centimètres et 3/4 sur le haut. Ce patron doit faire exactement le tour intérieur du moule: en raison de la forme conique du moule, le patron doit être légèrement cintré sur les côtés. — A l'aide de ce patron, coupez une bande de tulle amidonné, mais préalablement décati, c'est-à-dire placé entre deux linges humides pour le ramollir, puis repassé entre deux linges secs avec un fer à peine chaud, afin de le sécher et l'obtenir ainsi plus souple et sans plis. — Essuyez bien l'intérieur du moule, amidonnez-le à l'aide du blaireau.

Prenez du bon pastillage bien rempli, blanc, reposé; abaissez-le d'un demi-centimètre d'épaisseur, en bande de même dimension que la planche; placez la bande sur celle-ci; appuyez le pastillage avec le rouleau, en l'égalisant; coupez-le sur les 4 côtés, ciselez-le ensuite sur le haut avec la pointe d'un couteau, en creusant des lignes d'un bout à l'autre de la planche, à 3 centimètres de distance les unes des autres, jusqu'au niveau de la planche; coupez horizontalement ces bandes avec un bon couteau, en laissant l'empreinte dans le creux de la planche: ceci est une opération qui semble bien difficile à exécuter en raison de la longueur de la planche, mais qui, à l'aide des ciselures, devient tout à fait simple et facile.

Quand les bandes sont enlevées, pressez avec les mains le pastillage laissé dans le creux de la planche, en l'appuyant, afin de régulariser le cadre des losanges; dégagez-le ensuite de la planche petit à petit avec un tampon en pastillage. Couvrez entièrement la planche avec un linge épais et humide, afin d'imbiber légèrement la surface du pastillage; puis appuyez sur celui-ci une partie du tulle, c'est-à-dire le quart de la bande, en commençant par un des bouts; appuyez suffisamment le tulle, de façon à pouvoir enlever l'empreinte d'un trait. Recommencez encore trois fois l'opération, et, à chaque fois, enlevez l'empreinte à l'aide du tulle, en accolant exactement les divisions sur la longueur de la bande, les unes à la suite des autres, de façon à les réunir en les soudant à la gomme. Cela fait, pliez la bande en deux, pour l'introduire dans l'intérieur du moule, en l'appuyant contre les parois; soudez-en les deux extrémités à la gomme, et soutenez la soudure, à l'intérieur, avec une étroite bande en pastillage. Renforcez aussi le bas et le haut de la sultane avec une bande en pastillage d'un demi-centimètre de large. Laissez sécher la sultane au moins 24 heures, dans un lieu à température douce; démoulez-la ensuite; fermez-la sur le haut avec une abaisse en pastillage; dissimulez la jonction des divisions, en appliquant sur chacune d'elles un liseron perlé, se terminant en pointe. Quand le pastillage est suffisamment résistant, faites couper peu à peu, à l'aide d'un canif, le tulle fermant le jour de chaque losange; la sultane apparaît alors dans toute sa légèreté; il ne reste plus qu'à l'orner avec la bordure, et fixer l'aigrette sur le centre.

En outre de sa grande légèreté, cette sultane a de plus l'avantage d'être peu coûteuse, d'un travail facile, pouvant être exécuté en tous lieux; elle peut être préparée longtemps d'avance et se conserver intacte pendant des années. J'en ai trois dans mes armoires, faites depuis l'hiver dernier; elles sont aussi fraîches que si elles étaient terminées de la veille.

au cornet. Poussez ensuite le grillage en deux temps, c'est-à-dire poussez d'abord les cordons qui vont de droite à gauche, puis ceux qui vont de gauche à droite, en les arrêtant les uns et les autres aux arêtes de la charpente : pour que le décor soit tout à fait correct, dans son ensemble, il faut que les cordons du grillage d'un compartiment correspondent exactement avec ceux du compartiment voisin ; c'est là un point essentiel ; il faut également que les cordons soient poussés réguliers, d'une égale épaisseur.

A mesure que les compartiments sont grillés, recommencez l'opération, pour doubler les cordons de glace, en suivant exactement le tracé primitif. Masquez les quatre arêtes de la charpente avec un épais cordon de glace ; appuyez-les pour les aplatir ; ornez-les toutes, de haut en bas, avec une chaîne de perles plates, poussées bien régulières.

Posez le moule sur un plafond masqué d'un papier beurré ; placez-le dans une étuve à peine tiède, de façon à pouvoir sécher la glace sans fondre la couche de beurre dont le moule a été enduit. Quand la glace est bien sèche, chauffez l'intérieur du moule pour dissoudre le beurre et démouler la sultane ; faites-la encore sécher. — Prenez une épaisse abaisse en pastillage, coupée un peu plus large que le diamètre du moule à sultane, bien sèche ; posez-la sur un moule à charlotte ; sur son épaisseur, poussez au cornet, une petite bordure pendante : la plus étroite de celles qui, sur le de dessin, ornent la sultane ; quand la glace est bien sèche, renversez l'abaisse en pastillage, et poussez la deuxième partie de la bordure ; faites-la bien sécher à l'étuve douce.

Collez sur plat un tambour à gradin, masqué et décoré en pastillage ; sur le centre du gradin supérieur, collez un cylindre en carton masqué de pastillage rose, de 2 centimètres plus étroit que la sultane, mais de même hauteur ; couvrez-la avec la sultane : ce cylindre est là pour figurer un grand gâteau qui est sensé placé sous la sultane ; mais il a un autre rôle à remplir : c'est de faire avantageusement ressortir le grillage de la sultane. — Sur le haut de la sultane, posez l'abaisse bordée, et, sur le centre de celle-ci, fixez une jolie aigrette à fontaine, exécutée en glace-royale ou en sucre filé ; dans les deux cas, l'eau des coupes doit être imitée avec des nappes de sucre filé fin, portées sur des soutiens en sucre coulé, collés sur le bord des coupes. — Entourez le bas de la sultane avec une chaîne de petites boules en sucre filé fin. Garnissez le tour du gradin supérieur avec des petites caisses de fruits glacés.

Dessin 280. — SULTANE DROITE, EN GLACE-ROYALE

Cette sultane est de forme hexagone, elle est exécutée dans le même moule que la précédente ; elle est représentée dressée sur une base en bois, vide, formant gradin, masquée en pastillage et décorée.

La sultane est à jour ; elle est exécutée au cornet avec de la bonne glace-royale pour décor (page 354).

Prenez le moule à sultane : il doit être fermé sur le haut ; entourez-en le haut et le bas avec un anneau en solide fil de fer ; reliez ces anneaux par six arêtes également en fil de fer, bien droites, disposées sur les angles du moule, de façon à accentuer les divisions ; faites rejoindre ces fils de fer sur le point central du moule, afin de consolider la charpente de la sultane. Masquez alors les surfaces et le haut du moule avec une couche de beurre épongé dans un linge, en l'étalant aussi mince que possible; placez le moule dans un lieu froid ou sur glace pour raffermir le beurre. Posez-le ensuite sur un plafond beurré.

Encadrez d'abord chaque arête et les deux anneaux de la charpente, entre deux cordons de glace-royale poussée au cornet. — Avec la pointe d'un crayon, tracez contre les surfaces du moule, sur chaque division, le même profil des deux décors que présente le dessin de la sultane, en les alternant. Suivez ce tracé avec un cordon de glace, en les faisant raccorder avec ceux encadrant les arêtes et les anneaux de la charpente.

Quand le tracé est terminé, doublez les cordons du décor, en recommençant au point de départ, pour leur donner plus de consistance et une plus parfaite régularité. Poussez un épais cordon de glace sur les six arêtes et sur les deux anneaux de la charpente; appuyez le cordon avec le pouce farineux, afin de l'aplatir, en l'élargissant. Consolidez aussi la charpente sur le haut du moule, du côté fermé.

Faites sécher la glace à l'étuve à peine tiède : il faut qu'elle puisse sécher sans que le beurre fonde.

Quand le décor est bien sec, chauffez vivement l'intérieur du moule pour dissoudre le beurre et démouler la sultane. Remettez-la aussitôt sur le plafond, faites-la sécher encore, le plus longtemps possible, à l'étuve douce. Collez-la, enfin, sur la base à gradin, fixée sur plat, portant sur son centre un cylindre en pastillage de nuance rose, et de 2 ou 3 centimètres moins large que la sultane, mais de la même hauteur : ce cylindre nuancé convient pour faire ressortir le décor de la sultane. Collez alors debout, en saillie, contre chacune des arêtes, une petite bordure à jour, légère, poussée au cornet ou levée à la planche, mais bien sèche. Couvrez la sultane avec une abaisse en pastillage, ornée d'une jolie bordure montante et évasée, portant sur son centre une belle aigrette en sucre, légère, élégante et correcte. Entourez la base de la sultane avec de petites boules en sucre filé fin, de nuance rose; garnissez l'espace libre du gradin avec de jolis petits gâteaux.

SOMMAIRE DE LA PLANCHE 51

Dessin 281. — GRANDE SULTANE EN SUCRE COULÉ

Telle qu'elle est reproduite par le dessin, cette grosse pièce de pâtisserie ne peut être servie que sur la table d'un grand buffet; car les cornes d'abondance et les fleurs sont disposées de telle façon, qu'elles ne peuvent être vues que de face; si l'on voulait la servir sur la table d'un grand dîner, comme pièce de milieu, il faudrait donc modifier la construction de sa base.

La charpente de la pièce se compose simplement d'une large base en bois, posée sur quatre pieds, portant, un peu en arrière du centre, un long support en bois sur le haut duquel est fixée une coupe en fer-blanc ou en carton-pâte, destinée à porter la sultane. Cette coupe est flanquée de deux cornes d'abondance, imitées en fer-blanc, dont l'embouchure porte sur un petit tambour en bois mince, et la pointe s'appuie contre le corps du socle. La charpente de la grande corbeille centrale est en fer-blanc ou en carton-pâte.

Contre la base du support central, est disposée une grande corbeille de forme évasée; elle est aussi en fer-blanc, coupée droite sur l'arrière, de façon à simuler la base du socle correspondant avec la coupe du haut. Cette corbeille est fixée sur une petite base en bois, de forme circulaire, également coupée sur l'arrière.

Tous les détails de la charpente sont masqués en pastillage blanc, puis décorés en relief. La surface plane de la base est seule masquée de papier blanc; mais elle est ornée, sur son épaisseur, d'une double bordure levée à la planche. Les cornes d'abondance sont masquées avec du pastillage rose, mais décorées en relief avec des détails blancs; la lisière de leur embouchure est bordée avec un liseron perlé; les tambours sur lesquels elles reposent sont également masqués et décorés en pastillage. La coupe du socle, contre laquelle le haut des cornes vient prendre appui, de même que la grande corbeille, figurant la base du socle, sont masquées et décorées avec du pastillage blanc, mais les torsades sont nuancées en rose; l'ouverture de cette corbeille doit être fermée par une petite charpente en carton blanc, formant un dôme, sur lequel seront plus tard dressés les fruits.

La triple sultane, disposée sur le socle, est évidemment le détail capital de la pièce; c'est assurément celui qui attirera le regard des amateurs; car une sultane correcte, exécutée sur de telles dimensions, n'est ni sans mérite, ni sans attrait.

Pl. 51

DESSIN 281.

Cette sultane est en sucre blanc; les trois divisions dont elle est formée ne sont pas filées : elles sont coulées sur matrice, c'est-à-dire sur une planche en plomb dont le grillage est gravé en creux.

Avant d'entreprendre la description de cette méthode nouvelle, je suis bien aise de dire qu'elle est l'œuvre de M. *Adolphe Landry*, jeune praticien qui a fait de grandes études sur le travail du sucre, et qui a réussi à lui donner une importance et une précision pour ainsi dire mathématiques. Je vais d'abord décrire la méthode pour cuire le sucre à filer; je décrirai ensuite celle de couler ce sucre dans les planches, et, enfin, celle pour monter les sultanes.

La grande question du filage réside évidemment dans la cuisson du sucre : l'artiste le plus adroit ne saurait rien tirer d'un sucre mal cuit. Mais il ne faut pas oublier que la parfaite qualité du sucre est d'une importance capitale, par rapport au résultat. Le sucre le plus convenable, le meilleur, est certainement celui tiré de la canne à sucre; mais on peut également utiliser le sucre de betteraves, de bonne qualité. Les meilleurs sucres que j'ai trouvés sont ceux qui se vendent à Paris et à Londres[1]; le sucre anglais serait en quelque sorte préférable sous le rapport de la cuisson. Les sucres fabriqués dans le nord de l'Europe laissent, au contraire, considérablement à désirer pour le filage; ceux d'Allemagne et de Russie sont réellement défectueux; aussi le filage du sucre, dans ces pays, devient-il très difficile.

Pour bien cuire le sucre à filer, il ne faut pas en cuire une trop grande quantité à la fois : 1 kilogramme au plus, et encore faut-il être à même de l'employer sans retard; sinon, il est préférable d'en cuire seulement 500 grammes à la fois, en répétant les cuissons. Néanmoins, il faut toujours disposer de deux poêlons : l'un pour cuire 1 kilogramme de sucre, et l'autre pour en cuire 500 grammes. Le sucre doit être cuit à couvert, dans un poêlon sans bec, non étamé ou argenté : le bec d'un poêlon à cuire le sucre est plus nuisible qu'utile; il facilite la fuite du liquide, et contribue à le faire attacher aux parois. La capacité des poêlons doit être combinée de façon que, le sucre étant dissous, le liquide arrive à 2 centimètres des bords.

Le sucre pour filer doit être trempé 5 à 6 heures d'avance (voy. page 357).

Prenez 500 grammes de sucre trempé, mêlez-lui quelques gouttes d'acide citrique dissous : la quantité de cet acide est variable selon que le sucre est plus ou moins bien épuré, plus ou moins gras[2]. Quand le sucre est dissous, posez le poêlon sur feu vif; écumez-le, laissez-le arriver au *grand cassé;* mêlez-lui alors, hors du feu, 2 cuillerées à café d'acide acétique cristallisable[3], en évitant d'aspirer la vapeur qu'il produit, car elle est suffocante; mêlez l'acide, en agitant le liquide; donnez encore quelques bouillons au sucre pour le ramener au *cassé;* essayez-le, retirez-le aussitôt qu'il est à point; arrêtez-en l'ébullition en trempant le fond du poêlon dans l'eau froide.

Le sucre ainsi cuit peut être immédiatement filé ou coulé, ou bien tenu au chaud à température moyenne, en attendant de le filer. Si l'on ne pouvait employer ce sucre sans le faire attendre

---

1. J'ai récemment trouvé à Berlin, des sucres venant de Chine pas très blancs, mais se cuisant parfaitement, sans addition d'aucun acide; je dois ajouter que ce sucre, filé fin ou en cordon, s'est très bien maintenu.

2. Il est toujours possible de se rendre compte de la juste quantité d'acide que le sucre comporte, en l'essayant à l'aide d'une petite bande de papier *tournesol;* si dans le liquide, la bande de papier prend la couleur *mauve,* c'est qu'il est acidulé au juste degré; si la bande devient *rouge,* c'est qu'il l'est trop; il faut alors ajouter de l'eau jusqu'à ce que le papier reste de couleur *mauve.*

3. Mais si le sucre était de mauvaise qualité, il faudrait lui additionner 2 cuillerées de bon sirop de froment.

longtemps, il faudrait le jeter de suite sur un marbre très légèrement huilé, le faire refroidir ainsi; le détacher, le couper en morceaux pour l'employer à mesure qu'on en a besoin. Le bon sucre, cuit comme je viens de le dire, se réchauffe très bien, sans rougir; mais, si l'on ne pouvait l'employer à bref délai, il faudrait l'enfermer dans un vase ou une boîte, et le tenir en lieu sec.

Pour *couler* une sultane à grillage, il faut disposer d'une planche à sultane en métal [1]; ces planches, c'est M. Landry qui les vend. J'en ai fait exécuter plusieurs dans des dimensions plus étendues que les siennes, c'est-à-dire une de 81 centimètres de long sur 31 de large, et deux autres de dimensions différentes, afin de pouvoir couler des sultanes de divers formats.

Ces planches, je l'ai dit, sont creusées en grillage; elles doivent être légèrement huilées avant de couler le sucre. Pour opérer, versez une partie du sucre cuit dans un poêlon chaud, à bec; coulez d'abord un cordon régulier sur l'encadrement de la planche; puis coulez le sucre dans le grillage, en deux temps, c'est-à-dire d'abord dans les rayons inclinant à droite, ensuite dans les rayons inverses inclinant à gauche, de façon à obtenir le grillage complet : l'opération est aussi simple à décrire que facile à exécuter. La grande question, l'unique question, se résume donc dans la précision du coulage du sucre, en cordons réguliers : ceci est une affaire d'étude et de pratique qu'aucune démonstration ne saurait inculquer dans l'esprit de celui qui opère, car c'est surtout dans l'assurance de la main, aussi bien que dans la sûreté du coup d'œil, que réside la science de couler le sucre. S'il s'agissait simplement de lire un ouvrage pour devenir un savant praticien, on finirait par fermer les écoles au lieu d'en multiplier le nombre. Or, nul ne peut prétendre d'arriver d'un trait à la même perfection que celui qui opère de longue date, sans se soumettre aux mêmes exigences, sans étudier, sans pratiquer. M. *Landry* peut bien vendre ou donner ses planches, ses poêlons et ses moules; ce qu'il ne peut ni donner, ni vendre, c'est la science qu'il a acquise par l'étude et la longue pratique de son procédé.

Quand il s'agit d'enlever le grillage de la planche, il suffit de tenir celle-ci à la bouche du four, quelques secondes, pour que le sucre se détache sans effort; couchez alors sur le travers de la planche un moule à sultane, uni, aussi haut que la largeur de la planche; puis, enlevez le grillage en l'appliquant contre les surfaces extérieures du moule, de façon à lui en faire prendre la forme. La longueur de la planche doit toujours être suffisante à fournir la mesure exacte du moule, dans toute l'étendue de son diamètre, c'est-à-dire pour en faire le tour; si le grillage se trouvait trop long, on pourrait le couper à l'aide d'un couteau chauffé; mais trop court l'ajustement deviendrait impossible. Il convient donc de prendre toutes les mesures de précaution pour que ce grillage s'adapte exactement au moule; il suffit alors d'en souder les deux extrémités avec du sucre, et d'enlever le moule aussitôt que la sultane peut se soutenir debout. La sultane est terminée, en la fermant sur le haut, avec un grillage exécuté sur une planche en métal, de forme ronde; à défaut de cette planche, il est facile d'obtenir un rond à grillage, en le coulant sur marbre huilé : l'opération est toute simple.

Les sultanes ainsi coulées sont d'autant plus belles au regard, et d'autant plus solides, que les cordons de sucre, au lieu d'être plats, comme quand ils sont coulés sur une surface lisse, sont tout

---

1. M. *Landry* a un dépôt de ses planches à couler le sucre, chez M. *Gleize,* chaudronnier, rue des Capucines.

à fait ronds, en raison même du creux des rayons dans lesquels ils sont coulés, et dont ils ont pris la forme.

Pour couler une sultane à trois étages, telle que le dessin la représente, il faut disposer de trois planches à couler le sucre, une grande, une moyenne et une petite; il faut disposer de trois moules en fer-blanc, de hauteur et largeur graduées, fermés d'un côté, légèrement huilés.

La triple sultane mesure la hauteur de 60 centimètres; pour atteindre cette élévation, il faut donner à la sultane du premier étage 30 centimètres de haut, 22 centimètres à celle du deuxième étage, et 16 centimètres à celle du troisième. Cette dernière est coulée sur une planche à grillage plus étroite que les deux autres, et dont le jour du grillage est plus étroit: le grillage des planches doit s'agrandir en raison de la dimension des planches.

Coulez d'abord la grande sultane sur la grande planche; pour la démouler, chauffez-la au four, enlevez-la de la planche, en la roulant contre les parois extérieures du moule huilé; assemblez les bords, coupez-les exactement, soudez-les au sucre: laissez refroidir le sucre avant de démouler la sultane. Quand elle est démoulée, collez-la au sucre sur une abaisse mince, en bois, masquée de pastillage; couvrez-la avec un grillage de son même diamètre, coulé sur marbre. Entourez-la alors, sur le haut, avec une guirlande de petites fleurs en sucre, entremêlées de feuilles; placez-la sous globe ou dans une armoire, au-dessus d'une couche de chaux non éteinte. Coulez la deuxième sultane sur la planche intermédiaire; enlevez-la de la planche, roulez-la contre les parois du deuxième moule; soudez-en les bords avec du sucre; laissez-la refroidir; démoulez-la. Fermez-en le haut avec un autre grillage de son diamètre; posez-la sur un plafond; ornez-la aussi d'une guirlande de fleurs; placez-la ensuite dans l'armoire.

Coulez la troisième sultane sur la petite planche; quand elle est détachée de la planche, enroulez-la contre les parois du petit moule; fermez-en aussi le haut avec un grillage, et ornez-la de fleurs.

Au dernier moment, posez la grande sultane sur le socle, et les deux autres dessus, en les collant au sucre; entourez la base de la grande sultane avec une guirlande de fleurs, et, sur celle du haut, collez une petite aigrette en sucre filé. Collez en même temps, sur l'extrémité des cornes d'abondance, deux petites coupes en pastillage; puis, sur chacune d'elles, collez un double pompon en sucre filé.

Les garnitures de cette pièce se composent d'abord des fruits dressés dans la corbeille; ces fruits sont frais ou confits, mais glacés au *cassé*, et dressés sans être collés. L'autre garniture se compose d'oranges glacées, en artichaut. Voici comment on prépare ces oranges: Choisissez-les d'égale grosseur, de bonne qualité; retirez-en l'écorce, en laissant seulement un rond de 4 centimètres attaché aux chairs, du côté où était la tige. Ouvrez alors l'orange avec soin, pour séparer les quartiers, mais sans les détacher, en les laissant adhérer au rond d'écorce. Faites-les sécher quelques heures à l'air; puis, renversez-les tour à tour sur deux fils de fer adaptés à un manche, assez solides, et disposés à distance l'un de l'autre, de façon à soutenir l'orange d'aplomb; trempez-la vivement dans le sucre cuit, mais en la plongeant seulement à moitié; enlevez-la, renversez-la sur une grille pour faire égoutter le sucre. Ces oranges sont dressées en chaîne, tout le long de la bordure de la base.

Les deux cornes d'abondance ne sont pas représentées garnies, mais ornées de fleurs variées, en sucre ou en pastillage, entremêlées de feuilles vertes, et disposées sur une charpente légèrement bombée, exécutée en carton blanc, peint en vert tendre.

Cependant, il est bien évident que ces fleurs peuvent, sans inconvénient, être remplacées par des fruits confits, variés, glacés au *cassé*, ou simplement par de petits gâteaux imitant la forme de divers fruits, également glacés au *cassé*, avec du sucre blanc et du sucre rose.

———

SOMMAIRE DE LA PLANCHE 52

———

Dessin 282. — GRANDE PIÈCE AUX FRUITS.

———

Dessin 282. — GRANDE PIÈCE AUX FRUITS

Cette grande pièce sera certainement, aux yeux des praticiens, une des plus remarquables de cette série, par sa richesse et son élégance, aussi bien que par la nouveauté du genre ; elle a été servie l'hiver dernier, pour la première fois, comme sujet de groupe central, sur la table d'un grand buffet de bal.

La charpente est divisée en deux parties : elle se compose d'une base à gradin, forme polygonale, arrondie sur les côtés et sur l'avant ; les trois faces sont divisées par un angle aigu ; elle est coupée droite sur l'arrière, attendu que la pièce ne doit être vue que de face.

Cette base est posée sur quatre pieds, et porte sur l'arrière, à petite distance du centre, un solide support en bois, sur le haut duquel est fixée une abaisse en bois, ovale, ayant 58 centimètres de diamètre. La hauteur du support est de 46 centimètres ; celle de la base et son gradin est de 15 centimètres de haut sur 1 mètre et 20 centimètres de largeur.

La deuxième partie de la charpente mesure 62 centimètres de haut ; elle se compose d'un double tambour en bois mince, formant piédestal, fixé sur une abaisse en bois. Ce piédestal supporte une grande et belle corne d'abondance posée debout, en sens inverse, c'est-à-dire avec l'embouchure en haut et la pointe en bas ; la charpente de cette corne peut être exécutée en carton ou en fer-blanc ; le point essentiel consiste à la fixer solidement sur la surface plane du piédestal.

Les charpentes du haut et du bas sont masquées en pastillage blanc ; seules, les surfaces planes sont masquées avec du papier ou du demi-carton blanc. Le support central est modelé en imitation de tronc d'arbre dont les branches, disposées en arc-boutant, semblent soutenir l'abaisse supérieure : le tronc et les branches sont modelés en pastillage ; ces dernières, sur de gros fils de fer, adhérant au support.

Sur la base du support, de chaque côté, un peu en avant, sont disposés deux doubles tambours ovales, formant gradin, exécutés en bois mince, masqués et décorés en pastillage blanc. Sur chacun

Pl. 52.

DESSIN 282.

de ces tambours est fixé un joli panier, penché vers le centre et garni de fruits ; ces paniers sont exécutés sur une charpente en carton ou en fer-blanc, masquée et décorée en pastillage. Pour obtenir les paniers plus légers et d'un apprêt plus facile, on pourrait employer de jolis petits paniers à jour, simplement en osier argenté. Dans les deux cas, les anses courbes doivent être exécutées soit en sucre *tors*, soit en pastillage, et ornementées de petits détails rapportés. Les paniers sont maintenus en équilibre, à l'aide de soutiens disposés sur l'arrière, et, par conséquent invisibles.

En arrière de ces paniers, s'appuyant sur le support central, est groupé un petit trophée d'horticulture, dont les détails sont exécutés en pastillage sur maquettes en bois, en carton ou en fer-blanc.

Le principal intérêt de l'étage supérieur est évidemment dans le groupe aux enfants ; mais l'abondante gerbe de fleurs groupées sur l'abaisse, contre la partie inférieure du piédestal, est aussi d'un grand attrait. Ces fleurs sont en sucre ; elles sont disposées avec art, et entremêlées de feuilles vertes. Les rameaux suspendus dans le vide sont exécutés sur de flexibles fils de fer, recouverts d'une enveloppe verte. Les fleurs peuvent être ou blanches ou nuancées en rose tendre ; les feuilles sont artificielles. Le point important, c'est qu'elles soient artistement groupées.

Les deux enfants groupés au bas de la corne d'abondance, qu'ils semblent soutenir avec leurs bras, sont exécutés en pastillage. La corne d'abondance est établie sur une charpente en fer-blanc, joliment décorée en pastillage ; les fleurs qu'elle porte sont aussi en sucre.

Le haut du piédestal supportant la corne d'abondance, est décoré en relief avec des détails en pastillage, et orné de deux bordures montantes donnant un grand dégagement à l'ensemble. — Les garnitures de la pièce sont concentrées dans la partie inférieure, c'est-à-dire là où elles sont accessibles aux convives. Elles se composent de fruits frais, confits ou au naturel, mais glacés au *cassé*.

Le premier gradin de la base est garni d'une chaîne de belles mandarines, coupées par le milieu, dont les chairs sont détachées de l'écorce, sans pépins. Les écorces sont ensuite dentelées, et le vide rempli avec de la gelée mandarine qu'on fait prendre sur glace ; c'est sur cette couche de gelée que les demi-mandarines sont replacées sur chaque moitié d'écorce, en les renversant. Cette garniture, bien simple au fond, est cependant d'un bien joli effet, et très agréable à manger ; elle s'adapte également aux pièces de pâtisserie et aux entremets.

La garniture du deuxième gradin se compose de petits paniers, à anse courbe, garnis de grosses fraises ; il est évident qu'en hiver, alors que ce fruit est rare, si l'on remplit les petits paniers avec des fraises naturelles, cette garniture acquiert, par ce fait, une grande importance ; à Paris, la chose est facile, car on y trouve des fraises en toute saison. Dans les pays où cela n'est pas possible, on peut remplacer les fraises naturelles par une imitation ; on trouve aujourd'hui, chez les grands confiseurs, des fraises en sucre ou en pâte à massepain, imitées avec une rare perfection. — Les petits paniers[1] sont imités en pastillage blanc ; mais les torsades du tour peuvent être nuancées en rose tendre.

Les deux tambours latéraux, supportant les grands paniers, sont garnis avec des petites caisses de fruits confits, glacés au *cassé*. Les deux grands paniers sont aussi garnis de fruits divers : quartiers

1. On peut exécuter ces petits paniers de deux façons : Si l'on dispose d'une planche gravée, donnant le corps du panier, l'opération se simplifie ; il suffit d'enlever les détails sur la planche, avec du pastillage, pour les grouper contre une maquette en plâtre, coupée juste dans les dimensions des détails gravés.

A défaut de planche, on prend un petit panier tressé, qu'on trouve chez tous les marchands de paniers, on l'huile extérieurement, et on l'appuie sur une couche de plâtre fin, disposée dans un cercle en carton, et épaissie au point voulu, pour prendre

d'orange, petites poires, reines-claudes, marrons glacés, dattes fourrées, cerises imitées en pâte d'amandes ; puis, enfin, des grappes de gros raisin frais d'Espagne, également glacées au *cassé*. Une partie de ces grappes sont collées au sucre, sur le bord des tambours et des paniers, de façon à donner un plus grand soutien à ces derniers ; mais le restant, celles disposées sur le haut, doivent être à peine adhérentes à la masse, afin que les convives puissent facilement les prendre. Ces fruits, bien glacés, débordant ainsi des paniers inclinés, sont d'un très bel effet. Il est bon d'observer que les gros raisins crus ne doivent pas être glacés trop longtemps d'avance ; mieux vaut faire cette opération peu avant de poser la pièce sur table.

Le groupe central, disposé entre les doubles tambours et la chaîne de petits paniers, se compose de deux melons confits [1] et d'un gros ananas. Les melons sont posés sur un anneau en pastillage, afin de leur donner l'aplomb nécessaire ; ils doivent être choisis d'égale grosseur et de belle nuance ; ils sont découpés à moitié et remis en forme, puis nappés simplement au pinceau avec du sirop gommé.

L'ananas est dressé dans une coupe en cristal, et celle-ci posée sur un petit socle. A défaut d'un gros fruit frais, on peut employer un de ces gros ananas de la Martinique, conservés en boîte, qu'on trouve à Paris ; il suffit de le parer pour lui donner une jolie forme ; donnez-lui ensuite trois façons au sirop froid, en augmentant le degré du sucre à chaque façon. En ce cas, la couronne du fruit doit être imitée en sucre *tiré*, de nuance verte.

Je viens d'indiquer les deux méthodes les plus convenables pour servir cet ananas ; mais dans les deux cas, étant donnée l'impossibilité de découper le fruit, afin que les convives puissent s'en servir, il faut avoir la précaution d'en entourer la base, avec des tranches d'ananas, fraîches ou confites, en les dressant dans les conditions que le dessin représente.

Puisque l'ananas, par lui-même, ne figure, en somme, dans ce groupe, qu'à titre d'ornement, il est évident qu'au besoin, il peut être simplement imité [2] en sucre coulé, et orné avec une belle couronne également imitée en sucre *tiré* ; il suffit que l'imitation du fruit soit bien réussi, et de belle apparence.

Pour couler en sucre un ananas, il faut avoir un bon moule ; ce moule, si on ne peut pas le

exactement l'empreinte. On prend ensuite une autre empreinte de l'intérieur du panier. On fait bien sécher les moules ; puis, on saupoudre les plus grands avec du sucre fin, et on les fonce, avec du pastillage mince ; on appuie alors ce pastillage avec le moule plus étroit : on laisse sécher le pastillage à la température du laboratoire, jusqu'au point où on peut l'enlever sans danger ; on le décore ensuite avec de petites torsades. — Les anses sont exécutées à l'aide de deux cordons enroulés ; on les courbe et on les fait sécher sur plaque. Pour accélérer le travail de ces paniers, il faut disposer au moins de 5 à 6 moules, car le pastillage est long à sécher dans le plâtre.

1. Les melons confits sont aujourd'hui abondants partout ; on en trouve de toute dimension et bien beaux, chez les confiseurs ou marchands de fruits secs.

2. On pourrait encore imiter cet ananas en procédant ainsi ; sur du biscuit-punch, cuit dans un moule élevé, taillez au couteau la forme d'un bel ananas. Lissez-en les surfaces ; masquez-les avec une couche de marmelade d'abricots ; puis, enveloppez entièrement l'imitation avec une mince croûte de pâte à massepain ; appuyez-la bien ; laissez-la sécher ; fixez-la d'aplomb sur un anneau en pâte napolitaine, composé de plusieurs abaisses collées ensemble. Au faîte de chaque écaille, piquez une petite pointe de pistache ou d'amande ; puis, fixez sur le haut du fruit une jolie couronne verte imitée en sucre *tiré*. — Avec du vernis à bonbon, humectez au pinceau les surfaces de l'ananas.

Faites un ou plusieurs moules en plâtre imitant une *écaille* ou *œil* d'ananas ; saupoudrez les moules avec de la glace de sucre, et prenez des empreintes avec des petites parties de pâte d'amandes ou d'avelines nuancée en jaune ; coupez-les, sortez-les, humectez-les en dessous et sur les côtés avec de la gomme ; collez-les à mesure, en les rajustant exactement, contre l'enveloppe du biscuit, de façon à imiter l'ananas aussi bien que possible. Au faîte de chaque écaille, piquez une petite pointe de pistache ou d'amande ; puis, fixez sur le haut du fruit une jolie couronne verte imitée en sucre *tiré*. — Avec du vernis à bonbon, humectez au pinceau les surfaces de l'ananas.

A défaut de moules, ou si on ne tenait pas précisément à l'imitation exacte du fruit, on pourrait plaquer la forme d'ananas avec des sortes de glands en pâte d'amandes ou d'avelines, façonnés à la main, puis coupés en deux sur le travers, et enfin collés au sucre ou à la gomme contre l'enveloppe en pâte. Cette imitation est très originale et de bon goût, si elle est correctement exécutée.

faire soi-même, on le fait exécuter par un mouleur, ce qui est toujours préférable ; car les moules que nous exécutons nous-mêmes, souvent avec de grandes difficultés, laissent toujours à désirer ; et, dans un moule imparfait, on n'obtient que des épreuves défectueuses.

Quand on veut couler le sucre dans le moule, il faut préalablement démonter celui-ci et le faire tremper à l'eau tiède ; on l'égoutte ensuite. On le remonte et on le serre fortement avec une grosse ficelle. — On cuit du sucre au petit *boulé*, on lui mêle de l'acide citrique, on le fait *loucher*, on lui laisse perdre sa plus grande chaleur ; puis on le verse dans l'intérieur du moule par l'ouverture ménagée sur l'un des bouts. Aussitôt que le sucre a fait croûte, contre les parois du moule, on verse les parties liquides dans un poêlon. Dix minutes après, on démonte attentivement le moule pour dégager le sujet en sucre.

Pour un artiste, il est bien évident que la grande et belle pièce reproduite en cette planche, est un des sujets les plus importants de cette série de grosses pièces de pâtisserie ; établie dans de telles conditions de luxe et d'élégance, elle doit mériter le suffrage des hommes de goût. Mais il est facile de comprendre qu'un tel sujet, abondant en détails minutieux, ne peut pas être improvisé, ni entrepris au hasard, avec des ressources insuffisantes. Du moment qu'on se décide à l'exécuter, il faut l'étudier minutieusement, le réfléchir, et concentrer à loisir les éléments qui doivent concourir à sa confection.

Ce n'est évidemment qu'à cette condition qu'on peut obtenir un résultat satisfaisant ; de tels sujets entrepris à la hâte, exécutés avec précipitation, laisseraient forcément à désirer.

Cette pièce, dont la hauteur d'ensemble mesure 1 mètre 65 centimètres, exige d'être servie sur une grande table et dans une grande salle : dans une salle basse ou étroite, elle serait sans relief : pour ressortir avec avantage, il faut à ces grands sujets l'espace et l'air. Plus les salles sont grandes, plus les dimensions des pièces doivent être augmentées.

SOMMAIRE DE LA PLANCHE 53

Dessin 283. — PYRAMIDE DE SAVARINS, SUR MOYEN SOCLE

Pour constituer cette grosse pièce de pâtisserie, il faut disposer de plusieurs moules à savarin de dimension graduée, pouvant aller les uns sur les autres, en formant pyramide. On peut ainsi obtenir une pièce aussi volumineuse que le besoin l'exige.

Infusion : Faites infuser dans un demi-litre de sirop à 30 degrés, un bâton de vanille, zestes de citron et d'orange ; passez-le, mêlez-lui 2 décilitres de kirsch, 2 décilitres de noyaux, 2 décilitres de marasquin, 2 décilitres de curaçao, 2 cuillerées de rhum, quelques cuillerées de lait d'amandes concentré ; tenez cette infusion dans un poêlon pour la chauffer au moment.

Proportions : 1 kilogramme farine, 500 grammes beurre, 28 à 30 œufs, 100 grammes sucre, 30 grammes levure, 5 décilitres de lait tiède, 2 décilitres de crème double et crue, sel, zeste.

Procédé : La farine, les œufs et la terrine doivent être tièdes, en hiver surtout. — Tamisez 250 grammes de farine, dans la terrine ; faites la fontaine. Délayez la levure avec le lait, passez au tamis. Avec ce liquide et la farine, formez un levain mou, peu consistant ; couvrez-le avec une légère couche de farine, tenez-le à l'étuve jusqu'à ce qu'il soit augmenté du double de son volume primitif ; retirez-le alors, rompez-le, incorporez-lui 10 œufs, l'un après l'autre, en incorporant peu à peu le restant de farine, de façon à former une pâte ayant beaucoup de corps ; travaillez-la vivement avec la main 5 minutes ; incorporez le restant des œufs, un à un, en même temps que la moitié du beurre éponge, divisé en parties. Quand elle est à peu près à point, incorporez le restant du beurre, le sel, le sucre, le zeste haché, la crème crue.

Pour acquérir le corps voulu, la pâte à savarin doit être travaillée de 20 à 25 minutes ; elle doit alors se trouver lisse, brillante, crémeuse ; en passant la main entre la pâte et le fond de la terrine, on doit pouvoir l'enlever tout entière : c'est là le signe le plus évident de sa parfaite confection ; il est bon de chauffer très légèrement la terrine dans le courant de l'opération.

Quand la pâte est au point voulu, couvrez-la ; placez-la à température douce jusqu'à ce qu'elle commence à devenir légère ; rompez-la, prenez-la avec la main par petites parties, et, avec celles-ci,

Pl. 53.

DESSIN 283.

DESSIN 284.

DESSIN 285.

DESSIN 286.

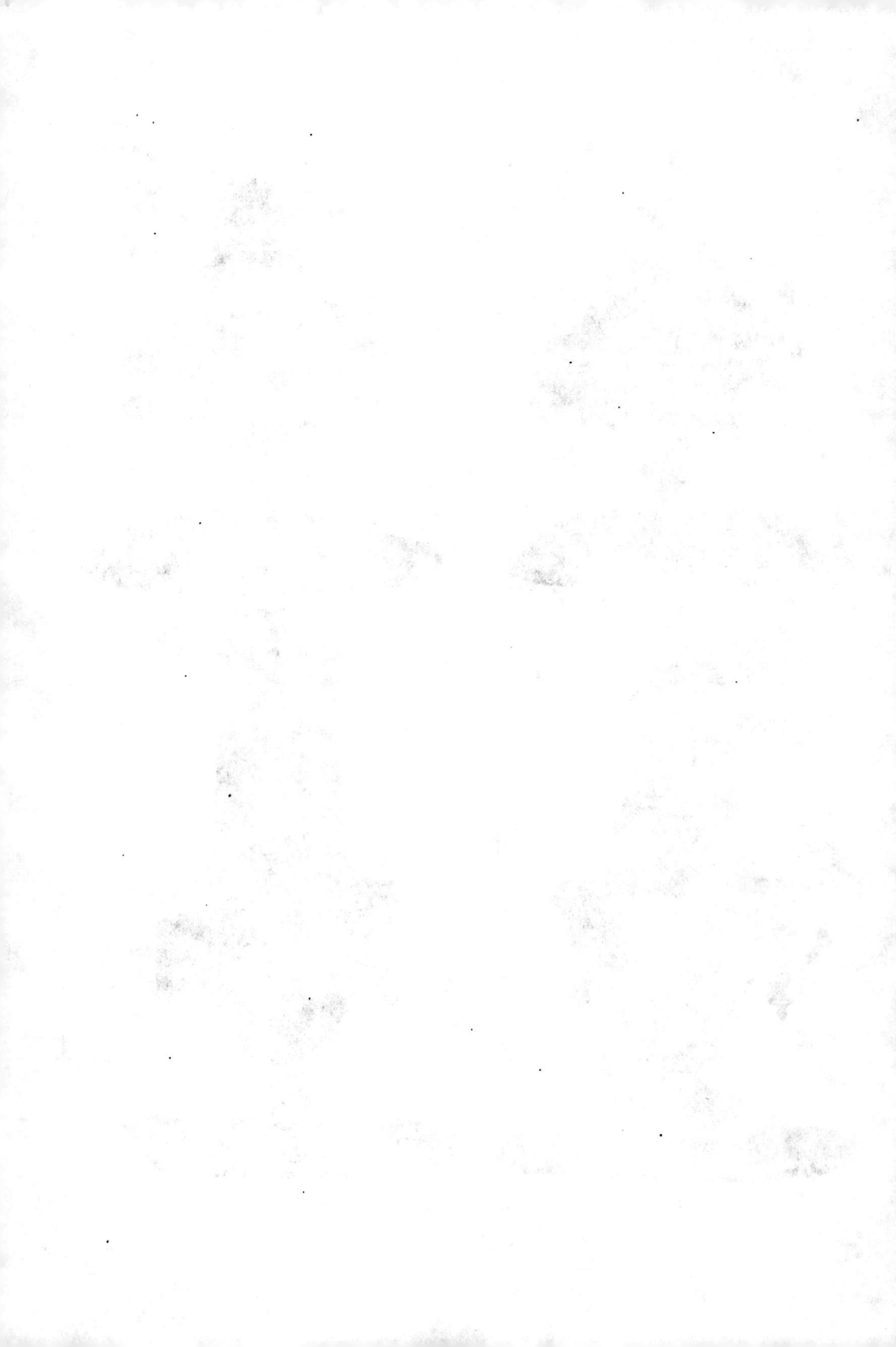

emplissez aux deux tiers les moules à savarin beurrés ; posez-les à mesure sur un ou plusieurs plafonds, tenez-les à température douce jusqu'à ce que la pâte arrive à la hauteur des bords ; poussez-les alors à four modéré, cuisez-les de belle couleur.

En sortant les gâteaux, parez-les droit du côté plat, démoulez-les, rangez-les sur une grille ; faites quelques incisions des deux côtés de chaque gâteau avec la lame d'un petit couteau, puis siropez-les avec l'infusion préparée, bien chaude.

Quand les gâteaux sont refroidis et égouttés, abricotez-les légèrement, au pinceau ; masquez-les avec une glace au sucre, légère ; décorez-en aussitôt les parois avec des fruits confits ; dès que la glace est sèche, dressez les gâteaux en pyramide sur plat ; posez celui-ci sur le socle.

Dessin 284. — PYRAMIDE DE GATEAUX CUSSY, SUR MOYEN SOCLE

On cuit l'appareil à Cussy dans des moules en fer-blanc, unis, à cylindre de forme hexagone, de dimensions graduées, afin de pouvoir monter les gâteaux en pyramide, quand ils sont cuits. — On graisse les moules au beurre épuré, pour les glacer à la fécule mêlée avec du sucre.

Cassez 12 œufs dans une bassine, mêlez-leur 750 grammes de sucre en poudre vanillé, un grain de sel ; fouettez vivement l'appareil sur feu très doux pour le rendre mousseux, bien lié.

Prenez 600 grammes d'amandes finement pilées, passées au tamis ; déposez-les dans une ter-rine, mêlez-les avec 450 grammes de beurre ; travaillez l'appareil jusqu'à ce qu'il soit mousseux. Mêlez-lui alors peu à peu l'appareil aux œufs, en même temps que 450 grammes de farine de riz, un peu de zeste, un grain de sel. Avec cet appareil, emplissez les moules ; rangez-les sur plaque, cuisez les gâteaux à four doux. Quand ils sont démoulés et refroidis, abricotez-les, masquez la marmelade avec une glace à la vanille ; quand la glace est sèche, montez les gâteaux, les uns sur les autres, en les dressant sur un plat ; posez celui-ci sur socle.

Dessin 285. — BISCUIT A LA VANILLE, SUR MOYEN SOCLE

Proportions : 1 kilogramme sucre, 250 grammes farine, 250 grammes fécule, 20 jaunes, 20 blancs fouettés, grain de sel, zeste ou vanille.

Avant tout, faites sécher le sucre, la farine et même le moule ; ce moule doit être de grosse forme, cannelé, muni, à l'intérieur, d'une douille mobile posée en forme de cylindre. Il faut en outre disposer d'un four cuisant depuis longtemps, c'est-à-dire bien sec, chauffé à fond, tombé à température modérée.

Beurrez le moule avec de la graisse de rognon de veau, fondue, mêlée avec du beurre clarifié ; faites égoutter la graisse, en penchant le moule ; glacez celui-ci deux ou trois fois avec fécule et glace de sucre, de façon que toutes ses surfaces intérieures en soient masquées d'une couche lisse. — Tami-sez la farine et la fécule ; divisez-les en deux parties. Faites fouetter les blancs.

Mettez le sucre dans une terrine ; ajoutez peu à peu les jaunes d'œuf, en travaillant fortement l'appareil à l'aide de 2 cuillers en bois, de façon à le rendre bien mousseux, ce qui exige 40 minutes. Quand il est à point, divisez-le en deux parties, incorporez à chacune d'elles la moitié des blanc fouettés, bien fermes, mais en incorporant en même temps la moitié de la farine et fécule dans chaque partie d'appareil, observant qu'elles tombent peu à peu du tamis sur l'appareil ; si le mélange de ces éléments a lieu dans des conditions voulues, le résultat n'est pas douteux.

Quand la farine et les blancs sont incorporés, mêlez les deux appareils ensemble ; travaillez-les encore 2 minutes ; emplissez alors le moule à trois quarts de hauteur, en ayant soin d'élever l'appareil jusqu'aux bords du moule, en l'appliquant contre les parois, à l'aide d'une large cuiller ; sans ce soin, le biscuit se trouverait être d'une nuance beaucoup plus claire dans le haut que sur la partie inférieure. On peut aussi prévenir cet inconvénient, en emplissant tout à fait le moule avec l'appareil et entourant les bords supérieurs du moule avec une large bande de papier beurré ; en ce cas, quand le biscuit est cuit et refroidi, on le coupe à niveau des bords : le biscuit se trouve par ce fait d'une même nuance.

Posez ce moule sur un plafond, en l'appuyant sur une couche de cendres ; poussez-le au four ; fermez aussitôt celui-ci, cuisez le biscuit à peu près 3 heures ; soudez-le avant de le retirer ; dégagez-le ensuite tout doucement du moule, pour le renverser sur un clayon. — Un biscuit bien réussi doit, quand il est démoulé, avoir les surfaces lisses, brillantes, sans globules, sans gerçures, sans écorchures ; sa teinte doit être de belle couleur, jaune foncé, mais surtout de teinte égale.

Dessin 286. — GATEAU BABA, SUR MOYEN SOCLE

Délayez 45 grammes de levure avec 3 décilitres de lait tiède ; passez le liquide au tamis. Avec cette levure et 250 grammes de farine tamisée, préparez un levain léger ; déposez-le dans une terrine, tenez-le à l'étuve douce jusqu'à ce qu'il soit augmenté du double de son volume.

Déposez dans une terrine tiède 750 grammes de farine tamisée et séchée à l'étuve ; faites la fontaine ; au centre de celle-ci, placez 50 grammes de sucre, 2 pincées de sel, 400 grammes de beurre manié, 16 à 18 œufs ; mélangez d'abord ces éléments avec la main, en incorporant tout doucement la farine ; travaillez vivement la pâte pour la lisser ; 7 à 8 minutes après, incorporez-lui encore 4 œufs et 300 grammes de beurre, sans cesser de la travailler : les œufs un à un, le beurre par petites parties à la fois. — La pâte à baba cuite dans de grands moules ne doit pas être trop beurrée.

Quand la pâte est lisse et brillante, ajoutez quelques cuillerées de bonne crème, puis 200 grammes de raisins secs, lavés à l'eau tiède, macérés une heure dans un demi-verre de madère, mais bien égouttés ; ajoutez 200 grammes d'écorces confites, lavées, coupées en petits dés ; couvrez la terrine avec un linge, faites lever la pâte à température douce, jusqu'à ce qu'elle devienne légère, en augmentant de volume. A ce point, rompez-la, prenez-la ensuite avec la main, par petites parties, et, avec elles, emplissez aux deux tiers de sa hauteur un grand moule à côtes, pour grosse pièce, beurré au pinceau ; posez-le sur un plafond, appuyé sur une couche de cendres froides ; tenez-le à température douce, jusqu'à ce que la pâte arrive à peu près aux bords du moule ; poussez alors celui-ci avec ménagement, à four modéré, mais bien atteint.

Un quart d'heure après, couvrez le dessus du moule avec du papier ; cuisez-le une heure et demie ; mais, avant de le retirer, soudez-le à l'intérieur pour juger de sa cuisson. — Quand il est à point, démoulez-le sur clayon.

D'autre part, préparez un sirop d'infusion avec 200 grammes de sucre, 3 décilitres de madère, le zeste d'une orange et d'un citron, ainsi qu'un bâton de vanille. — Dix minutes après que le gâteau est sorti du four, chauffez bien l'infusion ; puis, posez une grille d'office sur un plafond à rebords ; sur cette grille posez le gâteau, après l'avoir paré droit ; faites quelques incisions sur ces surfaces avec la lame d'un petit couteau ; arrosez-le, peu à peu, avec l'infusion, de façon qu'il en absorbe le plus possible ; reprenez ensuite le liquide tombé dans le plafond ; il faut éviter d'imbiber trop les grosses pièces ; dressez-le ensuite sur plat ; posez celui-ci sur socle.

SOMMAIRE DE LA PLANCHE 54

Dessin 287. — CHARLOTTE MODERNE, SUR MOYEN SOCLE

Cuisez à four doux un appareil de génoise, en couches minces, sur deux plaques. En sortant le biscuit du four, coupez sur l'une des abaisses 6 montants en forme de carré long, ayant 8 à 10 centimètres de large sur 15 à 17 de hauteur, selon les dimensions que doit avoir la charlotte ; coupez sur l'autre plaque une abaisse hexagone ayant 1 centimètre de plus en diamètre que la charlotte montée ; coupez-en une autre plus étroite qui servira pour le fond.

Posez les six montants sur une plaque, le côté lisse en dessous ; parez-les en biais sur les côtés, pour en faciliter la jonction et l'assemblage ; étalez une légère couche de marmelade d'abricots sur la surface lisse, masquez cette marmelade avec une glace blanche ; glacez aussi une des abaisses ; faites-les sécher.

Ornez alors la surface de chaque montant avec un décor poussé au cornet, en glace rose, dans les conditions que représente le dessin. Quand le décor est sec, montez la charlotte contre l'abaisse la plus étroite, masquant l'épaisseur des montants (sur le côté) avec de la glace-royale un peu ferme, afin de les coller, de façon à former l'hexagone ; maintenez-les avec un tour de ficelle jusqu'à ce que la glace soit sèche ; collez alors aux angles de l'hexagone, à l'endroit même de la jonction des montants, 6 bordures en glace-royale, exécutées sur verre ou sur plaque beurrée, mais sans le secours de fil de fer. — Quand la glace est sèche, posez la charlotte sur un tambour léger de forme hexagone.

Posez l'abaisse glacée sur un moule à timbale, afin de pousser tout autour, à l'aide du cornet, une bordure en glace-royale, bien correcte ; masquez l'épaisseur de l'abaisse avec des perles aussi en glace-royale.

Quand la glace est sèche, posez l'abaisse sur le haut de la charlotte ; fixez sur son centre une jolie aigrette composée de quelques palmes groupées autour d'une tringle en sucre tors, formée en corde, surmontée d'un joli pompon en sucre filé fin ; dressez-la directement sur socle. Cette charlotte n'étant pas destinée à être mangée, peut être exécutée en pâte d'office aux amandes (page 354) ; l'opération devient alors plus facile et le sujet plus correct.

Pl. 54.

DESSIN 287.

DESSIN 288.

DESSIN 289.

DESSIN 290.

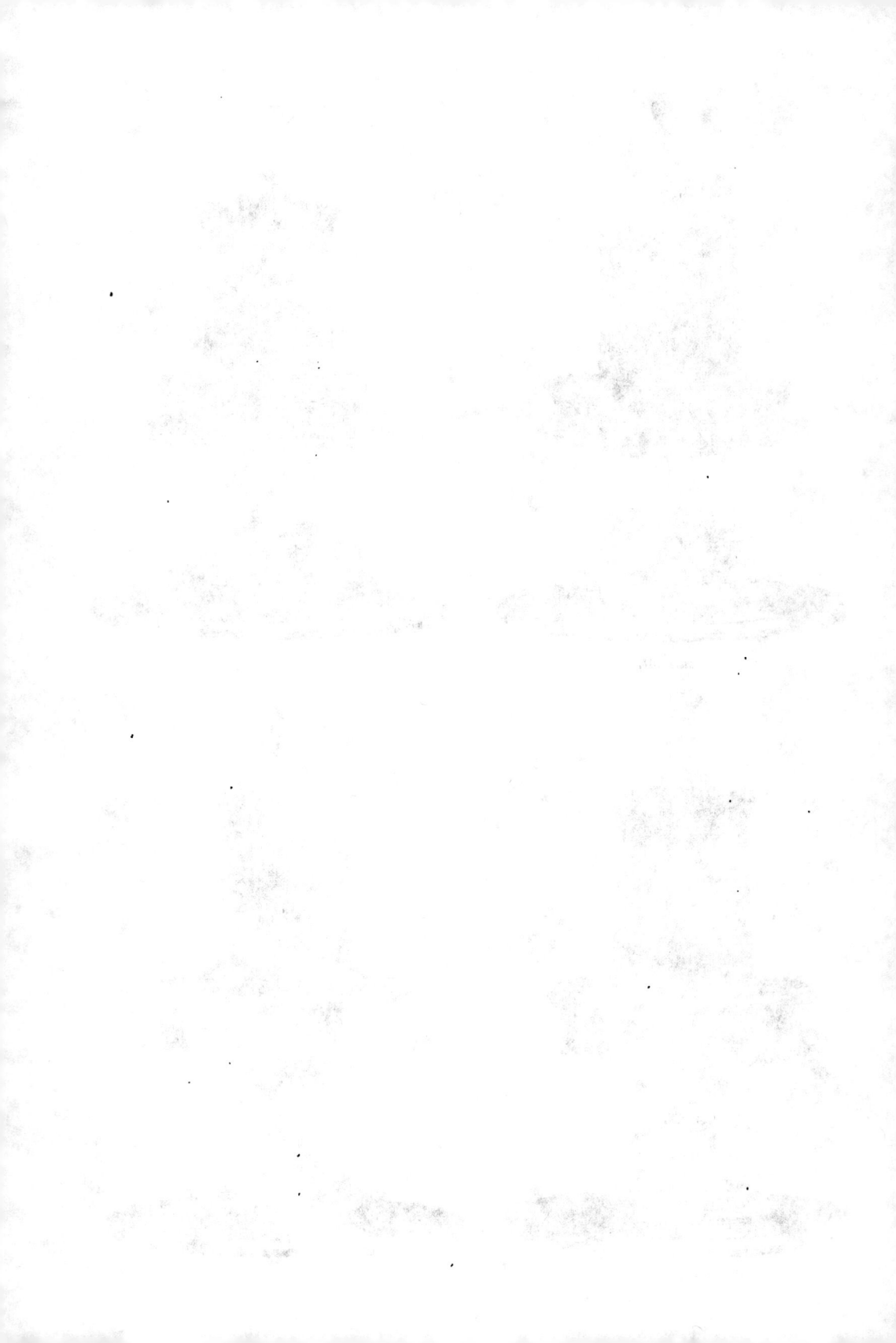

Dessin 288. — GATEAU NAPOLITAIN HISTORIÉ, SUR MOYEN SOCLE

On appelle aussi ce gâteau *Millefeuille à la napolitaine*. Cette dénomination est certainement plus logique, mais elle est moins usitée.

Commencez par cuire 2 abaisses en pâte d'office ayant 6 millimètres d'épaisseur, sur 18 à 20 centimètres de diamètre : l'une de ces abaisses servira pour le fond du gâteau, l'autre pour le couvercle ; aussitôt qu'elles sont cuites, tenez-les sous presse pour les faire refroidir droites ; coupez-les ensuite de forme bien ronde.

D'autre part, préparez 1 kilogramme et demi de pâte à napolitain (page 195) ; divisez-la en parties de la grosseur d'une pomme, moulez-les sur la table farinée ; abaissez-les tour à tour de 3 à 4 millimètres d'épaisseur ; rangez-les à mesure sur des plaques, les unes à côté des autres, coupez-les avec un patron à vol-au-vent, ayant 17 centimètres de diamètre. Enlevez du milieu de chaque abaisse un rond de 4 ou 5 centimètres de diamètre, de façon à en former un anneau plat ; poussez les abaisses à four gai, en veillant à la cuisson de la pâte.

Aussitôt que celle-ci est de belle couleur, sortez les abaisses du four pour les couper de nouveau, à l'aide d'un petit couteau et du patron en fer-blanc déjà employé ; enlevez attentivement ces abaisses avec un couvercle plat, rangez-les, de 6 en 6, les unes sur les autres, pour les faire refroidir bien droites avec un poids léger dessus.

Quand elles sont refroidies, prenez-les une à une, masquez avec une couche de la marmelade d'abricots, sur une surface seulement.

Montez alors le gâteau, en posant exactement les abaisses l'une sur l'autre. Régularisez les parois avec le couteau ; masquez-les avec une couche de marmelade d'abricots un peu serrée, mais de belle couleur, lisse, transparente ; collez le gâteau sur l'une des abaisses pleines, réservées, masquée avec de la marmelade ; posez-le ensuite sur un moule à timbale renversé, et, à l'aide d'un cornet de glace-royale, décorez-en les parois : on peut aussi décorer simplement le gâteau avec des détails en pâte d'amandes, coupés à l'emporte-pièce. Posez-le alors sur un petit tambour masqué en pastillage, collé sur socle.

Prenez l'abaisse destinée à former le couvercle du gâteau, posez-la sur un moule à timbale, ornez-la, sur le haut, avec une bordure montante, en pastillage ou en pâte d'amandes, levée à la planche ; poussez ensuite, au cornet, avec de la glace-royale, sur l'épaisseur de l'abaisse, une petite bordure pendante.

Quand cette bordure est consolidée, posez l'abaisse sur le gâteau, puis, posez celui-ci sur le tambour ; fixez sur le centre de l'abaisse supérieure un joli pompon en sucre filé fin, incrusté sur un dôme en sucre filé formé sur une charpente en carton, collée sur le centre de l'abaisse.

Dans ces conditions, ce gâteau est destiné à figurer sur la table d'un grand dîner ou d'un buffet de bal.

Les gâteaux napolitains qui ne sont pas destinés à être mangés peuvent être exécutés en pâte d'office aux amandes ; on les obtient ainsi plus réguliers et ils sont de longue durée.

DESSIN 289. — GRANDE CHARLOTTE A LA PARISIENNE,
SUR MOYEN SOCLE

Cuisez une grande abaisse de *biscuit-punch*, de l'épaisseur de 3 centimètres; quand il est froid, divisez-le en bandes de 7 centimètres de largeur; fendez celles-ci sur l'épaisseur, de façon qu'elles n'aient plus que 1 centimètre et demi; masquez alors très légèrement ces bandes du côté coupé, avec une couche de marmelade d'abricots; glacez-en les deux tiers avec une glace aux fraise, l'autre tiers avec de la glace à l'orange pâle.

Aussitôt ces bandes glacés, coupez-les transversalement en petits montants légèrement inclinés, ayant 2 centimètres et demi de large sur 7 de long ; laissez-les sécher. Montez-les ensuite sur trois rangs dans un grand moulé à croquembouche uni, en les penchant selon l'inclinaison de leur coupe, afin qu'ils appuient d'aplomb au fond du moule ; montez le premier rang avec des montants roses, le glaçage en dehors ; le rang du milieu avec des montants jaunes, celui du haut également avec des montants roses, mais en observant que les montants du centre se trouvent penchés dans un sens opposé à ceux du bas. Tous ces montants doivent être collés ensemble, par le côté, avec de la glace-royale un peu ferme, poussée au cornet. Faites sécher cette glace avant de démouler la charlotte.

D'autre part, cuisez une petite abaisse en pâte d'office ayant un demi-centimètre d'épaisseur, un peu plus large que le diamètre supérieur de la charlotte; glacez-la sur une surface et autour, séchez-la à l'étuve ; bordez-la avec des ornements en pastillage, levés à la planche ; collez-les d'aplomb, en les inclinant tant soit peu en dehors. Au centre de cette abaisse, fixez une aigrette composée d'une boule en sucre filé fin, supportée sur des *palmes* en sucre, groupées sur une pastille en sucre ou en pastillage. Dressez alors la charlotte sur un petit tambour collé sur plat ; posez l'abaisse bordée sur le haut de la charlotte.

DESSIN 290. — GRAND CROQUEMBOUCHE D'AMANDES,
SUR MOYEN SOCLE

Proportions : 100 grammes amandes, 1 kilogramme sucre, 2 cuillerées de sirop de froment.

Choisissez de grosses amandes, aussi égales que possible ; mondez-les, divisez-les par le milieu sur leur longueur, faites-les dégorger 5 à 6 heures à l'eau froide ; égouttez-les, épongez-les bien dans un linge, faites-les sécher à l'étuve très douce pendant toute une journée, en les remuant souvent.

Coupez le sucre en petits morceaux, divisez-le en 2 parties, déposez-le dans 2 poêlons différents, mouillez avec la moitié de son poids d'eau ; quand il est dissous, ajoutez au liquide une cuillerée de sirop de froment à chaque poêlon. Posez un des poêlons sur le feu pour cuire le sucre au *grand cassé ;* aussitôt qu'il est à point, retirez le poêlon du feu, trempez le fond de celui-ci à l'eau froide, essuyez-le, placez-le sur un plafond couvert d'une couche de cendres chaudes, en ayant soin de pencher légèrement le poêlon, afin que le sucre se ramasse d'un côté. — Mettez à cuire l'autre poêlon de sucre.

Faites piquer par quelqu'un les demi-amandes, à la pointe de lardoires ou de petites brochettes; trempez tour à tour ces amandes dans le sucre, puis enlevez les brochettes qui ont été trempées les premières et dont le sucre est égoutté en partie, appliquez-en aussitôt les amandes avec symétrie, au fond et contre les parois d'un grand moule uni, à croquembouche, préalablement huilé, en les posant dans l'ordre que représente le dessin. — Il faut être au moins deux personnes pour mener cette opération rondement. — De temps à autre, trempez le moule à l'eau froide, car il s'échauffe facilement.

Quand le croquembouche est monté, le sucre suffisamment raffermi, démoulez-le avec soin, pour le dresser sur un fond en pastillage décoré, collé sur plat; ornez-le sur le haut avec une bordure en pâte d'amandes; sur la partie centrale posez une jolie aigrette composée avec des palmettes en sucre, groupées autour d'une petite tringle également en sucre. Posez le plat sur le socle.

SOMMAIRE DE LA PLANCHE 55

Dessin 291. — SULTANE EN SUCRE, SUR MOYEN SOCLE

Cette sultane est montée sur un moyen moule à croquembouche, ayant la hauteur de 25 centimètres sur 16 centimètres de largeur. Elle peut être coulée à la cuiller, sur le moule, ou coulée sur matrice d'après le procédé décrit pour la grande sultane reproduite à la planche 51 ; les deux méthodes sont également praticables. La sultane est fixée sur une abaisse de son diamètre, en bois mince, masqué de pastillage ; elle est fermée, sur le haut, par une mince abaisse en pâte d'office, simplement masquée de papier blanc, ornée d'une double bordure en glace-royale, poussée au cornet ; elle porte, sur son centre, une petite aigrette en sucre, supportant une petite coupe garnie de fleurs et feuilles imitées en sucre. C'est dans ces conditions que la sultane est fixée sur le petit tambour disposé sur le haut du socle ; le tambour est ensuite garni d'une chaîne de boules en pâte d'amandes, glacées au *cassé*, blanc ou rose.

Ce socle est aussi de hauteur moyenne, puisqu'il doit être fixé sur le centre d'un plat. La hauteur de ces socles ne doit pas dépasser 36 centimètres. Ils doivent porter sur une base pleine, en bois, ayant à peu près le diamètre de la cuvette du plat dans lequel ils seront servis. Néanmoins, pour prévenir tout accident, il convient toujours de coller la base des socles sur le fond du plat avec du sirop de froment.

Ce socle est monté sur une tringle en bois ou en fer, fixée sur le centre de la base. Les différentes divisions composant le corps du socle sont exécutées en carton-pâte, moulées bien minces, et masquées en pastillage blanc. La base du socle est aussi masquée avec du pastillage.

La frise du socle se compose d'une guirlande de fleurs en pastillage, groupée sur une bande en fer-blanc, clouée contre l'épaisseur de l'abaisse supérieure, fixée sur le haut de la tringle, ou maintenue à l'aide d'un écrou.

Dessin 292. — CROQUEMBOUCHE EN TORSADE

Cette pièce est dressée sur un socle dont la base est en sucre taillé, collée sur une abaisse en bois, masquée en pastillage ; la coupe du socle est moulée en carton-pâte, mince, masquée en pastillage ; les enfants qui la supportent sont en sucre coulé ; mais la base et la coupe sont reliées par

Pl 55

DESSIN 291.

DESSIN 292.

DESSIN 293.

DESSIN 294

une tringle en fer ; la frise est ornée d'une guirlande de fleurs, encadrée à sa base par une bordure pendante : le socle est collé sur plat.

Avec 5 à 600 grammes de farine, préparez une pâte à gaufre aux amandes et au rhum, en opérant comme pour la pâte à feuilles de chêne (page 8). — Prenez un moule à croquembouche, sans fond ; coupez une large bande en demi-carton blanc, juste de la hauteur du moule, assez large pour en faire le tour.

Étalez la pâte en couche mince sur une grande plaque cirée ; cuisez-la à four doux ; en la sortant, coupez-la promptement sur le patron en carton ; glissez aussitôt celui-ci sous l'abaisse cuite, couchez le moule sur elle, relevez-la des deux côtés pour l'appliquer contre les parois du moule ; soudez au sucre les deux parties, serrez-les avec le carton, en ficelant celui-ci ; laissez refroidir la pâte et le sucre : le moule doit être huilé sur le côté où aura lieu la jonction de la bande, afin que le sucre ne s'attache pas au moule. Cette opération doit se faire promptement, car en refroidissant la pâte ne se ploierait plus. — Quand la pâte est tout à fait froide, enlevez le carton sans retirer le moule.

Avec 750 grammes d'amandes, préparez une pâte à massepain ; retirez-en une petite partie nuancez le restant de couleur rose tendre ; abaissez celle-ci, au rouleau, de l'épaisseur d'un tiers de centimètre ; laissez-la reposer. — Avec un coupe-pâte de 3 centimètres et demi de diamètre, coupez une centaine d'abaisses rondes ; évidez-les aussitôt en anneaux, avec un coupe-pâte de 1 centimètre de diamètre ; rangez-les sur des plaques bien planes, couvertes de papier.

Mêlez à la pâte réservée quelques cuillerées de pistaches pilées avec sucre et eau de fleurs d'oranger, passées au tamis ; si la nuance était faible, ajoutez une pointe de vert-d'épinards. Divisez-la en petites parties, et roulez celles-ci en boules, juste du diamètre du creux des anneaux ; laissez-les sécher.

Sur le restant de la pâte blanche, coupez des bandelettes de même épaisseur que les anneaux, de la largeur d'un tiers de centimètre, un peu plus longues que la hauteur de la charpente.

Sur cette charpente, tracez au crayon des raies régulières, en diagonales, à 4 centimètres l'une de l'autre. Sur deux de ces lignes, poussez au cornet un mince cordon de glace-royale à la fécule, et, sur chaque cordon, appliquez, aussi régulièrement que possible, une bandelette.

Entre les deux bandelettes appliquez une rangée d'anneaux, après les avoir enduits, en dessous avec la glace, pour les coller : le point essentiel, c'est que les diagonales soient bien correctes.

Continuez à plaquer la charpente en opérant comme je viens de le dire ; retirez le moule, collez le croquembouche sur une mince abaisse en pâte d'office ; laissez sécher la pâte une heure ou deux.

Prenez alors une à une les petites boules vertes, piquez-les à des brochettes pointues, trempez-les dans du sucre au *cassé ;* appliquez-en une dans le creux de chaque anneau. Collez le croquembouche sur le petit tambour du socle ; fermez-en l'ouverture avec une mince abaisse en pâte d'office, ornée sur le tour avec une petite guirlande de fleurs, portant sur son centre une aigrette en sucre rouge, coulé sur marbre. Entourez la base du tambour avec de petites boules blanches, en pâte à massepain, glacées au *cassé.*

Dessin 293. — CROQUEMBOUCHE D'ABRICOTS, SUR MOYEN SOCLE

Huilez intérieurement un moule à croquembouche, sans fond, ayant la hauteur de 25 centimètres sur 16 de large. — Choisissez des pastilles en pâte d'abricots d'Auvergne, de belle couleur, larges, un peu épaisses; si elles étaient minces, doublez-les en les collant; coupez-les avec un coupe-pâte légèrement ovale, de 4 centimètres et demi de diamètre; essuyez-les avec un linge, afin d'enlever le sucre qui leur adhère : au besoin, on peut les passer vivement à l'eau tiède, les éponger ensuite sur un linge.

Piquez-les, une à une, avec une brochette en bois ou une fourchette; trempez-les, tour à tour, dans du sucre au *cassé*, mais sur une surface seulement; renversez-les, pour faire bien égoutter le sucre, appliquez-les à mesure contre les parois intérieures du moule, à partir du bas, en les montant par rangées, un peu à cheval, et chaque rangée en sens inverse, dans l'ordre représenté par le dessin.

Quand le sucre est bien froid, chauffez légèrement les pourtours du moule pour l'enlever; collez aussitôt le croquembouche avec du sucre, sur une mince abaisse en pâte d'office; collez celle-ci sur le centre d'un petit tambour disposé sur le haut du socle. Entourez le croquembouche, à sa base, avec une chaîne de petites boules en sucre filé, ou bien en pâte d'amandes, glacées avec du sucre au *cassé*, légèrement rougi.

Couvrez alors le croquembouche avec une abaisse en pastillage, portant sur son centre une jolie aigrette en sucre, surmontée d'un pompon. Entourez cette aigrette, en guise de bordure, avec de petites *esses* en sucre, coulées sur plaque, en les disposant symétriquement à distance égale.

Le socle sur lequel le croquembouche est posé est de hauteur moyenne, comme le précédent; il est aussi monté sur une abaisse pleine, en bois, formant gradin, à l'aide de deux petits tambours vides; la base, pleine, porte sur son centre une tringle en bois ou en fer, à laquelle sont enfilés les deux tambours et la coupe disposée en soutien au-dessous de l'abaisse supérieure; celle-ci est fixée sur le haut de la tringle; elle est entourée d'une bande inclinée, en fer-blanc, sur laquelle vient s'appuyer la frise du socle; cette frise est simplement en pastillage, levée à la planche, mais appliquée contre la bande en fer-blanc, préalablement masquée d'une mince couche de repère léger.

Le corps du socle se compose simplement de trois grosse *esses*, en bois ou en fer-blanc, masquées avec du pastillage blanc, joliment ornementées. Les deux tambours et la base sont également masqués et ornementés avec du pastillage. — La hauteur de ce socle est de 36 centimètres.

Dessin 294. — CROQUEMBOUCHE EN GÉNOISE, SUR MOYEN SOCLE

Ce croquembouche est monté dans un moule uni, de moyenne grandeur; la génoise est de deux nuances : rouge et blanche. Elle est distribuée en losanges, exactement d'égale dimension, légèrement coupés en biais, sur les côtés, afin de pouvoir les assembler autour du moule avec plus de précision : les losanges blancs sont évidés, et le vide rempli avec un petit losange vert.

Le croquembouche peut être monté d'après plusieurs méthodes, soit en trempant tour à tour les losanges dans du sucre au *cassé*, et les appliquant à mesure contre les parois, soit en les rangeant sur une grille, pour laisser refroidir le sucre, et les monter ensuite contre les parois, après les avoir légèrement trempés dans le sucre, d'un côté seulement, pour les coller. Mais, pour que le croquembouche soit plus régulier, on peut simplement glacer légèrement les losanges, sur une surface, avec de la glace légère qu'on laisse sécher, pour les monter ensuite contre les parois du moule, légèrement huilées, en les collant avec de la glace-royale poussée au cornet, sur le côté des gâteaux.

Quelle que soit la méthode employée pour monter le croquembouche, il s'agit de le monter aussi régulièrement que possible : il doit être fermé sur le fond, avec un rond en génoise, coupé juste. Quand le croquembouche est démoulé, dressez-le sur un petit tambour collé sur le centre du socle; fermez-le sur le haut avec une abaisse en pâte d'office, bordée en pastillage, portant sur son centre une jolie aigrette. — Le croquembouche est entouré, à sa base, avec une chaîne de petits gâteaux en génoise, glacés, garnis chacun d'une cerise mi-sucre, glacée au *cassé*.

Le socle sur lequel le croquembouche est dressé est construit dans les mêmes conditions que le précédent, c'est-à-dire monté sur une charpente vide, masquée en pastillage et ornementée. Ce socle est aussi représenté dressé sur plat.

SOMMAIRE DE LA PLANCHE 56

DESSIN 295. — CROQUEMBOUCHE A L'ITALIENNE

Avec 6 à 700 grammes de farine, préparez une pâte à gaufre aux amandes et à l'eau de fleurs d'oranger, en opérant comme pour la pâte à feuilles de chêne (page 6). Cuisez-la en plusieurs fois, en couches minces, sur plaques cirées.

En sortant les abaisses du four, coupez promptement sur leur surface, à l'aide d'un emporte-pièce de forme ovale, 100 à 110 gâteaux de 5 centimètres de long; rangez-les à mesure sur plaque couverte de papier, l'un à côté de l'autre. Avec un coupe-pâte circulaire de 1 centimètre et demi, coupez 150 à 160 petites abaisses rondes; faites-les refroidir à plat.

Accouplez les gâteaux de deux en deux : les ovales avec les ovales, les ronds avec les ronds, en les collant à l'aide d'une couche de marmelade serrée. Sur les gâteaux ovales, collez une abaisse mince en pâte d'amandes ou d'avelines, nuancée en rose, coupée avec un coupe-pâte ovale, un peu plus étroit que le premier. Sur les petits gâteaux ronds, collez une petite abaisse, de même forme, un peu moins large, également en pâte nuancée.

Prenez d'abord les gâteaux ronds, trempez-les dans du sucre au *cassé*, seulement du côté glacé; laissez égoutter le sucre; appliquez-les aussitôt en rangée, contre les parois intérieures d'un moule à croquembouche huilé. Sur ces ronds, disposez les ovales, debout, après les avoir trempés dans du sucre; continuez ainsi, en alternant les ronds et les ovales, jusqu'au haut du moule.

Quand le sucre est bien refroidi, enlevez le moule; collez le croquembouche sur le petit tambour du socle; fermez-en l'ouverture avec une abaisse mince, en pâte d'office, ou en pastillage, portant sur son centre une petite corbeille en sucre, en glace ou en pastillage, garnie de petites fleurs.

Ce croquembouche peut être exécuté dans le même ordre avec des bouchées en *biscuit à la cuiller*, poussées en ronds et en ovales, sur des bandes de papier, exactement dans les proportions voulues; mais, comme la cuisson les déforme, il faut les passer tous au coupe-pâte, pour les obtenir régulières. Si les biscuits sont de belle nuance, il n'est pas nécessaire de les doubler ni de les masquer à la glace-royale; il suffit simplement de les tremper dans le sucre au *cassé*, pour les appliquer contre les parois intérieures du moule, dans l'ordre prescrit.

DESSIN 295.

DESSIN 296.

DESSIN 297.

DESSIN 298.

Comme diversion à la première méthode, on peut décorer les ovales, en pâte à gaufre, avant de les glacer au *cassé*, chacun avec un ovale plus mince et plus étroit, en pâte d'abricots ou en pâte à massepain aux pistaches, nuancée en vert tendre : dans les deux cas, l'effet est très joli.

Ce croquembouche est dressé sur un socle dont la base, légèrement conique, est exécutée en, sucre taillé; la coupe et son pied sont d'abord moulés en carton-pâte mince, puis masqués et décorés en pastillage; la frise est ornée d'une double bordure : les socles dressés sur plat doivent être collés sur celui-ci.

Dessin 296. — GATEAU MILLEFEUILLE, SUR MOYEN SOCLE

Le socle sur lequel le millefeuille est dressé, est monté sur une charpente formée de plusieurs divisions, en carton-pâte mince, masquées en pastillage blanc; sa base est en bois plein, collée sur plat. Le corps du socle est traversé par une tringle droite, adhérant au centre de la base pleine. La frise du haut est inclinée; elle est formée par quatre écussons ovales, encadrés par des moulures en pastillage, et ornés de petites fleurs en sucre ou en pastillage.

Cuisez dix-huit abaisses en feuilletage, de 18 à 20 centimètres de diamètre; faites-les refroidir sous presse légère (voy. page 265); masquez la surface de neuf abaisses avec de la marmelade, et neuf avec de la frangipane aux amandes, vanillée; assemblez-les de trois en trois, en alternant la marmelade et la crème; placez alors les six triples abaisses, chacune sur un rond de papier; masquez-en l'épaisseur avec une couche de meringue italienne, lissez-la vivement en arrondissant la couche; saupoudrez-en trois avec des raisins noirs de Corinthe, et les trois autres avec du sucre en grains; tenez-les à l'étuve tiède, 10 ou 15 minutes. En les sortant, détachez-les du papier. Quand elles sont froides, masquez-les en dessus avec de la marmelade; et montez le gâteau sur une abaisse en pâte d'office, masquée aussi de marmelade, en alternant les nuances dans le sens représenté par le dessin. Collez alors le gâteau sur le haut du socle; sur le centre de l'abaisse supérieure, fixez une aigrette en sucre, aussi légère que possible. Entourez la base du gâteau avec une chaîne de petites madeleines.

Comme diversion, on peut exécuter le gâteau avec de doubles abaisses en génoise ou en biscuit-punch, fourrées, à l'abricot, régulièrement arrondies sur les côtés, et masquées, une moitié avec de la glace-royale aux pistaches, vert tendre, l'autre moitié avec de la glace blanche, aux liqueurs.

Dessin 297. — CROQUEMBOUCHE EN ANNEAUX, SUR MOYEN SOCLE

Cuisez deux plaques de biscuit-punch, en lui donnant l'épaisseur de 1 centimètre et demi. — Quand le biscuit est refroidi, parez-le en dessus; distribuez les abaisses en ronds, avec un coupe-pâte de 4 centimètres de diamètre. Fendez chaque rond en deux, sur l'épaisseur; évidez-les en anneaux avec un coupe-pâte de 1 centimètre et demi; abattez les angles de chaque anneau, du côté coupé; rangez-les à mesure sur plaque, les uns à côté des autres; il en faut de 110 à 120; laissez-les sécher quelques heures à l'air. Prenez-en la moitié, un à un, trempez-les légèrement du côté coupé, dans du sucre au *cassé :* appliquez-les à mesure sur des pistaches hachées, étalées en couche mince sur du papier; rangez-les sur plaque, à distance l'un de l'autre ; glacez l'autre moitié, appuyez-les sur du sucre en petits grains. Prenez ces anneaux, un à un, avec les doigts, humectez-en l'épaisseur, d'un côté seulement, aussi avec du sucre au *cassé*, juste ce qu'il faut pour les coller. Appliquez-les à mesure, par rangées, contre les parois intérieures d'un moule à croquembouche huilé, en les posant debout, du côté glacé, et en ayant soin d'alterner les nuances : un blanc, un vert, de façon à obtenir, en superposant les rangées, des diagonales régulières. — Quand le sucre est refroidi, démoulez le croquembouche sur le tambour du socle, en le collant. — Fermez-en l'ouverture du haut avec une mince abaisse en pâte d'office, bordée, portant sur son centre une petite aigrette ornée d'un pompon en sucre. — Ce croquembouche, de même que celui à l'ananas (dessin 298), sont montés dans des moules de haute forme.

Dessin 298. — CROQUEMBOUCHE A L'ANANAS

Préparez 1 kilogramme et demi de pâte à vacherin ; nuancez-la en jaune-tendre ; abaissez-la au rouleau d'un tiers de centimètre d'épaisseur ; laissez-la reposer ; coupez sur sa surface des ronds de 3 centimètres et demi de diamètre ; divisez-les transversalement sur le milieu pour obtenir des demi-lunes. Façonnez chaque moitié, en amincissant le côté coupé ; rayez-en la surface, d'un côté seulement, avec le revers d'un petit couteau, de façon à imiter à peu près des demi-tranches d'ananas ; rangez-les à mesure sur plaques couvertes de papier, faites-les sécher à l'étuve chaude. Quand elles sont froides, trempez-les dans du sucre au *cassé*, du côté rayé seulement ; rangez-les sur plaque huilée, à distance les unes des autres. Prenez-les ensuite avec les doigts, trempez-les légèrement du côté mince, qui n'a pas été glacé ; appliquez-les aussitôt debout, par rangées, contre les parois intérieures d'un moule à croquembouche huilé, en les posant légèrement à cheval pour les coller, mais en observant que chaque rangée soit dressée en sens inverse, telles qu'elles sont reproduites par le dessin. Quand le sucre est froid, démoulez le croquembouche sur le petit tambour du socle, en le collant au sucre ; fermez-en l'ouverture du haut avec une abaisse mince, en pâte d'office, masquée en pastillage, ornée sur le tour avec un liseron perlé, portant sur son centre une petite couronne imitée en pastillage.

SOMMAIRE DES PLANCHES 57, 58

Dessins 299 A 310. — MODÈLES DE GROSSES PIÈCES POSTICHES, SUR TAMBOUR

Les six grandes sultanes reproduites à la première de ces deux planches sont exécutées dans des conditions toutes différentes de celles déjà décrites ; elles ont aussi un caractère tout particulier, mais leur rôle est absolument le même ; elles peuvent être servies aussi bien sur la table d'un buffet que sur celle d'un dîner ; en ce dernier cas, elles figurent comme *flancs* ou comme *bouts* de table.

DESSIN 299.

DESSIN 300.

DESSIN 301.

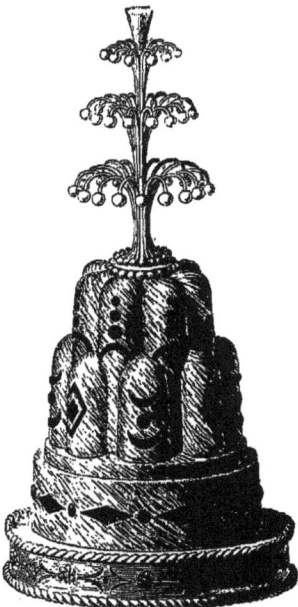

DESSIN 302.

DESSIN 303.

DESSIN 304.

Ces sultanes sont toutes représentées dressées sur tambour, mais, telles qu'elles sont là, elles ne pourraient être présentées ni sur la table d'un buffet, ni sur celle d'un dîner ; elles ne pourraient être dressées que sur socle. A défaut de socle, on pourrait les dresser sur un double tambour fixé sur une base bordée, posant sur quatre pieds, telles enfin que les sultanes en pastillage et en glace-royale, reproduites à la planche 50.

Les six modèles ici reproduits sont filés au poêlon dans des moules à pans cylindriques ou à dôme, mais du moins à parois lisses, fermés d'un côté, ayant une forte douille au fond, afin d'en faciliter le maniement pendant le filage du sucre. Les grands moules à sultane ont la hauteur de 31 centimètres sur 22 de diamètre à la base.

Pour filer une de ces sultanes, il faut d'abord huiler très légèrement le moule. — Cuisez au cassé, bien blanc, 1 kilogramme de sucre ; quand il est à point, jetez-le sur un marbre, laissez-le refroidir ; prenez-en alors une petite partie, faites-le dissoudre dans un petit poêlon à bec, pour le filage ; passez la main gauche dans le vide du moule pour saisir la douille et porter le moule en avant de la poitrine, en le tenant incliné. Avec le sucre du poêlon, filez alors un cordon de sucre tout autour de la base et du haut ; coulez aussi quelques cordons, à distance, de haut en bas, de façon à former une sorte de charpente qui servira à maintenir le sucre en forme, quand la sultane sera filée.

Pour filer le corps de la sultane, élevez le poêlon au-dessus du moule ; agitez-le tout doucement, en le penchant, de façon à former une chemise au moule, avec les fils du sucre ; dans ce travail, il faut que le sucre tombe très fin, et toujours dans le même sens, pendant que de la main gauche on tourne graduellement le moule afin que le sucre forme une couche correcte, partout égale en épaisseur. Quand le moule est recouvert, présentez le sucre devant un feu modéré pour le ramollir très légèrement ; appuyez-le aussitôt, afin de l'égaliser et lui faire mieux prendre la forme du moule. Recommencez alors l'opération en sens contraire, de façon à croiser les fils du sucre. Appuyez également le sucre, laissez-le refroidir. — Pour démouler la sultane, il suffit de chauffer avec précaution l'intérieur du moule. Quand elle est démoulée, décorez-la.

Pour le décor, filez du sucre fin, rose, jaune ou vert ; étalez-le en nappe sur la table bien propre ; appuyez-la avec la lame du couteau, de façon à serrer les fils en lui donnant la consistance et l'épaisseur nécessaires. Coupez alors la nappe avec un coupe-pâte : en losanges, en croissants, en ronds ou en liserons, et, avec ces détails, ornez les surfaces de la sultane filée. Pour courber et coller ces détails sans briser le sucre, il suffit d'y souffler dessus avec son haleine. — Le fond de ces sultanes doit toujours être en sucre blanc ; le décor seul doit être en sucre nuancé.

Les trois dernières sultanes de la planche sont exécutées d'après la même méthode que les précédentes ; seulement, celles-ci sont filées sur des moules ouvragés, les mêmes dans lesquels on cuit les gros biscuits ou gros babas. La difficulté que présentent de tels moules est facile à comprendre ; elle réside surtout dans le soin qu'il faut porter au filage pour que les moulures restent bien saillantes, et les creux bien distincts. Mais avec un peu de science, l'obstacle est facile à surmonter. De même que les précédentes sultanes, celles-ci sont décorées avec des détails en sucre nuancé ; elles sont toutes ornées d'une aigrette en sucre qui leur donne évidemment plus de légèreté et d'élégance ; mais qui n'est cependant pas obligatoire. Ces aigrettes peuvent être remplacées par de simples pompons en sucre filé, moins apparents sans doute, mais aussi d'une exécution plus facile.

Dans les cas où les sultanes doivent être ornées d'aigrettes, il convient d'en fortifier davantage les charpentes sur lesquelles elles sont filées ; pour plus de sûreté, quand les sultanes sont démoulées, il faut en outre soutenir intérieurement les aigrettes avec un support en pastillage ou en sucre,
afin d'éviter que leur propre poids ne fasse affaisser le sucre de la charpente.

J'ai essayé de filer une sultane sur un grand moule ouvragé, sans faire de charpente, mais
après avoir blanchi au pinceau les parois extérieures du moule, de façon à pouvoir servir la sultane
sans la démouler, avec le moule ; j'avoue que ce procédé avait très bien réussi ; il était impossible
de voir le moule à travers le sucre, et la couche n'étant pas trop épaisse, le creux et les reliefs
étaient très distincts. Dans ces conditions la sultane peut bien perdre de sa transparence, mais
l'effet n'est pas choquant. Je donne le procédé pour ce qu'il vaut, et chacun reste libre de ne pas
l'adopter.

Les modèles de grosses pièces reproduites à la planche 58 sont, comme les sultanes, des pièces
de pâtisserie ornementales et non mangeables ; c'est pourquoi elles sont représentées dans les conditions où elles peuvent figurer sur des socles, c'est-à-dire fixées sur un simple tambour, et surmontées
d'une grande aigrette.

Les trois premiers sujets de la planche sont montés sur charpentes fixes, en pastillage, ou
simplement sur un grand moule en fer-blanc. S'ils étaient d'une seule pièce, et s'ils n'étaient pas
à surfaces ouvragées, on pourrait simplement les foncer dans des moules, les faire sécher et
les démouler ensuite ; mais toutes ces pièces étant formées de différentes parties, et leurs
surfaces étant ouvragées, elles ne peuvent être montées que sur charpentes fixes.

La pièce portant le numéro 305 est divisée en bandes blanches de 3 à 4 centimètres de large,
coupées sur patron ; la moitié de ces bandes sont incrustées en pastillage nuancé, les autres sont
décorées en relief par deux groupes de feuilles.

Les bandes sont appliquées une à une contre la charpente, pendant que la pâte est encore
molle, et, après les avoir humectées à la gomme dissoute, la grande difficulté consiste à les coller
exactement droites.

Quand les parois sont plaquées, masquez la lisière de la charpente avec un liseron levé à la
planche ; puis, collez sur le centre, une aigrette en sucre, montée sur une large pastille. Collez alors
la pièce sur un tambour en bois mince, masqué de pastillage, décoré en relief et bordé avec le même
liseron que celui appliqué à la pièce.

La pièce portant le numéro 306 est également montée par bandes, contre les parois d'un
grand moule ou d'une charpente en pastillage ; mais ici les bandes sont inclinées en diagonales ; elles
sont en pastillage blanc et rose ; la jonction des bandes est dissimulée soit par un étroit liseron perlé,
levé à la planche, soit par des perles en glace-royale, poussées au cornet.

Cette pièce, très remarquable et distinguée, est ornée, sur le haut, d'une jolie bordure montante, levée à la planche, dont la base est encadrée par un liseron perlé. Elle porte sur son centre une
belle aigrette en sucre rose, bordée de blanc, coulée sur marbre. La pièce est représentée dressée sur
un double gradin peu élevé, masqué et décoré en pastillage.

La pièce portant le numéro 307 est établie dans les mêmes conditions que les précédentes,
c'est-à-dire montée par petites bandes en pastillage blanc, lisses et ondulées, appliquées contre les

Pl. 58.

DESSIN 305.

DESSIN 306.

DESSIN 307.

DESSIN 308.

DESSIN 309.

DESSIN 310.

parois extérieures d'une charpente en pastillage ou d'un moule en fer-blanc. Ces bandes sont disposées de quatre en quatre, et alternées par un liseron perlé levé à la planche, en pastillage nuancé; la jonction des bandes ondulées est masquée par un cordon de glace-royale nuancée. La pièce est bordée sur le haut avec un liseron en pastillage; elle est surmontée d'une jolie aigrette en sucre, légère, élancée, fixée sur une pastille en sucre ou en pastillage. — La pièce est représentée dressée sur un tambour étroit, masqué en pastillage blanc, décoré avec des détails nuancés.

La pièce portant le numéro 308 est formée par des losanges en pastillage blanc, incrustés en mosaïque avec des losanges plus étroits, en pastillage nuancé : rouge ou vert, symétriquement appliqués contre les surfaces d'une charpente en pastillage ou d'un moule en fer-blanc.

Dans sa simplicité, cette pièce exige cependant une exécution soignée, en raison de la difficulté que présente l'encadrement régulier des losanges, contre la surface extérieure de la charpente. Ces losanges doivent d'abord être coupés, à l'aide d'un emporte-pièce en fer-blanc, bien tranchant, sur une abaisse en pastillage rose, abaissé d'égale épaisseur, surtout bien reposé, afin d'en prévenir le retrait. Ces losanges sont ensuite évidés à l'aide d'un coupe-pâte plus étroit, également en losange, et aussitôt incrustés avec un losange nuancé coupé avec le même coupe-pâte; après l'incrustation, les grands losanges doivent être repassés à l'emporte-pièce, puis appliqués contre la surface de la charpente, humectée au pinceau avec de la gomme liquide.

Quand le placage est terminé, poussez au cornet un cordon de glace-royale nuancée comme l'incrustation, sur les lignes que présente la jonction des grands losanges.

Cette pièce est fermée sur le haut et sur le bas avec une abaisse en pastillage, l'extrémité supérieure est simplement bordée avec un liseron perlé, elle porte sur son centre une jolie aigrette en sucre coulé sur matrice, ornée d'un pompon.

La pièce est représentée dressée sur un tambour masqué en pastillage blanc, décoré avec des détails nuancés.

La pièce portant le numéro 309 représente une sultane en pastillage, percée à jour, d'après la méthode que j'ai décrite à la page 411; le pastillage est nuancé en rose, mais sur les quatre angles des losanges formés par le découpage, est appliqué en relief un petit rond en pastillage blanc coupé à · l'emporte-pièce.

La sultane est montée sur une abaisse en pastillage dont l'épaisseur est dissimulée par un liseron perlé. Elle est surmontée d'une autre abaisse fixe, en pastillage, dont l'épaisseur est ornée d'une belle chaîne de petites roses blanches en pastillage ou en sucre, entremêlées de feuilles vertes. Sur le centre de cette abaisse est fixée une belle aigrette en sucre rose, dont les détails sont encadrés d'un cordon blanc, coulé sur marbre: cette pièce, exécutée avec soin, est de belle apparence. La sultane est reproduite dressée sur un double gradin peu élevé, masqué en pastillage, et bordé.

La dernière de ces pièces est montée avec des carrés en sucre au caramel rose et blanc, coupés à l'aide d'un *coupe-caramel*. Ces carrés sont montés dans l'intérieur d'un moule huilé, en les collant légèrement au sucre au *cassé*. Quand la soudure est froide, on démoule la pièce sur un tambour de forme basse, on applique contre la lisière du haut et du bas, un liseron en pastillage, puis on fixe sur son contre une aigrette coulée en sucre.

SOMMAIRE DES PLANCHES 59, 60, 61, 62

DESSINS 311 A 314. — MODÈLES DE GRANDS SOCLES EN PASTILLAGE

Après les grandes pièces ornementales, ce sont les grands socles et les jolis gradins qui font le plus d'effet sur les grandes tables. Mais, pour que cet effet se produise dans tout son éclat, les socles doivent être élégants, corrects, bien proportionnés, bien finis.

Un socle n'est, en réalité, que le piédestal sur lequel est présentée une grosse pièce de pâtisserie mangeable, et tout à la fois ornementale. Ces socles sont de différents genres. Les uns sont montés sur des charpentes plaquées en pastillage ou sablées au sucre de couleur ; les autres sont exécutés entièrement en sucre taillé au couteau ou, pour mieux dire, sculptés.

La charpente des socles plaqués en pastillage est exécutée en pâte d'office, en carton glacé ou en carton-pâte, et enfin en bois tourné.

Les charpentes en pâte d'office conviennent, si l'on dispose de moules appropriés à la cuisson de la pâte ; elles sont solides et légères, deux qualités essentielles. Mais en carton-pâte, elles sont plus durables encore, elles ne sont guère plus lourdes, et elles sont plus faciles à mouler, car elles n'exigent aucune cuisson.

Les charpentes en bois sont certainement d'un long usage, d'exécution facile, puisqu'il suffit d'en donner le modèle à un tourneur.

Les socles en sucre taillé sont les plus artistiques, ceux qui dans leur simplicité ont cependant le plus d'attrait ; ils ont aussi le défaut d'être lourds, mais ils rachètent ce défaut par de grands avantages ; d'abord, parce qu'ils donnent au praticien le moyen de se familiariser avec le découpage du sucre qui se rapproche, dans une certaine mesure, de celui des croustades en pain, en riz ou en graisse ; ensuite, parce que ce travail peut être exécuté à loisir, dans les moments de calme, et longtemps d'avance, sans redouter que la matière s'altère ; enfin, par ce double motif, que ces socles se conservent pour ainsi dire indéfiniment sans s'endommager, et que la matière est toujours utilisable. Ce sont là autant de considérations sérieuses qui doivent attirer l'attention des praticiens. Mais après tout, dans une maison où l'on sert souvent des socles, il est nécessaire d'en avoir de différents genres.

L'art de construire les socles est une affaire de goût : tous les genres réussissent s'ils sont bien traités ; la première condition nécessaire à un socle, c'est d'être établi dans de justes proportions, d'être planté d'aplomb, et enfin d'offrir les garanties nécessaires de solidité. Les détails, les ornements,

Pl. 59.

DESSIN 311.

DESSIN 312.

DESSIN 313.

DESSIN 314.

peuvent être plus ou moins compliqués et variés, pourvu qu'ils soient corrects, saillants, bien dessinés; c'est tout.

Les bordures sont en quelque sorte le corollaire des socles : elles leur donnent de l'élégance, de la légèreté, les rendent plus agréables au regard. Ces bordures sont ordinairement en pastillage ; les bordures en glace-royale sont certainement élégantes, mais plus fragiles, plus exposées à se briser ; celles en pastillage sont donc préférables, sans être cependant d'une plus grande solidité ; car chaque fois qu'on sert un socle, il faut considérer les bordures comme sacrifiées ou tout au moins comme exigeant de grandes réparations, toujours difficiles, souvent plus longues à exécuter que les bordures mêmes.

En présence de cette difficulté, qui se renouvelle sans cesse et qui finit par devenir onéreuse, je me suis souvent demandé s'il ne conviendrait pas d'adopter un genre de bordure en beau carton blanc, glacé ; j'ai vu autrefois, à Rome, un homme plein de mérite, excellent pâtissier, qui avait essayé ce procédé; il avait fait exécuter des emporte-pièces en acier, avec lesquels il découpait ces bordures lui-même; cela lui avait assez bien réussi, mais je crois fermement que ce procédé pourrait être perfectionné, et donner des résultats aussi satisfaisants qu'économiques. Tous les praticiens, qui ont été à même d'observer l'inconvénient que je signale, accueilleraient favorablement ce perfectionnement, si quelqu'un le mettait en évidence. Je suis certain qu'il y a à Paris de fabricants de cartonnage qui ne demanderaient pas mieux que d'être initiés à ce genre, pour produire et fournir de jolis dessins s'adaptant à ces bordures. Je fais donc appel à la science des hommes compétents.

Jusqu'ici, on a servi les grands socles sur des plats ; je ne veux pas soutenir que cette méthode ne soit plus acceptable, mais je veux faire ressortir les inconvénients qu'elle renferme. Les socles devant porter une grosse pièce, exigent une frise développée, en raison même du diamètre de ces pièces et des garnitures qui les entourent ; or, si l'on veut poser le socle sur un plat, il faut absolument en rétrécir la base, afin qu'elle puisse trouver l'aplomb nécessaire sur le fond de ce plat, fût-il même d'un diamètre peu commun ; eh bien, cette nécessité entraîne un défaut de forme qui choque le regard : c'est que la base du socle se trouve beaucoup trop étroite par rapport aux dimensions de la frise. Par ce fait, il peut arriver que le socle ne se trouve pas avoir un aplomb suffisant. D'autre part, si l'on établit la base dans les proportions du fond du plat, on ne peut border cette base, et l'espace manque pour dresser les gâteaux autour. Si, au contraire, on dispose une autre abaisse sous la base du socle, il en résulte que cette abaisse, dépassant les limites du fond du plat, couvre à peu près celui-ci ; or, le socle, dans de telles conditions, n'ayant pas un aplomb suffisant, est exposé à vaciller, et même à entraîner la chute de la pièce qu'il porte, ou tout au moins détruire les bordures de l'abaisse; sans compter qu'un socle qu'on est obligé de faire porter sur les bords du plat, a quelque chose de mesquin, et n'est véritablement pas de bon goût ; car on peut se demander à quel titre ce plat se trouve là, puisqu'il est insuffisant et dans une position anormale, invisible ou à peu près.

Ce sont ces réflexions qui m'ont porté à modifier l'ordre primitif, car il m'a paru défectueux. Je préfère fixer le socle sur une large et solide base, s'appuyant sur des pieds qui la tiennent à distance de la table. Établi dans ces conditions, le socle devient plus maniable, il acquiert une solidité mieux assurée et, en somme, gagne en aspect et en proportions tout ce qu'il perdait auparavant : il est donc, tout à la fois, et plus correct et plus pratique. Ce sont là autant de motifs qui recommandent mes préférences. Cette innovation sera peut-être contestée, mais depuis vingt ans que je m'occupe d'ornementation, je crois avoir acquis le droit d'émettre une opinion sur une réforme que j'ai étudiée à fond, dont l'expérience m'a démontré l'opportunité, et que le temps sanctionnera sans doute.

Dans les plats, on ne peut guère dresser que des socles de moyenne grandeur, dans le genre de ceux représentés aux planches 53, 54, 55, 56 ; et encore faut-il que l'ordre d'ornementation en porte pas une base trop large.

Les quatre socles reproduits à cette planche (59) sont montés sur de larges bases en bois, bordées ou formant un talus ; elles posent sur quatre pieds, et portent sur leur centre une tringle en bois, sur le haut de laquelle vient se fixer l'abaisse en bois devant former la frise du socle.

Le corps de ces socles est exécuté sur une charpente en carton-pâte, formée de plusieurs divisions ; ces divisions sont moulées très minces, dans des moules en métal, séchées à l'étuve très douce, puis assemblées et soudées sur la tringle centrale des socles, avec du repère, pour être ensuite masquées en pastillage, et ornées de détails également en pastillage.

Quand les socles sont montés, ornementés, il ne reste plus qu'à dresser sur leur plate-forme la pièce qui leur est destinée, en la fixant sur un tambour simple ou un double tambour, selon qu'elle exige d'être plus élevée ; on entoure ensuite la base de ces socles avec des petits gâteaux. C'est dans ces conditions qu'ils figurent sur la table.

Le premier modèle de cette planche (dessin 311) se compose d'un pied de coupe, à base cannelée, posé sur un tambour étroit, légèrement conique. Le pied de coupe est une sorte de *balustre* dont le fût est ornementé avec des feuilles en pastillage, à jour, levées à la planche. Cette balustre est surmontée d'un chapiteau de forme plate, légèrement sphérique, sur laquelle vient porter une coupe cannelée, avec son pied lisse, que le chapiteau complète. La jonction de la coupe avec son pied est dissimulée par une bordure pendante, évasée.

Le deuxième modèle de cette planche (dessin 312) est monté sur une base dont les bords sont disposées en talus ; cette base et celle du socle qui vient après, remplacent avantageusement les bordures, et n'ont pas les mêmes inconvénients.

Le corps du socle est monté sur un tambour étroit, légèrement conique ; les divisions sont exécutées en carton-pâte, masqué de pastillage ; elles sont moulées dans la même coupe, seulement l'une est posée debout, l'autre est renversée ; elles sont reliées sur le centre par une sorte de boudin formé par deux coquilles plates, cannelées, soudées ensemble. Le pied et la coupe du socle sont ornés de longues feuilles à jour, en pastillage, qui les couvrent presque entièrement.

La lisière du tambour est ornée d'une bordure montante, et le haut de la coupe, sous la frise du socle, est ornée avec une bordure pendante. — La charpente de ce socle est reproduite plus bas.

Le troisième modèle de cette planche (dessin 313) est monté sur une base à gradin, dont le talus est exécuté à l'aide de détails en pastillage, levés à la planche, par petites parties à la fois, assemblées ensuite et collées contre l'épaisseur des deux abaisses formant gradin.

Le corps du socle figure un grand vase cannelé dont le pied et la coupe sont reliés par un large ruban en pastillage ; il est posé sur un tambour étroit et haut, de forme légèrement conique : le tambour est en bois, la charpente du vase est en carton-pâte, mais l'un et l'autre sont masqués de pastillage.

Le tambour, le ruban qui relie les deux parties du vase et la frise du socle, sont entourés chacun d'une guirlande de fleurs et de feuilles imitées en sucre ou en pastillage. L'abaisse supérieure est ornée sur son épaisseur, d'une bordure montante, à jour, peu élevée, mais évasée.

Le quatrième modèle (dessin 314) est fixé sur une large base, ornée avec une solide bordure en pastillage, levée à la planche. Le corps du socle se compose d'une petite coupe avec son pied, renversée sur la base, portant une autre coupe plus grande également sur son pied, mais fixée debout sur une épaisse base formant un large anneau entre les deux coupes ; sur celle qui est debout, est fixée l'abaisse supérieure du socle, ou, pour mieux dire, la frise. Toutes les divisions sont en carton-pâte masqué de pastillage. Le haut de la coupe du socle, venant aboutir sous l'abaisse supérieure, est orné d'une bordure pendante composée simplement de feuilles lisses, coupées à l'emporte-pièce, et appliquées contre un anneau en pastillage, formant saillie. L'abaisse supérieure est aussi ornée d'une bordure semblable, appliquée contre l'épaisseur et encadrée sur le haut par un liseron levé à la planche ; mais une autre bordure montante est disposée sur le haut de cette même abaisse ; elle est aussi encadrée à sa base par un liseron levé à la planche. — La charpente de ce socle est reproduite plus bas.

Dessins 315 à 326. — MODÈLES DE GRANDS SOCLES EN SUCRE TAILLÉ

PLANCHES 60, 61, 62.

Les quatre grands socles reproduits à cette planche sont exécutés en sucre naturel ; c'est un genre que les praticiens devraient cultiver, car il offre de grands avantages sous le rapport de l'élégance, autant que sous celui de la durée ; sans compter que la matière n'est jamais perdue et peut toujours être utilisée.

Les socles en sucre sont généralement exécutés en plusieurs pièces ; la base et la coupe d'abord, puis le corps du socle, se composant toujours de différentes divisions. La grande question consiste à donner à ces sujets toute l'élégance et la solidité qu'ils comportent.

Le sucre taillé ou sculpté est toujours d'un joli effet, si les ornements sont corrects, bien détachés, si les divisions se raccordent exactement.

Les modèles que renferment les planches 60, 61, sont, pour la plupart, d'un travail minutieux et pénible ; il serait donc puéril de vouloir soutenir que tout le monde est à même de les exécuter ponctuellement ; il est évident que ce n'est qu'après de nombreux essais et l'expérience acquise, qu'un homme réfléchi doit les aborder.

Mais il est bon d'observer que tous ces modèles, bien que corrects et pratiques, peuvent cependant être ou modifiés ou simplifiés, selon l'aptitude de celui qui opère.

Avant d'entreprendre l'exécution d'un socle, c'est-à-dire avant de toucher au sucre, il faut absolument en faire le croquis sur papier, arrêter sa hauteur, et donner à chacune des divisions celle qui lui convient, en les proportionnant aux dimensions arrêtées d'avance : sans mesures fixes, on n'arriverait à rien.

C'est seulement, après ces préliminaires indispensables qu'on opère ; on choisit le sucre bien blanc et d'une même nuance, au cas où l'on emploie plusieurs pains.

On scie ce sucre de largeur et de hauteur voulues, selon l'application qu'on lui destine. On dégrossit ensuite les parties coupées, soit avec la lime, soit avec le couteau pour les rapprocher autant que possible de la forme et des contours indiqués par le dessin.

Les divisions ébauchées, on les perce sur leur partie centrale, avant de les terminer tout à fait ; on les perce à l'aide d'un poinçon, en opérant peu à peu, sans précipitation, pour ne pas briser le sucre.

On les façonne ensuite avec la lime ou on les creuse avec les gouges, de façon à obtenir le modelé et le relief des détails aussi corrects que la matière le comporte.

A mesure que les divisions sont terminées, on les assemble sur la tringle adhérente à la base, afin de pouvoir juger de l'ensemble, et corriger ou rectifier les défauts apparents : avant tout il faut les mettre bien d'aplomb.

Quand l'assemblage est satisfaisant, on cale les divisions une à une, à l'aide de chevilles qu'on introduit dans les cavités, et dont on comble les vides avec du repère en pastillage. Quand elles sont consolidées, on les soude bien d'aplomb, avec de la glace-royale, et on n'y touche plus jusqu'à ce que la soudure soit complètement sèche.

A ce point, on peut bien retoucher quelques détails avec la lime ou la gouge, pour réparer certains défauts ou faire disparaître la soudure, mais il est impossible de revenir sur ce qui est fait : en tous cas, il faut opérer avec les plus grands ménagements.

En dernier lieu, on brosse bien le sucre, et on décore les parties qui exigent quelques ornements ; les liserons et les bordures en pastillage jouant un grand rôle dans l'ornementation des socles, il ne faut pas les négliger ; il faut les appliquer sur les soudures, sur l'épaisseur des moulures, sur la lisière des tambours, partout enfin où ils peuvent figurer sans inconvénient.

Les socles en sucre taillé exigent une certaine élévation, afin que les détails d'ornement produisent tout leur effet ; c'est par ce motif qu'il ne convient pas de leur donner moins de 55 à 60 centimètres de haut.

Le premier modèle de la planche (dessin 315) est monté sur une base en bois formant gradin ; le corps du socle est tout en sucre taillé, composé de différentes divisions. L'abaisse supérieure est aussi en sucre ; elle est à cannelons arrondis ; ces cannelons sont rapportés un à un et appliqués contre une abaisse en bois, de façon à l'encadrer. Cette abaisse est clouée sur la tringle en bois, à laquelle les divisions du corps du socle sont enfilées : sa surface plane est munie d'une agrafe centrale, et masquée de papier blanc.

Pour finir ce socle, il ne reste qu'à orner la double base avec une solide bordure, et en appliquer deux plus légères contre la double épaisseur du pied de coupe, fixé au-dessus du petit appui cannelé portant immédiatement sur la base. — Les pieds en bois de la base sont blanchis ou masqués en pastillage.

Le deuxième modèle (dessin 316) est monté sur une base simple, mais épaisse et étroite, n'exigeant pas d'être bordée ; il suffit d'appliquer un liseron perlé sur la lisière du haut ; elle est décorée en relief, sur son épaisseur, avec des détails en pastillage.

Pl. 60.

DESSIN 315.

DESSIN 316.

DESSIN 317.

DESSIN 318.

Le corps du socle est tout en sucre taillé, mais décoré en relief avec des détails en sucre. L'abaisse supérieure est en bois ; elle est entourée d'une bande en carton de 5 centimètres d'épaisseur, et décorée avec des demi-cannelons arrondis, en pastillage, levés à la planche ; ils sont coupés en biseau, et rajustés sur la plate-forme de l'abaisse avec d'autres cannelons plus petits, formant ainsi une sorte de bordure de 3 centimètres de large, ayant à peu près la même hauteur. La plate-forme du socle est munie d'une agrafe, et masquée de papier blanc. Les pieds de la base sont blanchis ou masqués en pastillage.

Le troisième modèle (dessin 317) se compose simplement de deux pieds de coupe en sucre, cannelés en creux, dont l'un est renversé pour former la coupe du socle ; les deux divisions sont reliées par un champignon, également cannelé en creux ; le pied de coupe porte sur un tambour en carton-pâte un peu plus large que le pied de coupe ; la base du socle est en bois, elle est d'abord entourée d'une bande de fer-blanc, clouée contre son épaisseur, de façon à former talus ; elle est ensuite masquée en chute-d'eau avec des détails en sucre taillé, par petites parties de 5 à 6 centimètres de long, se rajustant parfaitement sur les côtés et s'adaptant, en dessous, aux contours de la bande formant talus, contre laquelle elles sont collées avec du repère. Les chutes-d'eau appliquées contre le corps et la frise du socle sont exécutées dans les mêmes conditions ; elles sont appliquées soit contre les divisions du socle, soit contre l'épaisseur des abaisses. — Toutes les divisions du socle sont enfilées à une tringle en fer, fixée au centre de la base.

Au besoin, les chutes-d'eau pourraient être exécutées en pastillage, par petites portions, levées sur un moule en plâtre, amidonné.

Mais, que ces chutes-d'eau soient exécutées en sucre ou en pastillage, on peut toujours, pour leur donner un plus grand relief, en entremêler les filons avec de fins cordons de glace-royale, poussés au cornet.

Le quatrième modèle (dessin 313) est d'un très joli effet, s'il est fini avec soin. La frise et le corps du socle sont en sucre taillé, mais les deux gradins fixés sur le centre de la base, sont en carton-pâte masqué de pastillage et décoré. La base est ornée d'une solide bordure montante, en pastillage, collée sur son épaisseur, légèrement évasée et encadrée en dessous par un liseron perlé.

Le tambour inférieur est en bois mince, vide, masqué avec des demi-cannelons arrondis, levés à la planche, se raccordant sur la lisière du haut. Le pied de coupe portant sur le tambour est lisse, d'une seule pièce, mais sa base est coupée à facettes. Le champignon cannelé qui le surmonte est rapporté ; il est aussi d'une seule pièce. La frise seule est exécutée par portions de trois cannelons, qui sont ensuite assemblés et collés sur une bande en fer-blanc, clouée en inclinaison contre l'épaisseur de l'abaisse : ce fer-blanc doit être masqué en dessous avec du papier blanc, et, en dessus, avec une mince couche de repère léger.

Au-dessus de la frise, contre l'épaisseur même de l'abaisse en bois, est disposée, debout, une jolie bordure pleine, en pastillage, levée à la planche ; elle est encadrée avec un liseron en torsade. La surface plane de l'abaisse est munie d'une agrafe, et masquée de papier blanc.

Le premier des quatre modèles de socle, reproduits à la planche 61 (dessin 519), est fixé sur une base en bois, surmontée d'un petit tambour de forme demi-sphérique, plat sur le haut. Ce tambour est en carton-pâte masqué en pastillage; sa surface est ornée de grosses feuilles en pastillage, levées à la planche.

Le corps du socle est en sucre taillé, formé de deux divisions se composant d'un pied et d'une coupe de forme allongée, reliés par une sorte de bobèche à rayons inclinés. La frise du socle est aussi en sucre, mais exécutée par petites parties, pour être ensuite assemblées et soudées une à une sur une bande en fer-blanc, clouée juste au-dessous de l'abaisse supérieure.

Ce socle ne peut pas être servi tel qu'il est représenté; il doit d'abord être orné d'une bordure à jour, appliquée contre l'épaisseur du pied de coupe, et, enfin, d'une autre plus large, appliquée sur les contours de l'abaisse supérieure. Dans ces conditions, il est fixé sur sa base, ornée d'une solide bordure, et posée sur quatre pieds.

Le deuxième modèle (dessin 320) est fixé sur une large base en bois, portée sur quatre pieds.

Le corps du socle est tout en sucre; il se compose de différentes divisions enfilées sur la tringle centrale : d'une base à facettes, d'une coupe renversée, d'une corbeille basse, cannelée d'un pied de coupe, d'une autre petite bobèche renversée, et, enfin, d'une grande bobèche également renversée, à facettes creuses, formant une bordure inclinée au-dessous de la frise. La soudure des divisions doit être soigneusement dissimulée.

La coupe supérieure est fixée à la tringle centrale par un écrou; elle est en bois, lisse en dessus, et masquée de papier; elle porte en dessous un fond de coupe en carton-pâte, masqué de pastillage, qui deviendra invisible quand le tour de l'abaisse sera orné d'une belle bordure pendante et inclinée.

Pour donner du relief à ce socle, il faut l'orner de petits détails, liserons ou bordures, aptes à dissimuler la soudure des divisions. Il faut ensuite orner sa base avec une solide bordure, et entourer aussi le bas du pied de coupe avec une bordure plus petite.

Le troisième modèle de cette planche (dessin 321) est exécuté tout en sucre. Sa forme est originale, sans caractère défini, mais flatteur et d'un joli effet. Avant d'être servi, ce socle doit être fixé sur une large abaisse en bois, bordée ou entourée d'ornements disposés en talus; il faut ensuite orner l'épaisseur de l'abaisse supérieure avec une jolie bordure montante.

Le corps du socle se compose d'une base pleine, en bois, à laquelle adhère la tringle centrale; cette base est masquée de pastillage et décorée en relief. A la tringle centrale sont enfilées les divisions en sucre, formant ensemble une sorte de pied de candélabre minutieusement ouvragé, surmonté d'une large frise inclinée, d'un joli effet, composée de tablettes plates, en sucre, forme de carré long, sciées minces, d'égale épaisseur, et dont la surface est ornée de demi-perles appliquées en relief. Ces tablettes sont soudées l'une à côté de l'autre, en les alternant chacune d'un rayon en sucre ayant la forme d'un fer de lance, dont les pointes dépassent la longueur des tablettes.

Cette frise est établie sur une bande en fer-blanc, clouée en inclinaison contre l'épaisseur de l'abaisse supérieure; le vide qu'elle laisse en dessous, est fermé à l'aide d'une abaisse circulaire, également en fer-blanc. C'est contre cette abaisse qu'est appliqué le fond de coupe, moulé en carton-pâte, s'appuyant sur la petite boule ornementée avec du pastillage.

Le quatrième modèle de cette planche (dessin 322) est un peu compliqué, mais d'un joli effet. Avant d'être servi, il doit être fixé sur une base plus large, bordée.

Pl. 61.

DESSIN 319.

DESSIN 320.

DESSIN 321.

DESSIN 322.

Pl. 62.

Dessin 323.

Dessin 324.

Dessin 325.

Dessin 326.

Le corps du socle est composé d'un pied de coupe, en sucre, façonné en quatre compartiments, à base arrondie, perpendiculairement divisés par un montant en sucre, scié de forme plate, coupé en pointe sur le haut, et appliqué debout; il est surmonté d'une petite bobèche renversée, à cannelons creux, puis d'une coupe également renversée, mais à cannelons arrondis, au-dessous de laquelle vient se placer la frise du socle; celle-ci est également en sucre, mais composée de morceaux rapportés. Elle est montée sur une abaisse en bois dont les bords, coupés en évasement, sont entourés d'une bande en fer-blanc de 4 à 5 centimètres de large, clouée contre son épaisseur. Le vide que cette bande laisse en dessous, est fermé par une abaisse circulaire de fort carton blanc de 1 centimètre plus large.

La frise est exécutée à l'aide de cannelons courts, coupés en biseau, d'un côté, et soudés en évasement contre la bande en fer-blanc, en les appuyant contre la bande en carton; ils sont à mesure rajustés sur le haut par d'autres cannelons semblables, également coupés en biseau, mais moins longs, appliqués sur le haut de l'abaisse supérieure, de façon à encadrer complètement celle-ci, en formant relief tout autour. La surface de l'abaisse est fixée à la tringle centrale par un écrou, et masquée de papier blanc.

Le premier modèle de la planche 62 est d'une exécution un peu compliquée; mais sa forme est originale. — Le corps du socle se compose de quatre griffons ailés, groupés autour de la tringle centrale, et dont les ailes se prolongent jusque sous la coupe cannelée du socle, au-dessus de laquelle est disposée l'abaisse en bois destinée pour la frise. Ces griffons sont en sucre taillé; ils posent chacun sur une petite base détachée, également en sucre, formant gradin.

Les griffons sont exécutés séparément, mais les ailes sont rajustées. La coupe supérieure semble être soutenue par les ailes des griffons, mais elle pose sur un écrou ou une sorte de virole clouée contre la tringle centrale; elle est en outre maintenue d'aplomb à l'aide d'un écrou vissé sur le haut de l'abaisse supérieure.

Pour finir ce socle, il faut le fixer sur une base circulaire, bordée; puis border l'épaisseur des gradins portant les griffons, ainsi que l'abaisse supérieure avec une belle bordure pendante, légèrement inclinée. Le deuxième modèle de cette planche (dessin 324), est tout en sucre, à l'exception de la base et de l'abaisse supérieure. Le corps du socle se compose d'un pied de coupe ornementé, relié à la coupe supérieure par une double bobèche à cannelons creux. Les cannelons de la coupe sont également creusés.

Pour finir ce socle, il faut le fixer sur une large base ornementée; border l'abaisse supérieure, et orner les pieds de coupe avec quelques liserons appliquées en saillie.

Le troisième modèle (dessin 325) est de forme un peu compliquée. Le corps du socle est en sucre, mais orné avec des détails en pastillage. Il se compose d'un pied de coupe en sucre lisse, porté par un double tambour en bois, masqué de pastillage et ornementé; il porte sur le haut un autre pied de coupe cannelé.

La frise est en sucre, exécutée par morceaux détachés, rassemblés ensuite et collés contre une bande en fer-blanc, clouée en inclinaison au-dessous de l'abaisse supérieure; celle-ci porte sur un fond de coupe en carton-pâte, masqué en pastillage, puis orné avec des détails en relief. L'abaisse supérieure porte une agrafe sur sa surface plane, masquée avec du papier blanc. Cette abaisse doit être ornée, sur le haut, d'une bordure peu élevée, légèrement évasée et à jour. La bordure de la base doit être ornementée avec des détails en relief.

Le quatrième modèle (dessin 326) est monté sur une base en sucre, taillée, sur son épaisseur, en cannelons inclinés. Le corps du socle se compose d'une coupe haute, coupée en pointe et évasée, portée sur un pied de forme allongée, sculpté en acanthe renversée.

La base du socle, le pied de coupe et le bas de coupe, cannelé, sont en sucre; mais le haut de coupe est moulé en carton-pâte. Les deux parties sont reliées par un large liseron plat.

Les coupes formant le couronnement des socles en sucre, au-dessous de la frise, aussi bien que les tambours sur lesquels portent les socles, s'ils en ont, ne peuvent en aucun cas être pleins, c'est-à-dire en sucre taillé. Ces divisions auraient l'inconvénient de rendre les socles trop lourds, trop difficiles à transporter, sans rien ajouter du reste à leur solidité. Les hauts de coupe et les tambours sont donc toujours en bois ou en carton-pâte, mais vides, masqués en pastillage et décorés.

La frise du socle est en sucre, mais composée d'ornements en forme d'*oves*, plats en dessous, exécutés séparément, puis assemblés et collés sur une bande en fer-blanc, clouée en inclinaison contre l'épaisseur de l'abaisse supérieure. L'épaisseur de l'abaisse doit être ornée d'une bordure basse, à jour, légèrement inclinée. La base en bois du socle peut être formée en double gradin, et bordée.

SOMMAIRE DES PLANCHES 63, 64

DESSINS 327 A 334. — MODÈLES DE CHARPENTES DE GRANDS SOCLES

Les deux premières charpentes de cette planche sont destinées aux socles en sucre taillé; elles sont simplement montées sur une base en bois portant sur son centre une tringle en fer, munie sur le haut d'un écrou également en fer. C'est à ces tringles que sont enfilées les différentes divisions en sucre formant le corps du socle; ces divisions doivent donc forcément être percées sur le centre, de part en part, dans le sens de leur épaisseur.

Les corps des deux dernières charpentes (dessins 329, 330) peuvent être exécutés en bois tourné, soit en totalité, soit en partie; en ce cas, il suffit de donner au tourneur le croquis du corps de socle et des divisions. Les socles en bois tourné sont solides et de longue durée, mais ils ne comportent pas une grande variété. A l'époque où les cuisines étaient mal outillées, ces socles étaient très employés; mais aujourd'hui que les grands moules de pâtisserie, les coupes, les vases, les corbeilles sont si faciles à trouver, ils sont à peu près délaissés : c'est le carton-pâte qui les remplace.

Il est des cas cependant où, si l'on n'exécute pas la charpente du socle, entièrement en bois, on

Pl. 63.

Dessin 327.

Dessin 328.

Dessin 329.

Dessin 330.

Pl. 64.

DESSIN 331.

DESSIN 332.

DESSIN 333.

DESSIN 334.

peut du moins employer avec avantage, des détails dont on ne trouverait pas à prendre l'empreinte. Mais, par exemple, il serait inutile de faire tourner deux coupes en bois dans le genre de celles qui forment le haut et le bas de la charpente portant le numéro 321, attendu qu'on peut en prendre l'empreinte en carton-pâte dans une simple terrine de cuisine, et qu'on les obtiendra ainsi plus légères et moins coûteuses, sans compter que l'opération est plus expéditive.

Le carton-pâte a, non seulement détrôné le bois tourné, mais aussi la pâte d'office pour charpentes de socle. Autrefois, on travaillait des journées entières pour cuire et limer une simple charpente de socle, tandis qu'aujourd'hui, avec du carton-pâte, on peut les obtenir en quelques heures, plus solides et plus correctes. Pour les charpentes en bois tourné, les divisions n'ont nullement besoin d'être traversées par une tringle; elles sont ou d'une seule pièce ou collées ensemble.

Les quatre charpentes reproduites à la planche 64 sont exécutées en carton-pâte; elles se composent de plusieurs divisions; ces divisions sont moulées dans des formes en métal, en plâtre ou en faïence; elles doivent être moulées minces, afin d'augmenter le moins possible le poids des socles.

Le carton-pâte est d'un grand secours pour la confection des socles, surtout pour ceux se composant de petits détails, car cette pâte prend parfaitement toutes les empreintes, et, une fois bien séchée, elle est d'une durée infinie, ne craignant ni l'humidité ni la chaleur : ce sont là des qualités vraiment appréciables.

Ces charpentes sont montées sur une base en bois, simple ou formant gradin, mais portant sur son centre une tringle en bois, à laquelle les différentes divisions sont enfilées et collées à mesure avec du repère en pastillage. Sur le haut de la tringle centrale, est disposée une abaisse en bois devant former la frise du socle; elle est ou clouée ou fixée par un écrou; elle est munie, sur sa surface plane, d'une agrafe en fer pour faciliter le maniement de la charpente ou du socle; elle est masquée en dessus et en dessous avec du papier blanc. Je dois dire pourtant que le sucre de couleur n'est plus guère usité dans l'ornementation de la pâtisserie et, en effet, il ne doit être employé qu'avec réserve, car tout le monde est aujourd'hui en méfiance avec les couleurs, en ce qui concerne les sujets qui vont sur table. D'ailleurs, pour masquer les charpentes, rien n'est plus joli, plus convenable, que le pastillage blanc ou même du pastillage de nuance claire.

SOMMAIRE DÉS PLANCHES 65, 66, 67, 68

Dessins 335 à 348. — MODÈLES DE PETITS SOCLES EN SUCRE TAILLÉ, EN SUCRE TASSÉ ET EN PASTILLAGE

Les petits socles en sucre taillé sont exécutés dans les mêmes conditions que les grands socles de ce genre, reproduits aux planches 60, 61, 62.

Les deux premiers modèles de la planche 65 peuvent être exécutés d'une seule pièce ; ils n'ont que 10 centimètres de haut. Les quatre autres modèles sont exécutés en plusieurs pièces ; deux d'entre eux, portant les numéros 237, 238, sont surmontés d'une abaisse en bois, traversée par une tringle reliant les divisions du socle. Ces socles, bien plus élevés que les premiers, sont cependant sans tringle ; ils ont la hauteur de 13 à 20 centimètres. Les deux derniers socles de cette planche sont également sans tringle centrale ; les divisions sont collées.

Les socles bas de forme conviennent pour être servis dans les dîners, où les plats sont présentés aux convives ; on les colle sur plat, et on dresse les entremets dessus. Ces entremets sont froids, et, autant que possible, ils doivent être secs, plutôt qu'humides, afin de ne pas tacher ou faire fondre le sucre ; en tout cas, la surface plane des socles doit toujours être masquée de papier blanc.

Les socles à coupe, portés sur pied élevé, conviennent pour dresser les entremets qui doivent rester sur table ; ils sont aussi collés sur plat. Sur ces socles on sert bien des entremets, mais plus ordinairement des gâteaux de moyenne grosseur, des croquembouches, des millefeuilles, des nougats, des charlottes.

Les huit modèles reproduits à la planche 66 sont de forme variée ; ils sont en sucre taillé au couteau, et montés en plusieurs divisions soudées ensemble. De même que les précédents, ces socles doivent être collés sur plat, et leur surface plane masquée de papier blanc.

Les quatre modèles de socles bordés, reproduits à la planche 67, par les dessins 349, 350, 353, 354 sont fixés sur une abaisse ; ils peuvent être exécutés en pastillage, en carton-pâte ou en bois tourné ; dans les premiers cas, les divisions sont moulées, vides ; mais si les divisions de la charpente sont en carton-pâte ou en bois, il est évident qu'elles doivent être plaquées en pastillage, et décorées quand le socle est monté. Si les divisions sont moulées et vides, elles doivent être montées sur une tringle fixée sur le centre de l'abaisse inférieure. De même que pour les grands socles, l'abaisse supérieure formant la frise du socle doit être fixée sur le haut de la tringle et ne pas porter sur le corps du socle. Les bordures, qu'elles soient en pastillage ou en glace-royale, ne sont collées à l'abaisse qu'alors que le socle est monté. Les ornements de ces socles sont en pastillage levé à la planche ; ils peuvent rester blancs comme les socles, mais on peut aussi les nuancer.

Les socles de ce genre, sur lesquels on peut servir des entremets froids ou de moyennes pièces de pâtisserie, ont la hauteur de 22 à 25 centimètres ; ils peuvent également figurer sur la table des

Pl. 65.

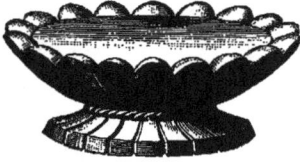

DESSIN 335

DESSIN 336.

DESSIN 337.

DESSIN 338.

DESSIN 339.

DESSIN 340.

Pl. 66.

DESSIN 341.

DESSIN 342.

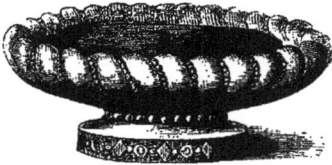

DESSIN 343.

DESSIN 344.

DESSIN 345.

DESSIN 346.

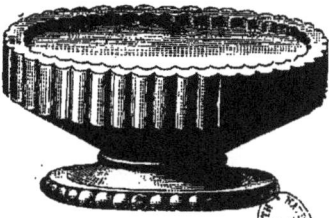

DESSIN 347.

DESSIN 348.

Pl. 67.

DESSIN 349.

DESSIN 350.

DESSIN 351.

DESSIN 352.

DESSIN 353.

DESSIN 354.

Pl. 68.

DESSIN 355.

DESSIN 356

DESSIN 357.

DESSIN 358.

DESSIN 359.

DESSIN 360.

DESSIN 361.

DESSIN 362.

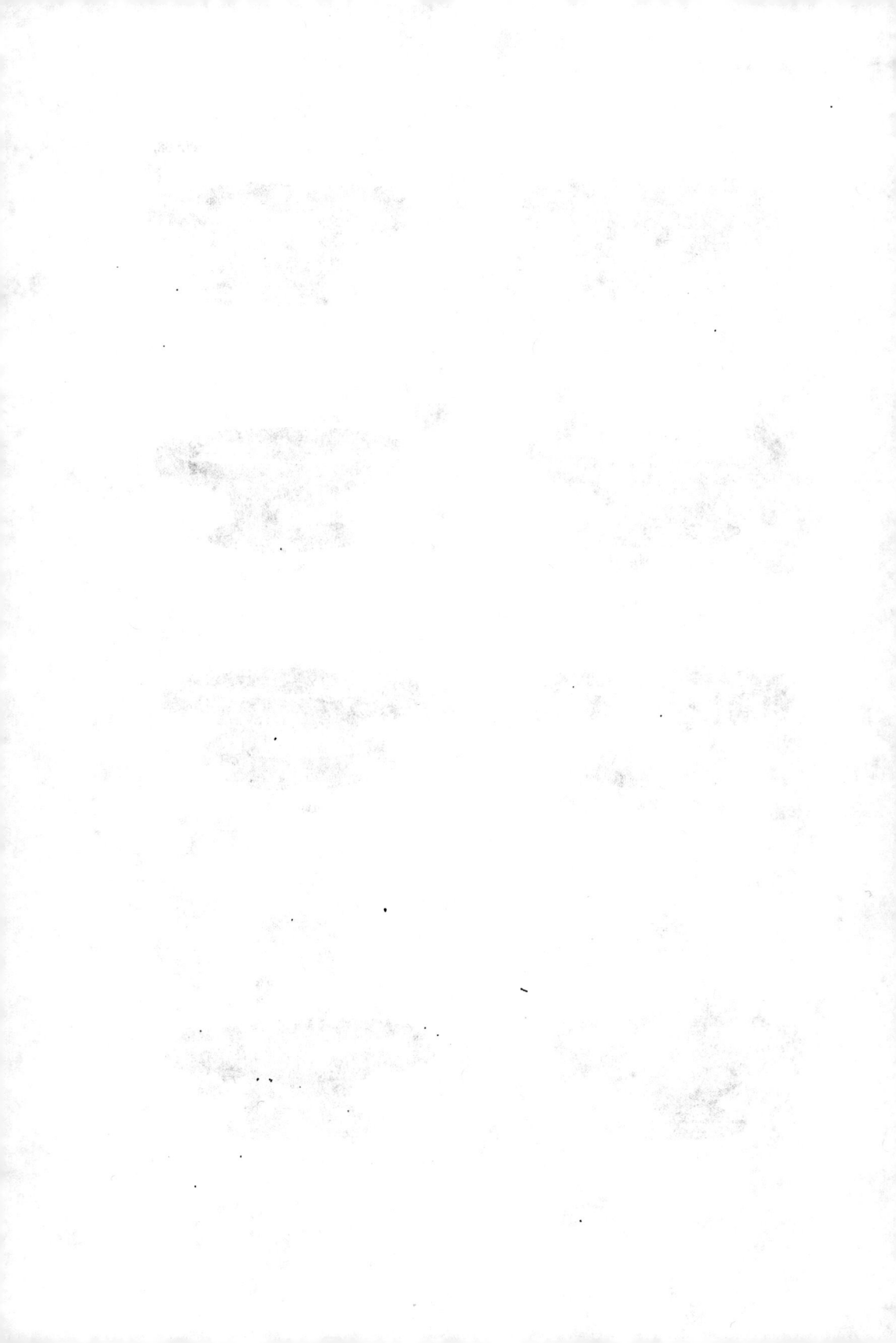

dîners, ou sur les petits buffets; dans les deux cas, ils sont servis sur de larges plateaux ou directement sur la nappe, cela n'a aucun inconvénient puisqu'ils ne doivent pas être transportés. Mais si on les sert sur la table d'un dîner, il faut dresser d'abord les entremets sur un plat et poser celui-ci sur les socles, de façon qu'on puisse enlever les entremets pour les passer aux convives, sans toucher aux socles. Mais pour que les bordures des socles ne soient pas exposées à être brisées, il faut placer sur la plate-forme de chaque socle un petit tambour destiné à porter le plat.

Les deux socles de cette même planche 67 qui ne sont pas montés sur base, peuvent être exécutés en pastillage ou en carton-pâte, comme les précédents, mais ils sont bien plus jolis en sucre *tassé*. En ce cas, il faut avoir des moules à surfaces lisses, formés en trois divisions : le pied, la coupe et la frise. Ces moules existent dans toutes les grandes pâtisseries; on les trouve chez tous les marchands ou fabricants de moules.

Pour pouvoir mouler du sucre, il faut avant tout que les moules dont on dispose soient de dépouille facile, c'est-à-dire que quand les divisions sont formées, on puisse enlever le moule sans briser le sucre moulé. Si l'on veut obtenir des socles à contours creux, il faut absolument que les moules soient à charnières.

Voici la méthode pour préparer le sucre *tassé* : prenez du sucre en poudre, passé et déglacé; humectez-le peu à peu avec de l'eau froide, de façon à le rendre mat au toucher, comme de la neige récemment tombée, à laquelle on peut donner une forme, en la tassant ou la pressant : les conditions du sucre humecté sont absolument les mêmes. Emplissez séparément les divisions du moule, avec le sucre humide, tassez-le fortement pour qu'il en prenne exactement les contours; tenez-le ainsi 7 à 8 minutes; renversez délicatement les moules sur une plaque bien plane, couverte de papier, afin d'en sortir le sucre; laissez-le sécher à l'air jusqu'à ce qu'il devienne malléable. Alors, avec de la glace-royale, collez ensemble les différentes divisions pour former le socle; puis, décorez celui-ci au cornet avec des ornements en pastillage levés à la planche, des liserons ou des bordures à jour.

Si les moules sont à charnières, placez-les sur un plafond couvert de papier; emplissez-les avec le sucre, tassez bien celui-ci, tenez-le ainsi quelques minutes, puis enlevez les charnières pour démonter le moule avec attention, en laissant le socle sur place; laissez-le sécher toute une journée à la température du laboratoire, avant de l'ornementer.

Les modèles 351 et 352 sont au fond d'une grande simplicité ; le premier est décoré sur la frise et la base avec des ornements à jour, en pastillage nuancé ; le deuxième est également décoré avec du pastillage nuancé ; il porte sur le haut une petite bordure montante qui lui donne une grande légèreté d'allure. — Les socles en sucre *tassé*, quand ils sont bien réussis, sont d'un très joli effet; les surfaces en sont très lisses et la nuance du sucre bien belle.

Les huit modèles reproduits à la planche 68 représentent des petits socles de forme basse, destinés au dressage des entremets de pâtisserie, mais plus particulièrement des petits gâteaux.

Ces socles sont formés sur une charpente en bois, composée simplement de deux abaisses circulaires, reliées par un soutien central. Les charpentes du corps des socles peuvent être exécutées, selon leur forme, en pastillage ou en pâte d'office, en carton blanc ou en carton-pâte; dans tous les cas, elles doivent être vides. Si elles sont exécutées en pâte d'office, en carton blanc ou en carton-pâte, elles doivent nécessairement être masquées en dernier lieu, avec du pastillage, et décorées ensuite; mais, si elles sont moulées en pastillage, il suffit de les faire sécher et de les décorer en relief avec des détails également en pastillage.

Au lieu d'être bordée, la frise de ces socles se compose le plus ordinairement de guirlandes de fleurs et de fruits entremêlés de feuilles imitées en pastillage blanc ou nuancé, les uns et les autres exécutés en pastillage, séparément, puis groupés artistement contre l'épaisseur de l'abaisse supérieure de la charpente : les fleurs, les feuilles et les fruits peuvent être blancs ou nuancés, selon l'ornementation du socle.

Les deux corbeilles reproduites au bas de la planche sont construites dans le même ordre que les socles : l'anse seule en fait la différence; je les reproduis simplement à titre de diversion. Mais ce genre ne peut être appliqué que pour le dressage des petits gâteaux détachés.

Dessins 363 a 366. — MODÈLES DE GRANDS GRADINS ORNÉS D'UN SUJET EN SUCRE TAILLÉ

PLANCHE 69.

Les gradins n'ont pas, en pâtisserie, la même importance que les socles; mais, comme eux, ils concourent à l'ornementation des grandes tables. La différence entre les socles et les gradins c'est que sur les premiers on dresse des grosses pièces de pâtisserie, tandis que sur les gradins on ne peut dresser que des petits gâteaux. Ainsi, les gradins ne peuvent pas remplacer les socles : ils sont simplement pour eux un auxiliaire; sur une grande table, le nombre des gradins peut sans inconvénient égaler celui des socles.

La place des gradins est bien plutôt sur les grandes tables des buffets que sur celles des dîners; mais ceux richement ornementés, peuvent cependant y être admis, soit comme pièce de milieu, soit comme *bouts* de table, selon l'importance du dîner.

Les quatre modèles de la planche 69 constituent une variété nouvelle, différant tout à fait du genre jusqu'ici pratiqué, autant par la forme que par les détails d'ornementation. La hauteur de ces gradins, le sujet compris, varie de 1 mètre à 1 mètre 20 centimètres.

Le premier modèle (dessin 363) se compose d'une base en bois, évasée, masquée en pastillage, décorée sur son épaisseur et ornée, sur le haut, d'une bordure montante, à jour, levée à la planche; elle pose sur quatre pieds; elle porte sur son centre une simple abaisse en bois, plus étroite, formant gradin, fixée sur un support en pied de coupe, et masquée de papier blanc ou de pastillage; ce gradin est aussi orné d'une double bordure levée à la planche : ce sont des feuilles à jour, coupées d'égale longueur, collées sur la lisière de l'abaisse en haut et en bas, en les raccordant, mais surtout en les inclinant légèrement en dehors : l'évasement correct des bordures contribue surtout à leur élégance.

Sur le centre de ce petit gradin est fixé un petit tambour à coupole; au-dessus de cette coupole, est fixé un autre tambour en forme de corbeille, c'est-à-dire légèrement évasé : l'un et

Pl. 69.

Dessin 363.

Dessin 364.

Dessin 365.

Dessin 366.

l'autre sont formés en carton-pâte, par conséquent vides, mais fermés sur le haut, masqués en pastillage, et décorés.

C'est sur le haut de cette corbeille qu'est fixée la base en sucre, à cannelons inclinés, irréguliers, formant en quelque sorte piédestal au groupe des dauphins; cette base est d'une seule pièce; de même que les deux tambours, elle est percée sur le centre d'une petite ouverture donnant passage à une tringle en fer, fixée sur le milieu du petit gradin, et venant aboutir à une cavité ménagée au bas du groupe, entre les têtes de dauphin.

Les dauphins enlacés sont exécutés en sucre taillé; le travail de ce groupe est délicat, sans offrir cependant de grandes difficultés; il exige d'être traité sans précipitation et avec mesure. Il est exécuté en plusieurs parties : les deux têtes d'une part, le corps de l'autre, puis la corbeille, et, enfin, les nageoires caudales qui, exécutées séparément et collées au-dessous de la corbeille, lui tiennent lieu de base. La méthode de tailler ces sujets est exactement la même que pour tailler les grands socles en sucre, reproduits aux planches 60, 61, 62.

Les deux derniers modèles de la planche sont à trois étages : le tambour et les deux étages supérieurs sont vides; ces derniers sont formés à l'aide de corbeilles de dimensions graduées. Les sujets de ces gradins sont, comme les précédents, exécutés en plusieurs pièces. Le premier représente un vase de forme allongée, fermé sur le haut, portant sur son centre un petit bouquet de fleurs mitées en pastillage. Le deuxième représente une sorte de porte-bouquet, en sucre taillé, à cannelures, posant sur une base de laquelle se détachent trois têtes de lion appliquées en saillie. Ce sujet est construit en plusieurs parties rapportées.

Dessins 367 à 370. — GRANDS GRADINS DE PATISSERIE, ÉTAGÉS

PLANCHE 70.

Les quatre modèles de gradins reproduits à cette planche sont exécutés dans le même ordre; leur forme est simple et les détails peu compliqués. En somme, chaque gradin est composé de deux socles gradués, posés l'un sur l'autre, puis fixés sur le centre d'une large base, simple ou à gradins, posant sur quatre pieds.

Les corps de ces socles sont établis absolument dans les mêmes conditions; ils sont ornementés avec des détails absolument semblables. Les divisions du corps des socles sont vides; elles peuvent être exécutées en pastillage, en pâte d'office ou en carton-pâte; elles sont enfilées à une tringle centrale. Mais les abaisses du haut et du bas sont en bois; celles formant les étages supérieurs sont fixées sur le haut des tringles, de façon que les divisions du corps principal n'aient aucun effort à faire. Ces divisions, de même que les abaisses formant étage, sont masquées en pastillage blanc ou nuancé; mais la surface plane des étages et même de la base peut simplement être masquée avec du papier blanc.

L'ornementation de ces gradins est absolument facultative; mais il est bon d'observer que les belles bordures à jour leur donnent beaucoup d'élégance et une plus grande légèreté d'allures.

Dessins 371 à 374. — MODÈLES DE GRANDS GRADINS ORNÉS D'UN SUJET

PLANCHE 71.

Les gradins reproduits à cette planche sont à trois étages; ils mesurent 1 mètre 30 centimètres de hauteur, y compris les sujets qui les surmontent. Ces gradins sont montés sur une large base en bois, décorée en pastillage et bordée, posant sur quatre pieds.

La charpente des deux premiers gradins se compose de deux socles, de dimension différente, disposés l'un sur l'autre. Chaque étage se compose d'un tambour vide, sur le centre duquel est fixé un soutien en bois supportant l'abaisse supérieure de l'étage, formant la frise du socle. Le corps de chaque étage se compose simplement d'une coupe creuse, renversée. Ces coupes n'ayant rien à supporter, peuvent être moulées en pastillage ou pâte d'office, ou bien en carton-pâte très mince; si elles sont moulées en carton-pâte, elles doivent être masquées en pastillage et décorées. Les abaisses formant la division des étages sont simplement masquées de papier blanc, mais bordées en pastillage.

Les deux derniers gradins de cette même planche, sont établis dans le même ordre, avec cette différence que la base se compose d'un tambour évasé et que le corps des étages est formé à l'aide de simples tambours en bois mince, dont les surfaces sont décorées avec des bandes de pastillage en deux nuances, horizontalement disposées.

Les sujets des quatre gradins de cette planche sont pour les deux premiers : une lyre et une harpe, moulées en pastillage; pour les deux derniers : un casque et une corbeille de forme hexagone. Le casque est moulé en nougat; la corbeille est exécutée au cornet, en glace-royale, sur un moule en deux pièces. Les fruits et les feuilles garnissant la corbeille sont exécutés en pastillage. Les petits gâteaux qui garnissent les étages sont de différente nature.

Dessins 375 à 378. — MODÈLES DE GRANDS GRADINS A TROPHÉE

PLANCHE 72.

Les quatre gradins reproduits à cette planche ont la hauteur de 1 mètre 25 centimètres; mais cette élévation peut sans inconvénient être diminuée ou augmentée.

Le corps des gradins se compose de deux tambours, en bois mince, vides, posés l'un sur l'autre, fixés sur une large abaisse en bois, posant sur quatre pieds : les tambours et l'abaisse sont masqués en pastillage et décorés.

Ces gradins sont tous établis dans le même ordre, le motif des trophées est seul différent; pour le premier, c'est un trophée d'agriculture, le deuxième un trophée de guerre, les deux derniers représentent des trophées de musique, différant aussi bien par le groupement que par la nature des instruments : l'un représente un trophée de musique militaire, l'autre de musique harmonique.

Pl. 70.

Dessin 367.

Dessin 368.

Dessin 369.

Dessin 370.

Pl. 71.

DESSIN 371.

DESSIN 372.

DESSIN 373.

DESSIN 374.

Pl. 72.

DESSIN 375

DESSIN 376

DESSIN 377

DESSIN 378.

Les différents détails des trophées sont imités en pastillage; ils sont ou moulés ou modelés à la main, avec ou sans charpente; dans les deux cas, ils doivent être bien imités. Ils sont groupés autour d'une tringle centrale, en bois, masquée en pastillage, fixée un peu en arrière sur la plate-forme du gradin supérieur.

Le corps des gradins se compose de deux tambours de diamètre gradué, cloués l'un sur l'autre, et fixés sur le centre d'une large abaisse en bois, posant sur quatre pieds; ils sont peu ornementés; mais les deux gradins doivent être garnis, chacun avec une sorte différente de gâteaux choisis et délicatement décorés.

Les trophées disposés sur les gradins exigent d'être bien compris et exécutés avec le plus grand soin, car ils n'auront du mérite qu'à cette condition. La parfaite imitation des détails n'est pas seulement un point des plus délicats, mais aussi une qualité indispensable; aucun effort, aucun moyen ne doit donc être négligé; il faut bien se pénétrer de cette pensée que, des détails négligés, mal rendus ou même mal groupés seraient d'un mauvais effet et annuleraient certainement tout le mérite de ces pièces.

DESSINS 379 A 381. — GRADINS ÉTAGÉS

PLANCHE 73.

Les deux gradins de la planche 73, portant les numéros 379 et 380, ont la hauteur de 1 mètre 30 centimètres; ils sont à cinq étages gradués, formant ensemble une jolie pyramide. Le premier de ces gradins se compose de quatre socles à coupe, dont la frise pendante est modelée en chute d'eau; ils sont collés l'un sur l'autre, bien d'aplomb et fixés sur le centre d'une base à trois gradins, posant sur quatre pieds.

Le corps des socles peut être moulé en pastillage; il doit être vide, car la base du socle et l'abaisse qui en forment la frise sont en bois, reliées par un soutien en bois, de sorte que la coupe du socle n'a aucun effort à faire.

L'ornementation des gradins est, en somme, bien simple, peu compliquée; la frise en pastillage, formant chute d'eau, est levée à la planche, par petites parties assemblées et collées contre l'épaisseur des abaisses. Sur le sommet du gradin est fixée une grande aigrette en pastillage, exécutée dans l'ordre des modèles reproduits à la planche 34.

Le deuxième de ces gradins portant le numéro 381, est de forme hexagone, mais il est posé sur une base ronde. Les quatre étages des gradins se composent d'une corbeille sans pied, exécutée en carton blanc, fixée sur une petite base en bois, et décorée au cornet. L'abaisse qui les surmonte est aussi en bois, de forme hexagone; elle est ornée d'une double bordure en forme de balustrade. Le socle hexagone sur lequel les étages sont assemblés est vide; il est exécuté en carton blanc, mais plaqué en pastillage mince, abaissé avec un rouleau cannelé, puis ornementé. La base circulaire, au centre de laquelle le gradin est fixé, pose sur quatre pieds; elle est ornée d'une solide bordure en pastillage. Sur l'étage supérieur du gradin est disposé un petit sujet en pastillage, ornementé avec du sucre filé.

Le gradin placé sur la planche entre les deux premiers (dessin 379) est à quatre étages, porté sur une base à tambour, vide, décorée en relief. Les étages du gradin sont formés avec trois socles à corbeille ; celles-ci sont moulées en pastillage, fixées sur une petite base en bois et ornées d'une bordure montante ; les abaisses formant la frise des socles sont ornées d'une solide bordure pendante. Sur l'étage supérieur du gradin est disposée une jolie corbeille garnie de fleurs imitées.

Dessins 382 a 384. — MODÈLES DE GRADINS A SUJETS
PLANCHE 74.

Les deux gradins de la planche 74, portant les numéros 382 et 383, sont à deux étages ; ils mesurent 1 mètre 10 centimètres de hauteur ; ils sont montés sur une large base bordée, portant sur quatre pieds. Les étages sont ornés d'une solide bordure pendante. L'ordre de construction de ces gradins est le même que pour ceux des deux planches précédant celle-ci : les ornements diffèrent, voilà tout. L'un et l'autre sont surmontés d'un pavillon en pastillage, à colonnes, ouvert sur les quatre faces.

Le gradin portant le numéro 384 est de forme plus élevée que les deux précédents ; il n'est pas garni ; sa hauteur est de 1 mètre 20 centimètres ; les étages du haut et du bas sont de forme identique, mais de dimension différente ; chacun de ces étages se compose d'une corbeille hexagone, montée sur un pied de forme basse, portant une abaisse bordée. Les deux étages sont fixés sur le centre d'une base vide en forme de tambour, posant sur quatre pieds. Sur l'étage supérieur figure un petit pavillon en pastillage, de forme hexagone, de style gothique ; il est monté sur une charpente en bois mince, ornée en rocher, avec des morceaux de sucre soufflé : le gradin et son pavillon sont d'une correction irréfutable : l'un et l'autre se complètent parfaitement.

DESSIN 380.

DESSIN 379.

DESSIN 381.

Pl. 73.

DESSIN 383.

DESSIN 382.

DESSIN 384.

Pl. 74.

GRANDES
PIÈCES-MONTÉES DE PATISSERIE

En pâtisserie, les vraies pièces-montées sont bien celles qui représentent sinon un véritable monument, du moins un sujet artistique : pavillon, temple, kiosque, ruines, celles enfin, dont la construction se rapproche du domaine de l'architecture ; tous les autres genres de pièces ornementales : les socles, les gradins, les coupes, les vases, ne sont en somme que des pièces secondaires.

Si l'art de construire des pièces-montées de pâtisserie n'implique pas pour le pâtissier l'obligation absolue d'être un peu architecte, il lui impose celle, du moins, d'acquérir les connaissances nécessaires pour éviter le danger de tomber dans des errements regrettables, car il est urgent que ces pièces, destinées à figurer dans un milieu luxueux, soient, sinon parfaites, du moins irréprochables au point de vue des règles élémentaires, exemptes enfin de ces défauts trop évidents, qui décèlent visiblement l'incompétence du praticien. Mais pour que celui-ci puisse espérer atteindre ce résultat, il doit s'y préparer par l'étude ; car il est impossible d'admettre que la bonne volonté lui suffira pour arriver d'un trait à la perfection : l'illusion serait dangereuse : il doit s'en défendre.

Les pièces-montées sont, il est vrai, d'un travail minutieux et compliqué ; cependant, elles n'offrent véritablement de sérieuses difficultés que pour ceux qui les abordent un peu à la légère, sans se rendre compte des exigences qu'elles comportent, sans les avoir suffisamment réfléchies, étudiées.

Que de fois il m'est arrivé de voir des hommes laborieux, animés du désir de bien faire, se livrant avec ardeur à ce genre de travail sans pouvoir arriver à un résultat satisfaisant, par ce motif que, abandonnés à eux-mêmes, sans guide, sans notions précises pour se diriger, ils marchaient forcément dans le vague, épuisant leurs facultés par des efforts impuissants. Ce sont là des exemples que je n'ai jamais perdus de vue, car ils étaient pleins d'enseignement.

En vérité, c'est une déception bien écœurante, bien triste pour un homme qui, ayant éprouvé le désir ou le besoin de produire un sujet remarquable, doit humblement s'avouer qu'il n'a pu atteindre le but recherché, en dépit même de son travail et de son opiniâtre volonté.

Pour entreprendre l'exécution d'une pièce-montée, quel qu'en soit le genre, il faut non seulement posséder les connaissances nécessaires, mais aussi disposer des moyens, des facilités, des instruments indispensables à ce travail.

A moins d'être à même, par ses connaissances spéciales, de dessiner ou composer un sujet, le parti le plus simple est de choisir un modèle compétent, de l'étudier avec soin, d'en établir les proportions en modifiant les détails s'il y a lieu, selon les ressources qu'on a sous la main, tout en restant cependant dans la combinaison du sujet. Dès que le plan est arrêté, il faut se mettre à l'œuvre avec résolution, marcher droit à son but, sans impatience, sans excès de zèle, mais surtout sans se rebuter des obstacles qu'on rencontrera : le succès est à ce prix !

Les grandes pièces-montées d'aujourd'hui sont exécutées en pastillage ; autrefois, on employait la pâte d'amandes gommée, et même le nougat. La pâte d'amandes cuite est encore employée dans la confection de certaines pièces mangeables que les confiseurs-pâtissiers exécutent, qui ne sont pas sans mérite, et dont je reproduis plus loin une série très étendue. Mais la pâte d'amandes gommée, pour l'exécution des grandes pièces, est tout à fait tombée en désuétude et, en vérité, elle possède moins de qualités que le pastillage ; elle est moins blanche, elle a moins de résistance et de durée, elle exige un travail plus coûteux et plus long. On croyait autrefois qu'elle prenait mieux les couleurs que le pastillage, c'est tout simplement parce que les couleurs qu'on employait alors étaient défectueuses, car le pastillage prend parfaitement toutes les nuances ; mais d'ailleurs, celui destiné aux pièces-montées étant généralement ou blanc ou de nuance tendre, il n'y a là aucune espèce d'inconvénient et aucun motif pour lui préférer la pâte d'amandes gommée.

Quant au nougat, il n'est, par sa nature, ni assez souple, ni assez malléable, pour se prêter à la confection des grandes pièces-montées ; il convient tout au plus à celles des pièces peu volumineuses, peu compliquées : par exemple, les coupes, les corbeilles, les cornes d'abondance, les casques, c'est-à-dire pour tous les sujets pouvant être formés dans des moules en métal, tous ceux enfin, comportant une petite quantité de matière, et n'exigeant pas de détails minutieux.

L'exécution des grandes pièces en nougat présente beaucoup d'inconvénients ; en premier lieu, c'est que, si le nougat n'est pas préparé d'un seul coup, s'il est cuit à différentes reprises, on peut compter que les cuissons seront de nuances disparates, inégales de ton, et par conséquent dans l'impossibilité de concourir ensemble à la construction de la même pièce, sans jurer, sans blesser le regard : ce point est capital. Une autre difficulté, c'est que le nougat ne peut être travaillé et coupé qu'alors qu'il est encore chaud ; il faut donc l'employer aussitôt qu'il est préparé, l'employer vivement, sans retard : froid, il n'est plus propre à être ni moulé ni coupé, et il ne peut être réchauffé sans noircir. En présence de tant d'obstacles, on est obligé de se demander s'il est vraiment nécessaire de les affronter volontairement pour le simple plaisir de les combattre, mais sans profit pour l'art et, en somme, pour n'aboutir qu'à un résultat douteux ou tout au moins sans importance réelle : à mon avis, je le répète, le nougat ne doit être employé que pour les sujets dont on peut mouler les parties principales, ou alors pour ceux qui sont à surface plane, qu'on peut abaisser au rouleau et couper ensuite.

Les grandes pièces-montées, en pastillage, sont ordinairement posées sur un rocher imité, soit en pastillage, en sucre soufflé, en petits choux, en amandes, en meringue, soit enfin en biscuit de couleur : tous les genres sont acceptables. Ces rochers sont toujours montés sur une charpente en bois ou en carton-pâte. Mais les pièces elles-mêmes sont quelquefois construites sur une charpente plus ou moins simple ou compliquée, selon leur style, selon leurs dimensions. Les charpentes des pièces-montées sont de deux genres, celles d'abord dont le rôle se borne à servir de support intérieur, et celles qui, dans certains cas, s'appliquent à la construction même des pièces ; les premières sont en bois, les dernières sont en carton blanc, glacé. Le carton glacé joue souvent un grand rôle dans la construction des pièces-montées, dont il simplifie le travail, et contribue à leur solidité autant qu'à leur durée ; mais il exige d'être employé avec discernement ; du reste cette remarque s'applique indistinctement à tous les auxiliaires employés : le bois, le fer, le carton, la pâte d'office, quels qu'ils soient, leur présence doit être dissimulée au regard et ne pas même être soupçonnée.

L'ornementation de la pâtisserie comporte peu de licence, elle est naturellement renfermée dans de certaines limites, dont elle ne doit pas sortir : il faut surtout qu'elle conserve son véritable cachet ; l'associer à des sujets d'une autre nature, argentés ou dorés, en cristal, en plâtre ou en porcelaine, c'est en diminuer la valeur. Si le hasard met sous la main du praticien un sujet détaché dont il peut faire une application convenable, il lui est facultatif de l'imiter avec la matière qu'il emploie : avec du sucre coulé ou du pastillage ; mais il doit bien se garder d'employer le sujet lui-même qui, dans son état naturel, ne pourrait que nuire à l'ensemble de la pièce.

Il ne faut pas s'y tromper, nos produits n'ont qu'une valeur relative, qu'ils tiennent de leur nature même ; ils brillent surtout par leur genre exceptionnel, leur type particulier, original, différant, tranchant ostensiblement avec les produits des arts positifs : voilà pourquoi il faut éviter de les confondre. Le répertoire culinaire est assez vaste, nos ressources assez abondantes et variées pour suffire aux besoins les plus exigeants. Contentons-nous donc de les cultiver avec soin, en les multipliant, en les perfectionnant, mais sans les allier à des éléments hétérogènes, qui, en altérant leur véritable caractère, tendraient à en affaiblir et à en diminuer le mérite.

Une pièce ornementale peut, sans inconvénient, être présentée sur une base en métal, lui servant d'assise : une plate-forme, un dormant, un plateau quelconque argenté ou doré ; mais la pièce elle-même, dans son ensemble et ses détails, doit rester pure de tout mélange ; quiconque se départit de cette règle fondamentale, court le risque de se rendre ridicule aux yeux de ceux qui, sans être des artistes consommés, aiment cependant l'art pour l'art, et qui jugeraient sévèrement ces puérilités. Le premier soin d'un artiste comprenant sérieusement son rôle consiste à ne jamais donner prise à la critique qui se justifierait par des écarts incompris : il doit rester dans le vrai, sous peine de tomber dans l'absurde.

La collection des pièces-montées que je reproduis dans ce chapitre est très variée ; non seulement tous les genres s'y trouvent représentés, mais les sujets qui la composent ont le mérite d'être nouveaux ; ce qui leur donne quelque valeur, ce qui doit les rendre doublement intéressants aux yeux des praticiens, c'est qu'ils sont tous exécutables, puisque la plupart d'entre eux ont servi de modèle à l'exécution, ou ont été dessinés sur nature.

DESSIN 385. — PAVILLON TYROLIEN
PLANCHE 75.

Les deux pièces reproduites à cette planche, de même que celles de la planche qui suit, sont exactement représentées dans les conditions propres à toutes les pièces-montées qui doivent figurer sur la table d'un grand festin ou d'un buffet de bal ; elles sont montées sur rocher, portées sur des bases bordées, assez larges pour comporter une garniture abondante de petits gâteaux ; les pieds sur lesquels posent ces bases, tout en donnant plus de dégagement aux pièces, en facilitent le maniement.

Ce pavillon appartient au genre rustique ; il est à trois étages de forme hexagone, exhaussé sur une assise à balustrade, à laquelle un escalier donne accès. Les deux étages sont construits dans le même ordre, mais ils diffèrent dans les détails. Le corps principal du premier étage est fermé ; les deux autres sont ouverts. La double toiture coupée en pointe, formant prolongement sur l'avant de chaque façade, n'existe que pour le premier et le deuxième étage ; celle du troisième est en forme d'entonnoir renversé, à six faces.

PLANCHE 75.

Le fond de la pièce est de teinte claire, couleur de bois, légèrement rougeâtre; les détails appliqués en relief sur les angles de la pièce, l'encadrement des portes et des fenêtres, l'ogive des toitures sont en pastillage blanc. Les toitures sont de teinte jaune-clair, en imitation de chaume.

Le rocher sur lequel la pièce est fixée, a la forme d'une grotte composée de filons pétrifiés, imités en meringue sèche, pour rocher (page 356), entremêlés de feuillages imités en glace-royale et en pastillage. La charpente de ce rocher est en bois; elle est fixée sur le centre d'une large base également en bois, posant sur quatre pieds.

Les dimensions de la pièce, rocher compris, sont de 1 mètre 85 centimètres se divisant ainsi : 45 centimètres pour le rocher, base comprise; 12 centimètres pour l'assise du pavillon; 28 centimètres pour le corps du premier étage; 14 centimètres pour la double toiture en saillie de chaque façade; 16 centimètres pour le soubassement du deuxième étage; 16 centimètres pour les façades du deuxième étage y compris la hauteur de la double toiture; 24 centimètres pour le soubassement du troisième étage, le pavillon ouvert et sa toiture.

Mais ces dimensions peuvent être augmentées ou diminuées à volonté; il suffit que les proportions des étages soient conformes au plan du sujet qui est ici grossi à l'échelle d'un huitième, c'est-à-dire huit fois plus élevé que la hauteur qu'il mesure sur la gravure.

La construction de la pièce est simple; voici comment il faut procéder :

Coupez d'abord six abaisses en pastillage, de l'épaisseur de 2 millimètres sur 28 centimètres de haut et 14 centimètres de large : ces abaisses doivent former la charpente des façades de l'étage principal; faites-les sécher sur plaques bien planes. Sur trois de ces façades, tracez au crayon une porte à arceau, sur les trois autres, tracez une fenêtre également à arceau; sur ce tracé, appliquez en relief un liseron à rainure, en pastillage blanc levé à la planche. Encadrez chaque façade, en haut et en bas, avec un liseron blanc.

Prenez du pastillage couleur de bois, de teinte rougeâtre; abaissez-le do 3 millimètres d'épaisseur; rayez alors la surface de l'abaisse avec un rouleau cannelé; puis découpez-la symétriquement par parties, de façon à pouvoir exécuter le décor que le dessin de chaque façade représente, soit dans l'encadrement de la porte, soit sur les côtés et sur le haut. Dans l'encadrement des trois fenêtres, appliquez un grillage en pastillage levé sur une planche gravée en mosaïque; collez à mesure ces détails avec du repère léger (page 356). Rangez aussi les façades l'une à côté de l'autre sur des plaques bien planes; laissez-les sécher.

Au lieu de former les façades avec du pastillage, on pourrait employer du fort carton blanc; mais alors il faudrait encadrer ce carton sur la lisière du bas, du haut et des côtés, avec quatre baguettes plates, en bois mince, d'égale épaisseur, de 1 centimètre et demi de large, en les collant au carton avec de la colle forte. Ces baguettes sont destinées à maintenir les façades droites, en empêchant le carton de gondoler.

Quand les façades sont sèches, assemblez-les contre l'épaisseur d'une abaisse en pastillage, de forme hexagone, bien sèche, en les collant au repère.

Fermez aussitôt le dessus de l'étage avec une autre abaisse hexagonale. Encadrez alors ces façades, en haut et en bas, avec un liseron blanc levé à la planche; dissimulez la jointure des angles avec une colonne en pastillage blanc, également levée à la planche.

66

Sur le centre de cet étage, collez le soubassement du deuxième étage, en retraite sur le premier; ce soubassement est de forme hexagonale, il est préparé dans les mêmes conditions que le corps de l'étage inférieur, avec cette différence que la rayure des façades est simplement horizontale. Les façades du soubassement doivent avoir la hauteur de 18 centimètres sur 7 centimètres de largeur; le soubassement a 4 centimètres de moins que l'étage sur lequel il est fixé. Fermez-le sur le haut avec une abaisse hexagone formant une sorte de corniche de 1 centimètre plus large.

Sur chaque façade du corps du premier étage, collez debout un triangle plein, en pastillage blanc plaqué en pastillage nuancé, abaissé au rouleau cannelé. Ces triangles doivent avoir le même diamètre que les façades et la hauteur de 14 centimètres. Sur ces triangles, destinés à former l'appui de la double toiture, appliquez en saillie, deux bandes sèches de pastillage, ayant chacune 5 centimètres et demi de large, sur 14 centimètres de hauteur; assemblez-les, collez-les à cheval sur le triangle plein, en les appuyant contre le soubassement du deuxième étage. Ornez l'ouverture de chaque toiture avec une ogive préparée d'avance, bordée en relief avec le même liseron blanc.

Imitez le chaume des doubles toitures avec trois bandes de pastillage mince, nuancé en jaune clair, ciselées au couteau, superposées l'une sur l'autre.

Sur le soubassement du deuxième étage, collez l'étage construit dans le même ordre que le premier, à l'exception des fenêtres qui sont coupées en ogive, et tout à fait à jour; fermez l'étage sur le haut; fixez sur son centre le soubassement du troisième étage, également en retraite sur le second, ayant la hauteur de 8 centimètres.

Terminez alors le deuxième étage, en opérant comme pour le premier, c'est-à-dire fixez un triangle fermé sur le haut de chaque façade, pour servir d'appui à la double toiture.

Les six façades du troisième étage sont tout à fait ouvertes, à jour : elles forment un simple arceau. Cet étage est surmonté d'une toiture à flèche, montée sur une petite charpente à six pans, en carton blanc. Le chaume est aussi imité avec du pastillage mince, ciselé.

L'assise sur laquelle le pavillon est fixé, est formée de deux larges abaisses en bois, forme hexagonale, masquées en pastillage, reliées par un tambour central, de même forme et de même diamètre que le corps du premier étage; elles sont aussi reliées par des piliers modelés en imitation de tronc d'arbre, avec du pastillage couleur de bois. Ces piliers forment ainsi, autour du tambour central, une sorte de galerie ouverte. L'abaisse supérieure de l'assise est ornée d'une balustrade rustique, imitée aussi en pastillage nuancé; l'abaisse inférieure se confond avec la plate-forme du rocher couvert de mousse et de feuillages imités. L'espace libre entre le rocher et la bordure de la base est garni d'une belle couronne de petits gâteaux.

La hauteur des pièces-montées, en pastillage, représentées dans cette série, dressées sur rocher ou sur tambour, varie de 1 mètre 50 centimètres à 1 mètre 90 centimètres.

Dessin 384. — PAVILLON ITALIEN
PLANCHE 75.

Cette pièce, exécutée depuis cinq à six ans, existe encore aujourd'hui dans un parfait état. Elle mesure, dans son ensemble, 1 mètre 50 centimètres, se divisant ainsi : 49 centimètres pour le

Pl 78

383

384

rocher; 54 centimètres pour le premier étage; 30 centimètres pour le corps du deuxième étage; 18 centimètres de la toiture au-dessus du clocheton. — La pièce est à deux étages seulement, dont le plus élevé est surmonté d'un petit belvédère; elle est montée sur une assise formant perron sur le côté du portail principal.

Le pavillon est de forme carrée, à deux étages; il est porté sur une assise formant perron sur la façade principale; seule l'assise est en bois mince, plaqué en pastillage. Le fond de la pièce est rose, mais les encadrements, les colonnes et les pilastres, les balustrades, les liserons, les petits vases, en un mot tous les ornements appliqués en relief, sont imités en pastillage blanc.

Les toitures sont, ou grises, en imitation de l'ardoise, ou rougeâtres, en imitation de tuiles ordinaires; elles sont toutes montées sur une charpente en carton[1], avec des demi-ronds coupés minces, à l'emporte-pièce.

Le pavillon est de forme carrée, à deux étages; il pose sur une assise formant perron sur la façade principale; sur les côtés et sur l'arrière, elle forme un prolongement, de façon à entourer le corps principal de trois terrasses séparées l'une de l'autre, bordées chacune d'une balustrade.

Les deux étages du pavillon sont exécutés en pastillage; seule l'assise est exécutée sur une charpente en bois mince, mais plaquée aussi en pastillage rose, rayé à l'aide d'un rouleau cannelé.

Le fond de la pièce est de nuance rose, mais les encadrements, les colonnes, les pilastres, les balustrades, les liserons, les petits vases, en un mot, tous les détails et ornements appliqués en relief sont imités en pastillage blanc.

La façade principale du premier étage est percée d'un portail à arceau, dont l'ouverture est ornée d'une imitation de grille en fer, à claire-voie, minutieusement ouvragée. Les façades latérales et celles de l'arrière sont simplement percées de fenêtres de plain-pied, également à arceau, mais fermées à l'aide d'un châssis à vitrage, plaqué sur l'arrière avec des feuilles transparentes de gélatine nuancée. L'escalier est exécuté sur une charpente en carton, masquée en pastillage blanc; il est appliqué en saillie contre la surface de l'assise.

Les deux terrasses latérales et celle de l'arrière, formées par le prolongement de l'assise, sont reliées aux balcons de l'étage supérieur par des colonnes entourées de plantes grimpantes et de petites fleurs, imitées en pastillage ou en glace-royale de nuance verte. Mais le balcon de la façade principale est simplement soutenu par deux archivoltes imitées en pastillage blanc.

Le deuxième étage est de forme carrée, entouré d'un soubassement en saillie sur les ailes et sur l'arrière; la façade principale est coupée, à 7 centimètres de profondeur, en arcades inégales formant péristyle, supportées par quatre colonnes prenant appui sur l'avant et sur l'arrière : sur l'avant, pour donner accès au péristyle, au fond duquel se détache l'encadrement d'une porte à

---

1. Quelle que soit la forme de la toiture qu'on veut exécuter : carrée, hexagone ou en pointe, elle doit toujours être montée sur une charpente en carton. Ainsi, pour exécuter la toiture du second étage du pavillon, il faut d'abord en préparer la charpente, voici comment : coupez une abaisse en épais carton, de forme carrée, et un peu plus large que le diamètre du corps de l'étage. Sur la partie centrale de cette abaisse, collez, avec de la colle forte, un cylindre de forme carrée, ayant juste le diamètre de l'ouverture de ce cylindre avec une bande en carton. Coupez un triangle en carton dont la base aura le même diamètre de l'abaisse principale, et dont le haut présente un angle coupé, de même largeur que le cylindre fixé sur le centre de l'abaisse, en le collant à la colle forte. Si alors, on colle un de ces triangles sur chaque face, appuyé contre le cylindre, on obtient une charpente correcte, d'une solidité à toute épreuve. L'opération est la même, s'il s'agit d'une charpente de forme hexagonale, en talus ou coupée en pointe

arceau ogival; la même porte se trouve reproduite sur la façade de l'arrière, donnant accès au balcon. Les façades latérales sont percées d'une fenêtre également ogivale, s'ouvrant à hauteur seulement du soubassement, mais dont l'arceau s'élève à la hauteur des arcades. Les jours des fenêtres, de même que du portail de l'arrière, sont fermés par des feuilles transparentes de gélatine verte.

Le haut de l'étage se termine par une frise en relief supportant un entablement percé en arceaux, simulant des fenêtres en demi-lune, sur pivot, usitées en Italie dans les habitations d'été, pour y entretenir la fraîcheur, en les tenant ouvertes du côté d'où le vent vient. La corniche fait appui à la toiture angulaire coupée en talus. La balustrade des quatre balcons est à jour, découpée à l'emporte-pièce ou levée à la planche. Sur chacun des angles du balcon est fixé un petit vase en pastillage blanc garni de feuilles de cactus imitées en pastillage vert.

Le rocher supportant le pavillon est exécuté sur une charpente en bois, formant une grotte; il est imité avec de petits choux en pâte cuite, de la grosseur d'une mirabelle, glacés au *cassé*. Avant d'être appliqués contre la charpente, ces choux doivent être formés en grappes de cinq à six. L'escalier et le petit pont à cheval sur la grotte sont exécutés sur une charpente en carton blanc. La bordure de la base est levée à la planche; la balustrade de l'escalier est modelée à la main. L'espace libre entre le rocher et la bordure de la base est garni d'une belle couronne de petits gâteaux.

Dessin 385. — TEMPLE SUR UN ROCHER EN SUCRE SOUFFLÉ
PLANCHE 76.

La pièce, ici reproduite, toute simple qu'elle est, exige cependant d'être traitée avec précision : les pièces-montées, en général, moins elles sont compliquées, plus elles réclament d'être régulières et correctes.

Le temple est de forme circulaire; il se compose de cinq colonnes lisses, posant sur une base à gradin, et supportant un entablement à corniche, surmonté d'un dôme, dont la partie supérieure est ornée d'une bordure à jour. Le dôme est coupé en pointe, et porte sur son centre un petit socle, sur lequel est fixée la statue d'une déesse antique, entourée de deux petits sujets.

La base du temple est exécutée sur un tambour en carton, masqué en pastillage blanc. Le dôme et l'entablement sont exécutés en pastillage; les colonnes sont aussi imitées en pastillage; à défaut de moule pour les former en deux pièces, elles peuvent être exécutées sur un tube en carton; en ce dernier cas, elles sont vides, mais alors elles doivent être soutenues à l'intérieur par des tiges en bois, sur lesquelles porte le dôme; celui-ci est en pastillage, il peut être moulé sur une coupe. La statue et les enfants peuvent être exécutés en pastillage ou coulés en sucre.

Le rocher sur lequel le temple est posé est exécuté en sucre soufflé rose et blanc, sur une

385

386

charpente composée de deux abaisses en bois, reliées par un support central ; ce rocher est percé en voûte, et porte sur le côté droit un escalier en ruine, dont la rampe n'existe que d'un seul côté. La mousse et les feuillages du rocher peuvent être exécutés avec du pastillage nuancé en vert-tendre. Ce rocher est fixé sur le centre d'une large base en bois, posant sur quatre pieds, masquée en pastillage, ornée d'une solide bordure montante, et à jour.

DESSIN 386. — MOULIN A VENT SUR UN ROCHER EN AMANDES
PLANCHE 76.

Cette pièce est à deux étages : le moulin et le corps de logis ; celui-ci est de forme carrée, le moulin est hexagone. Dans son ensemble, la pièce est d'un joli effet ; elle est tout entière en pastillage blanc. Les pièces-montées blanches sont toujours plus agréables, plus flatteuses au regard que celles nuancées ; cela ne veut pas dire qu'on ne puisse ou qu'on ne doive les nuancer ; mais en général, il faut éviter la prodigalité des nuances dans les pièces en pastillage.

Dans les pièces à fond blanc, j'admets une seule nuance pour les détails ; mais dans certaines pièces, celles du genre rustique par exemple, j'admets parfaitement qu'elles soient exécutées avec du pastillage nuancé : couleur lilas, jaune, nankin ou couleur naturelle du bois. Pour mon goût particulier, rien n'est au-dessus d'une pièce blanche, portée par un rocher nuancé. Néanmoins, je conviens qu'il faut faire la part des diversions nécessaires, et admettre que parmi ceux qui s'occupent de pièces-montées, il s'en trouvera sans doute qui ne seront pas de mon avis.

Le corps de logis au-dessus duquel le moulin se trouve placé, est établi sur une forte abaisse en bois, portant directement sur la charpente du rocher ; sa toiture est coupée en pointe ; elle est montée sur une charpente en carton, plaquée avec des demi-ronds en pastillage mince, posés à cheval. L'assise du corps du moulin est en bois, de forme octogone, masquée aussi en pastillage, et ornée d'une balustrade à jour ; cette assise pose sur une forte tringle en bois adhérant à la base même qui porte le corps du logis, afin qu'elle puisse y trouver un appui solide, évitant ainsi de la faire peser sur la toiture ; elle est néanmoins calée en dessous par différents soutiens symétriquement disposés en arc-boutant.

Le corps du moulin est aussi de forme hexagonale ; il est exécuté en plusieurs pièces ; la partie supportée par la maçonnerie peut être exécutée à l'aide du rouleau gravé, ou bien en carton, plaqué avec des demi-ronds en pastillage, comme la toiture de la maison. Les ailes du moulin et le levier placé sur la gauche, sont exécutés avec des baguettes en pastillage, soutenues à l'intérieur par des fils de fer ; les voiles des ailes sont imitées avec du carton blanc, et le châssis qui les soutient avec des baguettes en pastillage ou des cordons de glace, poussés au cornet. Les fenêtres sont masquées à l'intérieur avec des feuilles en gélatine transparente et nuancée.

La charpente du rocher est formée de deux abaisses en bois, reliées par plusieurs supports. Le rocher est composé avec des amandes en nougat, pelées, bien blanches, bien séchées, car humides, elles feraient inévitablement graisser le sucre. Le sucre du nougat doit être cuit avec le plus grand soin, sans le laisser brunir; il doit être très légèrement rougi avec un peu de carmin. Les amandes sont mêlées au sucre par petites portions, de façon à former des grappes séparées, qui sont ensuite collées avec du sucre, contre la charpente du rocher, en ménageant des cavités et des jours. — Ces amandes peuvent être imitées en pâte à massepain blanche ou rose, glacée au *cassé*.

Le sentier et le pont conduisant au moulin sont exécutés à l'aide d'une bande en carton, masquée en pastillage. Les garde-fous du pont sont formés avec des baguettes en pastillage, soutenues intérieurement avec du fil de fer.

La base inférieure du rocher pose sur quatre pieds; elle est ornée d'une jolie bordure à jour. L'espace libre entre la bordure et le rocher est garni avec de petits gâteaux.

Dessin 387. — MOSQUÉE TURQUE
PLANCHE 77.

Cette pièce est exhaussée sur une plate-forme carrée, ayant un prolongement sur deux faces formant les escaliers; ceux-ci sont flanqués, de chaque côté, par deux colonnes surmontées d'une boule et d'un croissant.

La tour, ou plutôt le minaret de la mosquée, est à trois étages en retraite les uns sur les autres; il est flanqué, à sa base, de quatre corps de logis formant la mosquée; ceux-ci sont accolés les uns aux autres, formant ainsi un carré régulier. Ils sont reliés aux angles par quatre colonnes lisses, appliquées en relief, appartenant au même ordre que les premières; mais celles-ci sont surmontées d'un if taillé en pointe, également orné d'un croissant. La toiture des bâtiments est coupée en plans inclinés; mais elle est plate sur le sommet et porte deux ifs posés sur les angles. Chaque façade est percée, sur le haut, d'une rose polylobée et, sur le bas, d'une double arcade en fer à cheval soutenue, sur le centre, par deux colonnes accouplées. Le vide de ses arcades peut être fermé par un châssis à vitrage, c'est-à-dire une bande en pastillage à jour, levée à la planche, masquée sur l'arrière, avec une feuille en gélatine : il convient toujours de fermer l'ouverture des pièces par lesquelles on peut apercevoir les charpentes intérieures.

Le premier étage de la tour est de forme hexagonale; chacune des façades est percée, sur son centre, d'une fenêtre de forme ogivale, dont trois sont ornées d'un balcon; cet étage est surmonté de six niches en encorbellement, supportant une balustrade saillante, découpée à jour. Le deuxième étage est de forme ronde, sans fenêtres, mais également surmonté d'une autre balustrade à jour

387

388

sur une base renflée. Le troisième étage est de forme hexagonale, comme le premier ; de même que celui-ci, il est percé de six fenêtres ogivales, et orné d'une balustrade ; il porte, sur son centre, une coupole étagée se terminant en flèche, et ornée d'un croissant.

Cette pièce, bien que compliquée de petits détails, est cependant d'une exécution facile. La base formant perron peut être en bois mince ou en carton. La mosquée est accolée contre un appui en carton à six pans, ployés par de fausses coupes. La partie seule, excédant la toiture, doit être masquée en pastillage. Les différentes tours, exécutées séparément, sont fixées les unes sur les autres. Cependant, il est préférable que le deuxième et le troisième étage forment une pièce indépendante du premier.

L'ensemble de la pièce, la mosquée et le minaret, sont exécutés en pastillage blanc ; mais la toiture de la mosquée peut être nuancée, et le corps du minaret orné avec des détails nuancés en bleu ou en lilas.

Afin de donner au monument toute la solidité voulue, il convient de fixer debout, au centre de la base, quelques soutiens en bois, se prolongeant jusqu'au niveau de la balustrade du premier étage, pour lui porter appui. — Cette pièce peut être fixée sur un rocher de forme basse, traversé sur son centre par une grotte à jour. Mais si elle est montée sur une base carrée, sans escaliers, le rocher peut être rond, formé en sucre soufflé ou en biscuit de couleur, posant sur une base bordée.

Dessin 388. — PHARE MODERNE
PLANCHE 77.

Cette pièce est à trois étages, de forme hexagonale et en retraite les uns sur les autres ; elle est exhaussée sur une plate-forme circulaire, ornée à sa base d'une balustrade en saillie, percée en arceaux, et reliée par des pilastres surmontés d'un vase garni de feuilles de cactus, imitées.

Les trois étages du phare sont exécutés sur le même plan ; ils sont portés chacun par six colonnes ornées d'une bande en spirale : les colonnes sont blanches, les bandes nuancées ; les intervalles des colonnes sont remplis par des châssis à vitrages, masqués sur l'arrière, avec des bandes de gélatine transparente et nuancée. Ces châssis peuvent être exécutés à jour, en glace-royale poussée sur verre ; mais ils peuvent aussi être exécutés en pastillage nuancé, décoré au cornet avec de la glace blanche. Chacun des étages est surmonté d'une balustrade saillante, à jour, portée par un encorbellement à facettes, et flanquée aux angles, par des pilastres surmontés d'une boule. Le haut du troisième étage se termine par une petite colonnade supportant une coupole.

Cette pièce doit être servie sur un large rocher, bas de forme, en pastillage blanc ou en sucre soufflé, monté sur une abaisse bordée pouvant être garnie de petits gâteaux.

Les deux sujets de cette planche ne sont réellement pas d'une exécution difficile, mais ils doivent être corrects, bien proportionnés. Pour produire tout leur effet, ils doivent avoir un certain développement : 1 mètre et 20 centimètres de hauteur, sans compter le rocher.

Dessin 389. — PAGODE ORIENTALE
PLANCHE 78.

Cette pièce est d'une exécution simple et facile; le corps principal est hexagone, formant trois divisions : la première comprend la base, dont l'une des faces est percée par le portail; puis la galerie à jour, posée en saillie immédiatement sur la façade principale, s'appuyant sur les colonnes qui encadrent le portail; et, enfin, le tambour sur lequel est posée la colonnade portant la coupole. Ces diverses parties du monument peuvent être exécutées séparément. De chaque côté de la façade principale sur laquelle s'ouvre le portail, figurent deux tours étagées, de forme ronde et svelte.

Les colonnes du portail, et celles supportant la coupole, peuvent être exécutées en sucre coulé, en sucre taillé ou bien en pastillage; dans les deux premiers cas, elles sont pleines; dans le dernier, elles sont creuses, montées sur un tube en carton, puis décorées au cornet.

Le pilier central de la colonnade supérieure est en pastillage, mais composé de plusieurs pièces moulées, et, par conséquent, vides. L'entablement de la colonnade peut être exécuté en carton ou en pastillage; il est décoré au cornet et orné, sur le haut, avec une bordure évasée.

Le portail est en saillie, formé en deux divisions; les châssis à vitrage sont imités en pastillage; ils sont levés sur une planche à mosaïque, et masqués sur l'arrière, avec des feuilles en gélatine nuancée : rouge, verte ou bleue; les vitraux peuvent même être de plusieurs nuances.

Les deux tours latérales sont imitées en pastillage blanc, et décorées en relief avec des ornements en pastillage nuancé; elles sont tout à fait accolées à la façade.

Le monument est représenté placé sur une base circulaire décorée en mosaïque, et ornée de six lions posant chacun sur un socle.

Pour exécuter la mosaïque, il faut d'abord masquer l'abaisse avec du pastillage blanc, et découper symétriquement celui-ci à l'emporte-pièce, en retirant les parties coupées, pour les remplacer par du pastillage nuancé coupé avec les mêmes emporte-pièces. Les lions sont en sucre coulé.

Avant d'être servie, cette pièce doit être fixée sur un rocher imité en sucre soufflé ou en biscuit de couleur, mais percé en voûte et portant sur une abaisse bordée, posée sur quatre pieds, assez spacieuse pour permettre de dresser une abondante garniture de petits gâteaux, entre le rocher et la bordure.

Dessin 390. — PAVILLON CHINOIS
PLANCHE 78.

Cette pièce, exécutée depuis sept à huit ans, et bien qu'ayant été servie plusieurs fois, se trouve encore aujourd'hui dans un tel état de conservation [1] qui permettrait de la servir sans autre précaution que de renouveler les petits détails.

---

1. Voici la méthode que j'emploie pour conserver mes pièces en pastillage, après les avoir servies : je commence par les enlever de leurs assises ou des rochers sur lesquels elles ont été servies; je les dégage de tous les petits détails trop légers pour se maintenir intacts, c'est-à-dire les bordures et les ornements légers appliqués en saillie; je les pose ensuite sur un fond en bois qui doit en faciliter le maniement; je les enveloppe alors dans plusieurs feuilles de papier-soie, en les collant avec de la cire à cacheter, et les serrant avec de la ficelle, de façon que la poussière ne puisse les traverser. C'est dans ces conditions qu'elles sont enfermées dans des armoires vitrées.

PLANCHE 78.

389

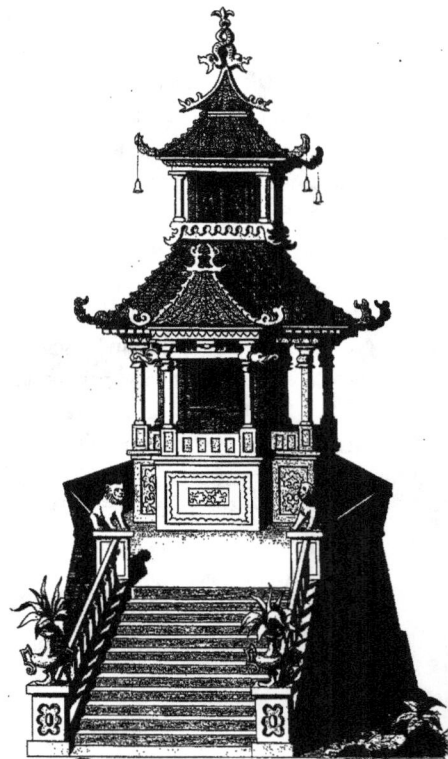

390

Le pavillon et la plate-forme sur laquelle il figure sont tout à fait indépendants l'un de l'autre ; je dirai même que la pièce n'a été servie qu'une fois, telle qu'elle est représentée ici ; je l'ai servie ensuite sur une simple assise à gradins, fixée sur un rocher imité en biscuit de couleur. J'ai trouvé que cette disposition convenait mieux au genre de la pièce ; et, en effet, elle a beaucoup gagné à ce changement.

Le pavillon est à deux étages, mesurant dans leur ensemble, sans le rocher, 96 centimètres ainsi divisés : 51 centimètres pour le corps du premier étage, depuis le soubassement jusqu'au faîte de sa toiture, 45 centimètres pour le deuxième étage.

Le corps des deux étages est en pastillage blanc, les toitures sont en pastillage lilas, les détails appliqués en saillie sur les angles des corniches et sur les toitures sont de teinte jaune-rougeâtre.

La construction de la pièce est tout à fait simple ; voici comment il faut opérer : sur un fort carton blanc, coupez quatre bandes de 12 centimètres de diamètre, sur 51 centimètres de haut ; sur chacune de ces bandes, à 14 centimètres de la base, découpez une double ouverture de 8 centimètres de large, sur 5 centimètres de haut : cette ouverture est destinée à former la porte grillée des façades intérieures du pavillon. Encadrez ces bandes sur la lisière, de haut en bas, tout autour, avec quatre baguettes plates, en bois mince, en les collant avec de la colle forte. Assemblez ces bandes pour les coller, de façon à former le corps intérieur de la pièce, de forme carrée ; fixez ensuite cette division sur le centre d'une base en bois, vide, également de forme carrée, ayant 30 centimètres de diamètre : cette base n'est pas reproduite sur la gravure.

Contre chacune des faces du corps de la pièce, formée en carton, appliquez, en le collant, un soubassement en bois mince ou en épais carton, ayant la hauteur de 12 centimètres sur 20 centimètres de large, formant ainsi un prolongement à chaque face, et donnant, par conséquent, à cette partie de la pièce, la forme d'un rectangle, c'est-à-dire la forme d'une croix grecque.

Masquez la double ouverture de chacune des façades du corps principal, d'abord avec une bande de gélatine rouge, transparente, puis avec un grillage à jour, levé à la planche : ces grillages figurent les portes des quatre façades. Plaquez ensuite toute l'étendue des façades avec du pastillage blanc, mince ; encadrez l'ouverture des portes avec des liserons appliqués en relief ; ornez les panneaux inférieurs avec des détails en relief et, sur le haut, avec un double liseron formant corniche. Sur les angles de chaque soubassement fixez une colonne, avec sa base de même forme et à chapiteau ; ce chapiteau se trouve séparé de la colonne par une boule fixe, percée sur son centre ; ces boules sont traversées par une baguette reliant les deux colonnes de chaque soubassement : la hauteur de ces colonnes, à partir de leur base jusqu'à la corniche de la toiture, est de 22 centimètres. Reliez ces colonnes sur l'avant et sur les côtés par une balustrade pleine, décorée en relief.

La toiture du premier étage est adhérente à celui-ci ; elle est établie sur le même plan, c'est-à-dire qu'elle forme talus, et qu'elle a le profil d'une croix grecque. Son exécution est d'une grande simplicité ; il s'agit, en somme, d'appliquer contre le corps principal du premier étage quatre charpentes en carton, de même largeur que les façades du corps principal, formant sur chaque façade un prolongement de 2 centimètres plus profond que celui des soubassements. Ces charpentes en talus sont fermées de toutes parts, et la ligne de leur inclinaison se trouve légèrement courbée. Sur la toiture de l'avant et de l'arrière seulement, est appliquée une autre charpente plus étroite formant saillie sur la première, sans cependant excéder les limites de son diamètre, sans même arriver à sa hauteur, car elle est coupée droite sur son extrémité, en formant un relief de 5 centimètres en avant de la charpente du fond. Sur toutes les surfaces de cette charpente sont disposées des baguettes en bois, collées à distance pour former les sillons de la toiture, après les avoir masquées avec des bandes en pastillage mince, posées à cheval l'une sur l'autre : par cette combinaison, les parties angulaires de la toiture paraissent dentelées.

. Entourez le dessus de cette toiture avec un épais liseron en pastillage formant corniche, levé à la planche.

Le deuxième étage du pavillon est indépendant du premier, c'est-à-dire qu'il est exécuté séparément ; il se compose d'un pavillon ouvert sur les quatre faces, surmonté d'une toiture coupée en pointe ; il est établi sur un soubassement peu élevé, exécuté en carton et plaqué en pastillage. Le corps de ce pavillon est en retraite sur le soubassement ; il est soutenu par deux pilastres accolés sur les angles ; autour du pavillon sont disposées quatre colonnes reliant la corniche de la toiture ; cette toiture est formée en deux pièces, sur une charpente carrée, établie sur une abaisse formée en corniche, à l'aide de liserons levés à la planche ; cette charpente est exécutée en carton, d'après la même méthode employée pour celle du pavillon italien (page 523), elle est plaquée en pastillage nuancé, appliqué en bandes minces, dans les mêmes conditions que la charpente du premier étage.

La partie supérieure de la toiture est également exécutée sur charpente et plaquée en pastillage nuancé ; elle porte sur une petite assise en pastillage blanc ; sur les parties angulaires sont appliquées en saillie des ornements modelés en pastillage nuancé en jaune-brun.

Dessin 393. — TEMPLE ÉGYPTIEN
PLANCHE 79

Cette pièce est d'une grande simplicité d'exécution : les plans uniformes, s'ils ne sont pas les plus élégants, sont du moins les plus faciles ; les anciens architectes égyptiens ne connaissaient guère d'autres règles que la ligne droite et la forme carrée.

Ce temple est composé de deux pièces principales : la plate-forme et sa base ; il est surmonté d'une colonnade : pris dans son ensemble, il n'est en quelque sorte qu'une pyramide étagée.

La plate-forme, sur laquelle le temple repose, a la coupe d'un piédestal carré, légèrement conique, mais dont l'une des faces est ouverte sur sa partie centrale, et donne issue à un escalier entouré des deux côtés par une rampe. Cette partie de la pièce est exécutée en carton, et celui-ci est plaqué en pastillage. Les hiéroglyphes sont appliqués en relief contre les faces. Les figures allégoriques peuvent être ou levées à la planche ou exécutées au cornet, sur verre, puis détachées et appliquées contre les surfaces. Le fond de la pièce doit rester blanc, mais les ornements peuvent être nuancés en rouge antique. Les quatre sphinx ornant les angles du piédestal sont en sucre coulé, ou imités en sucre taillé au couteau.

PLANCHE 79.

393

394

Le second étage du monument est aussi de forme carrée, conique, analogue au précédent ; mais les quatre façades de celui-ci sont percées sur le centre par une ouverture donnant accès à l'intérieur, masquée par des draperies imitées. Les murs sont aussi ornés de hiéroglyphes et de figures allégoriques, conformes au style des monuments égyptiens.

Le troisième étage est composé de quatre colonnes supportant un entablement ; celui-ci est surmonté d'un petit autel de forme carrée, percé en voûte. Les quatre colonnes sont de forme cylindroïde, épaisses et trapues. Sur le point central de la colonnade est placée une statue symbolique des dieux antiques : une femme assise allaitant un enfant. Ce sujet peut être modelé en pastillage ou même en sucre découpé au couteau ; mais si on le modèle d'abord en argile ou en cire, on peut ensuite en faire le moule, et le couler en sucre : la difficulté n'est pas grande. La base des colonnes n'est représentée que par des ornements en relief, enveloppant le fût jusqu'au quart de sa hauteur. Le chapiteau est formé par un assemblage de feuilles coupées en pointe, et groupées en évasement ; ces colonnes sont exécutées en carton, plaqué en pastillage blanc ; les ornements du haut et de la base sont en pastillage nuancé. — Cette pièce ne doit être servie qu'après l'avoir fixée sur un rocher à jour, afin de lui donner du dégagement.

Dessin 394. — KIOSQUE TURC

PLANCHE 79

La pièce est exhaussée sur une plate-forme carrée, ouverte sur la face principale par un escalier à quatre marches, disposé entre deux rampes ; elle est ornée, sur le haut, d'une balustrade à jour, reliée par des pilastres laissant autour du kiosque un galerie ouverte ; le haut des deux rampes et les angles de la balustrade sont ornés de petits vases garnis de feuilles de cactus, imitées en pastillage vert. Cette plate-forme repose sur une base en bois, de forme carrée, ayant sur la face principale un prolongement demi-circulaire. Elle est exécutée en carton, et celui-ci masqué en pastillage blanc ; les ornements levés à la planche peuvent être en pastillage nuancé.

Le corps de la pièce est de forme hexagonale ; il est exécuté en pastillage. Cinq des façades sont percées par des fenêtres ; la sixième, par une porte fermée donnant sur le perron ; cette porte peut être ouverte, et l'ouverture masquée, à l'intérieur, par deux draperies croisées, de nuance différente : l'une, bleue ou jaune ; l'autre, rouge ou verte. L'encadrement de la porte et l'ornement qui la surmonte sont appliqués en relief. L'ouverture des fenêtres est masquée par un châssis à vitrage, imité en pastillage ; elle est plaquée sur l'arrière avec des feuilles en gélatine transparente et nuancée.

La partie formant la toiture du kiosque est de forme circulaire, mais renflée vers les faces ; elle est exécutée en carton blanc, glacé, orné avec des bandes en pastillage bleu tendre ; elle est ornée sur ses contours avec une petite bordure pendante ; tout autour du pavillon central sont disposés des soutiens servant d'appui à la toiture ; ils sont formés d'une rampe à laquelle adhèrent trois petits drapeaux ; mais ces appuis peuvent être simplifiés, sans nuire à l'ordre de la pièce, car ils ne figurent là qu'à titre d'accessoires. Au-dessous de ce toit, figurent des rideaux imités en pastillage, reployés sur eux-mêmes, formant guirlande tout autour.

La partie supérieure du kiosque représente une tour, surmontée d'une coupole, portée sur une plate-forme circulaire; celle-ci est percée de six fenêtres coupées en œil-de-bœuf; elle est surmontée d'une frise, et ornée sur ses pourtours avec des détails levés à la planches ou poussés au cornet. La tour supérieure est aussi de forme circulaire, et percée de six fenêtres de coupe ogivale; elles sont fermées par un châssis à vitrage masqué, sur l'arrière, avec des feuilles transparentes de gélatine. La coupole peut être exécutée en pastillage ou en carton; dans le premier cas, elle est formée dans deux moules; dans le second, elle est exécutée à la main, en plusieurs pièces. Elle est surmontée d'un petit ornement en pastillage modelé à la main; elle est ornée à sa base par une bordure en saillie; sa surface est minutieusement décorée, soit avec des ornements en pastillage, soit avec de la glace-royale, à l'aide d'un cornet.

Les pièces de ce genre comportent nécessairement un certain mélange de couleurs; il faut cependant éviter de les multiplier avec excès, et surtout de les accuser trop : elles doivent être légères de ton. De même que la précédente pièce, celle-ci doit être fixée sur un élégant rocher exécuté en sucre soufflé, en biscuit de couleur ou même en petits choux glacés au sucre.

Dessin 395. — RUINE ANTIQUE, SUR ROCHER

PLANCHE 80

Les pièces-montées imitant les ruines sont certainement des plus faciles, car elles n'exigent pas une grande précision dans les détails : il suffit qu'elles soient établies dans de justes proportions, qu'elles soient d'aplomb, solidement assises.

La pièce représente le vestige d'une colonnade à arceaux, dont il ne reste que trois colonnes lisses, mais dont le fût est brisé ou fendu sur son épaisseur; leur base est formée en moulures, leur chapiteau est évasé en calice. L'arceau est étroit, très courbe; c'est la forme à laquelle les architectes donnent le nom de fer à cheval : l'archivolte est ouvragée.

Le haut de la pièce, l'entablement, la corniche, sont en pastillage, ornés avec des détails levés à la planche ou poussés au cornet. Les colonnes sont aussi en pastillage; elles sont pleines, mais soutenues à l'intérieur par une tringle en bois ou par un gros fil de fer; elles peuvent encore être formées sur un tube en carton, masqué en pastillage; en ce cas, elles sont généralement munies intérieurement d'une tringle en bois sur laquelle doit porter l'entablement; cette tringle doit être fixée à l'entablement, afin que la hauteur de la corniche ne contribue pas à lui faire perdre son centre de gravité. Pour être plus solides, ces tringles doivent également adhérer à la base, formée en assise; celle-ci est en bois mince, mais masquée en pastillage rayé en forme de grosses pierres de taille.

Le rocher d'une telle pièce doit être élégant, peu volumineux, pas trop haut, mais correct; il peut être exécuté en sucre soufflé rose ou en pastillage blanc : le sucre soufflé est préférable. En tout cas, la mousse et les feuillages sont imités avec du pastillage de nuance vert-tendre. Ce rocher doit être fixé sur une large base en bois, masquée en pastillage, bordée.

395   396   397

DESSIN 396. — TOUR GOTHIQUE

PLANCHE 80

Le simple examen de ce sujet, compliqué d'une infinité de détails minutieux, indique qu'il exige d'être traité avec beaucoup de précision; ce n'est qu'à cette condition, on le comprend, qu'il peut devenir intéressant.

Dans cette collection, si nombreuse et si variée, j'ai tenu à ce que tous les genres y fussent représentés; mais cela n'implique pas, de ma part, l'intention arrêtée de donner indistinctement toutes les pièces reproduites comme des modèles abordables pour chacun; non, sans doute, car il en est dans le nombre, je l'ai déjà dit, qui ne le sont réellement que pour ceux ayant acquis une connaissance approfondie des grands sujets, possédant les qualités indispensables à leur confection. Je ne saurais donc trop recommander, à ceux qui débutent dans cette partie, de ne pas se lancer au hasard dans des entreprises osées, où une déception serait à redouter; mieux vaut pour eux n'entreprendre que des pièces dont l'exécution n'est pas au-dessus de leur force ou de leurs lumières. Dans cette série, d'ailleurs, j'ai évité de faire une trop large part aux sujets compliqués qui, par leur nature, tiennent de trop près à un ordre d'architecture franchement accusé, et, par cela même, à des règles qu'on ne peut enfreindre sans tomber dans l'erreur. J'ai préféré m'attacher à ces pièces d'un ordre moins rigoureux, inspirant moins d'appréhension à ceux qui les abordent, et permettant une certaine licence dans leur composition, en ce sens qu'un détail peut être substitué à un autre sans préjudice des règles absolues, sans que ce changement entraîne aucune conséquence fâcheuse.

C'est bien ce genre, selon moi, que les jeunes gens doivent de préférence choisir dans le début de leurs études. Les artistes supérieurs seuls, ont le privilège de chercher leurs modèles dans un ordre plus élevé, où ils se trouvent mieux à leur aise pour développer leur aptitude.

Mais à ceux qui débutent, comme à ceux qui ont acquis la pratique de ces travaux, je veux donner un avis utile, dont j'ai souvent été à même d'apprécier l'importance : c'est de se défendre de cette manie trop fréquente de vouloir copier un monument connu, qu'elle qu'en soit la valeur artistique; car la comparaison qu'on peut faire, même de loin, de l'original avec l'imitation, sera toujours au désavantage de celle-ci.

J'estime que, dans le milieu où il agit, il y a toujours danger pour un artiste, de s'enfermer dans un cercle dont il ne peut sortir à son gré; et, d'ailleurs, pour parfaite que soit une copie, elle n'est jamais que le pâle reflet de l'œuvre première. J'ai vu des imitations exécutées par des hommes bien compétents, opérant d'après les règles les plus rigoureusement exactes, c'est-à-dire à l'échelle, dont l'effet cependant était nul ou à peu près. J'ai vu des imitations d'un ordre très compliqué, où l'artiste, pour atteindre son but, avait dû déployer des capacités hors ligne, et qui, en dehors de l'admiration des seuls praticiens, n'avaient eu aucun succès. C'est que, en vérité, les monuments ne sont beaux et admirables, ils n'impressionnent notre imagination qu'alors qu'ils se présentent à nos regards sous leur véritable aspect, avec la majesté gigantesque et l'ampleur des formes que le maître leur a données : en diminuant leurs proportions, il semble qu'on en rapetisse l'expression et le mérite.

Évitons donc d'aller à l'encontre de difficultés prévues, dont le triomphe même ne saurait être de quelque profit pour nous; cherchons plutôt à nous attacher à ce genre tout à la fois sérieux et correct, mais original, qui jusqu'ici a si bien secondé nos vues; ce genre est d'autant plus estimable et précieux pour nous, que les architectes ne sauraient l'imiter. C'est celui, d'ailleurs, qui s'adapte le mieux à nos facultés, toujours quelque peu restreintes, et à nos moyens souvent insuffisants.

La pièce représentée par la gravure est à trois étages, en retraite les uns sur les autres; elle doit être exécutée en deux parties séparées : le premier étage d'une part, et les étages supérieurs de l'autre. Le corps principal est de forme carrée, percé, sur chacune de ses faces, d'un portail à arceaux, de forme ogivale, dont l'archivolte est œuvrée, et l'ogive supportée par une colonne. Les deux portails latéraux sont flanqués d'une haute balustrade à jour, ornée de clochetons; ceux de faces sont masqués, à l'intérieur, par un châssis à vitrage. Chacune des faces est encadrée entre deux groupes de quatre colonnes cannelées posant sur un seul piédestal qui forme saillie sur les angles. Les groupes de colonnes correspondent aux quatre tourelles carrées, disposées sur les angles de la corniche, reliées par une galerie à claire-voie.

Le deuxième étage est aussi de forme carrée, mais il est flanqué, sur ses angles, par deux colonnes jumelles posées en saillie, sur piédestal, supportant une tourelle disposée en contre-fort. Cette colonnade correspond aussi aux quatre tourelles de l'étage supérieur, également reliées par une galerie à jour.

Les portes sont de forme ogivale, fermées par un grillage à vitraux; l'ogive est supportée par deux colonnes latérales. Ce deuxième étage est surmonté d'un tambour percé, sur les quatre faces, par une rosace polylobée, à jour : c'est sur ce tambour que porte l'étage supérieur, différant des précédents en ce que les angles sont flanqués de trois colonnes, dont l'une supporte la double tourelle surmontée d'un clocheton gothique, et les deux autres servent d'appui à l'arceau ogival; celui-ci est fermé avec un châssis percé par une double croisée, dont une colonne forme la division. Le couronnement de l'étage est formé par une balustrade à jour, faisant saillie, reliant les quatre tourelles.

Cette pièce est en pastillage blanc, sans aucune nuance; bien exécutée, elle est d'un très joli effet. Les colonnes et les tourelles à clochetons, disposées en saillie, lui donnent une grande légèreté. Les bordures pendantes, les balustrades, l'ogive des arceaux, les rosaces même, peuvent être levées à la planche, mais les colonnes sont moulées en pastillage ou coulées en sucre.

DESSIN 397. — COLONNADE EN RUINE
PLANCHE 80

Pour que cette pièce soit présentée sous son aspect le plus flatteur, elle doit avoir pour base un beau rocher, exécuté en sucre soufflé rose et blanc, posant sur une base bordée.

Cette ruine, plus simple encore que la première de cette planche, est cependant d'un grand attrait; elle présente toutes les qualités essentielles à une pièce ornementale : élégance, simplicité, légèreté. Elle est placée sur le haut d'un rocher dont la base est formée en voûte ; elle pose sur une assise angulaire. Les trois colonnes sont cannelées, en imitation de l'ordre corinthien ; elles reposent chacune sur un *dé* cubique formant piédestal ; leur chapiteau est formé par des volutes et des feuilles d'acanthe, caractère originel de l'ordre corinthien. L'entablement n'est représenté que par une simple portion prise sur la partie angulaire ; il est surmonté d'un pan de mur brisé. La corniche est représentée sur le dessin, vue par son côté intérieur ; mais, malgré son état de vétusté, elle doit cependant conserver sur ses surfaces extérieures des traces de son ancienne splendeur : les détails en relief d'une corniche, lui donnent plus d'intérêt et de vigueur.

L'assise sur laquelle porte la colonnade est exécutée sur une charpente en bois mince, masquée en pastillage. Les colonnes sont en pastillage ; étant cannelées, elles doivent être moulées en deux parties sur leur longueur, puis soudées ; mais, avant d'assembler ces parties, il faut placer un fil de fer sur leur centre, un peu plus long que les colonnes, de façon qu'il puisse, par une de ses extrémités, être introduit dans l'entablement, en traversant le chapiteau, et, par l'autre, pénétrer dans l'assise, en traversant le piédestal des colonnes ; avec ces précautions, il est facile de donner à la pièce toute la solidité et l'aplomb qu'elle réclame.

De sa base au sommet, la pièce est blanche : seules les plantes grimpantes et la mousse sont nuancées. Le rocher est imité en sucre soufflé rose ; il est formé en voûte. Dans ces conditions, la pièce doit être fixée sur le centre d'une base en bois, posant sur quatre pieds, bordée en pastillage.

DESSIN 398. — RUINE MOYEN AGE, SUR ROCHER

PLANCHE 81

Au premier abord, cette pièce paraît compliquée : elle est cependant d'une exécution facile, quoique minutieuse ; elle a été dessinée sur des dimensions bien accusées, afin que les détails fussent plus en évidence et mieux compris ; c'est par ce motif que le rocher n'est vu qu'en partie, tandis que, pour produire tout son effet, la pièce doit être placée sur un rocher équivalant au tiers de sa hauteur. Cette remarque, d'ailleurs, s'applique indistinctement à toutes les pièces-montées ; il convient toujours de les élever sur une assise quelconque.

Le corps de la pièce repose sur une plate-forme mi-circulaire, aux murs lézardés, dont le haut est orné d'une petite frise à arcatures appliquées en saillie contre le mur ; cette plate-forme est exécutée en fort carton, et plaquée en pastillage ; elle est fermée, sur le haut, par une abaisse en bois mince ; c'est sur cette abaisse que porte la pièce principale, en laissant autour d'elle une galerie ouverte. Dans son ensemble, la ruine a la forme d'un grand quadrilatère auquel on arrive en traversant un pont-levis et un portail à arceau, crénelé sur le haut, flanqué de deux tourelles. Dans ce quadrilatère, se trouve une double tour de forme carrée, flanquée d'une unique tourelle, et percée de plusieurs fenêtres, mais dont la partie supérieure seule a le caractère antique, sa base est bien plutôt un revêtement de soutien surmonté d'une toiture moderne, sur laquelle porte une galerie à arcades ogivales, tournant autour des quatre murs, couverte aussi d'un toit moderne.

Le pan de mur en ruine, sur l'arrière du portail, laisse voir les fenêtres ogivales d'un étage délabré, au-dessus duquel s'élève l'angle isolé d'un autre étage dont le vide s'est fait tout autour. Cette partie de la ruine, ainsi que le portail, les tourelles et la tour centrale, sont exécutés en pastillage blanc.

Cette pièce est blanche depuis la plate-forme jusqu'à la tour du haut, excepté la toiture de la partie inférieure et celle des tourelles qui peuvent être nuancées. Le rocher est exécuté en pastillage blanc; mais la mousse et les feuillages sont verts; il doit être fixé sur le centre d'une abaisse en bois, posée sur quatre pieds, bordée en créneaux, assez large pour être garnie avec de petits gâteaux ou des fruits glacés.

Dessin 399. — PYRAMIDE RENAISSANCE, SUR ROCHER

PLANCHE 81

Pour une pièce de ce genre, il est nécessaire que le rocher soit très élégant, très léger, percé à jour; il doit être en sucre soufflé rose, entremêlé avec du feuillage vert; il est représenté fixé sur un bassin creux duquel s'élancent quatre gerbes d'eau; mais au-dessous du bassin, doit néanmoins se trouver une base en bois, posant sur quatre pieds, ornée d'une belle bordure en pastillage, pouvant être garnie avec des petits gâteaux.

Le corps de la pyramide, depuis sa base jusqu'à son extrémité, est exécuté en pastillage blanc; les détails d'ornements sont levés à la planche et appliqués en relief. La partie supérieure est à jour; elle est formée avec quatre faces ouvragées, également levées à la planche, dans le genre de celle représentée au chapitre des accessoires. La pyramide et son piédestal sont portés par une colonnade à entablement, portant elle-même sur une assise quadrangulaire, rayée en forme de pierre de taille; cette assise est en bois, mais plaquée en pastillage. Les colonnes supportent un entablement en saillie, formant le soubassement du piédestal, dont les angles sont ornés de palmettes.

Les colonnes, l'entablement et le piédestal de la pyramide peuvent être exécutés soit en pastillage, soit en carton plaqué en pastillage.

Pour que cette pièce ressorte avec toute son élégance et sa légèreté, la pyramide doit être à peu près du double plus haut que le rocher.

Dessin 400. — RUINE CRÉNELÉE, SUR ROCHER

PLANCHE 81

Cette ruine appartient au même ordre que celle qui précède, mais elle en diffère par la forme et les détails : elles peuvent donc être servies ensemble sans inconvénient.

Le rocher sur lequel la ruine est fixée est exécuté sur une charpente en épais carton ou en bois mince. La tour est à trois étages découverts; elle est entourée, à sa base, d'un mur d'enceinte suivant les sinuosités tortueuses de la roche, et surmontée de créneaux en ruine; elle est percée de fenêtres à arceau. Les murs sont ornés de mousse et de feuillage.

Pl 81

398

399

400

La tour inférieure est de forme circulaire, percée à sa base, par un portail en arceau, s'ouvrant sur un sentier bordé d'un vestige de rampe ; ce portail est flanqué de deux statuettes en relief, posées sur des supports saillants.

Le haut de cette tour est orné d'arcatures en relief formant assise à un mur en ruine. C'est du centre de cet étage que s'élève la double tour, à peu près intacte, percée à sa base, d'une porte cintrée, flanquée vers le centre, par une galerie ouverte, appliquée en saillie, marquant la division supposée de deux étages, et servant en même temps de balcon.

La tour supérieure est plus étroite que la première ; elle est percée d'une porte et de plusieurs fenêtres coupées en arceau, ornées d'un balcon ; son couronnement est posé en saillie : une oriflamme est fixée sur son centre.

Dessin 401. — BELVÉDÈRE RUSTIQUE

PLANCHE 82

Cette pièce est directement fixée sur un rocher imité en pastillage ou en biscuit de couleur, orné de mousse et de feuillages. Elle est de forme hexagone, montée sur une base analogue, faisant saillie tout autour ; celle-ci est exécutée séparément et fermée en dessus, de façon que le corps de la pièce puisse y trouver un appui solide ; elle est masquée en pastillage de nuance rougeâtre, rayé en imitation d'une maçonnerie en briques.

Le corps de la pièce est à deux étages : celui du haut est percé de six fenêtres vitrées ; à l'étage inférieur, les fenêtres sont simulées, et en plus petit nombre. Cette partie est exécutée en pastillage blanc, abaissé avec un rouleau rayé. Les montants appliqués contre les angles, ceux formant entablement au-dessous du toit, et ceux disposés en galerie, sont en pastillage nuancé de couleur naturelle du bois ; mais ils sont soutenus, à l'intérieur, avec du fil de fer mince. L'encadrement des fenêtres est imité avec du pastillage couleur de bois ; les carreaux avec des feuilles de gélatine nuancée, appliquées à l'intérieur. La toiture en chaume est montée sur charpente ; le chaume est imité au cornet avec de la glace-royale jaune ; le sommet de cette toiture peut être surmonté d'une petite girouette.

Les marches de l'escalier et la rampe à jour sont imitées en pastillage couleur de bois ; mais les piliers de soutènement sont effectivement en bois masqué de pastillage, car c'est sur eux que porte la rampe de l'escalier.

Le rocher de la pièce peut être exécuté en biscuit de couleur ; sur certaines parties, les roches imitées sont couvertes de mousse, et, de leur fissure, s'échappent des plantes grimpantes et du feuillage. Sur le centre du rocher est ménagé un creux donnant issue à une nappe d'eau, imitée en sucre filé. Mais, pour être au complet, cette pièce doit être fixée sur une large base en bois, posant sur quatre pieds, ornée avec une bordure imitant une barrière en bois rustique ; l'espace entre la barrière et le rocher doit être garni avec des petits gâteaux ou des fruits glacés.

Dessin 402. — FONTAINE ORIENTALE

PLANCHE 82

Cette pièce est toute simple : elle se compose de quatre colonnes supportant un entablement dont la partie centrale se relève en assise; sur celle-ci, est fixé un petit belvédère. Sur le centre de la colonnade est disposée une coupe sur son pied, de laquelle s'échappe une gerbe d'eau imitée en sucre filé blanc et fin : la coupe est aussi imitée en sucre filé.

La fontaine est entourée d'un double bassin : le premier est complètement circulaire; le plus bas, forme réservoir en saillie représenté à moitié plein d'eau; cette eau est imitée en sucre filé; elle s'échappe par une ouverture pratiquée sur l'épaisseur du réservoir et se répand sur le rocher. Ces bassins sont exécutés en carton blanc, plaqué en pastillage sur les surfaces extérieures. Les ornements sont découpés en creux, à l'emporte-pièce. Les colonnes sont vides, exécutées sur un tube en carton, et ornées avec des détails levés à la planche; mais elles sont munies, à l'intérieur, d'une tringle en bois faisant appui à l'entablement supérieur; celui-ci est aussi exécuté en carton, mais plaqué en pastillage blanc; les contours sont ornés avec des détails levés à la planche ou poussés au cornet. Le petit belvédère est percé en ogive; il est surmonté d'une coupole décorée au cornet avec de la glace nuancée : la coupole elle-même est surmontée d'un croissant.

Cette pièce doit aussi être fixée sur le centre d'une large base en bois, bordée. L'espace laissé libre entre le rocher et la bordure est garni avec de petits gâteaux.

Dessin 403. — PAVILLON RUSTIQUE

PLANCHE 82

Cette pièce représente un pavillon rustique, couvert de neige; pour qu'elle produise tout son effet, qu'elle paraisse plus légère au regard, elle doit être fixée sur un rocher élevé, formant la grotte, et posé sur une large base entourée avec une balustrade rustique, imitée en pastillage.

Ce genre d'ornementation à la neige est original; mais il ne peut guère s'appliquer qu'aux pièces du genre rustique, et encore ne convient-il de l'appliquer qu'aux pièces de ce genre qui ont déjà été servies : c'est une sorte de restauration réussissant assez bien, mais dont il ne faudrait pas abuser.

Le pavillon est de forme hexagone, percé de cinq fenêtres et d'une porte ogivale; il est couvert d'un toit coupé en pointe surmonté d'un petit belvédère à clocheton.

Le corps principal de la pièce est exécuté en carton, et celui-ci plaqué avec des branchages rustiques imités en pastillage couleur de bois. Les pièces rustiques sont d'autant plus faciles à exécuter que, pour la plupart, elles n'exigent pas une stricte régularité.

La toiture est aussi exécutée en carton, et couverte en chaume imité avec de la glace-royale;

Pl. 82

R. Werner gez.

Leipzig H. Just Brinckman

401   402   403

à l'aide d'un cornet ; la neige dont elle est en partie couverte est imitée avec de la glace de sucre ; pour faire tenir ce sucre, il suffit d'humecter, avec de la gomme arabique dissoute, les parties qui doivent être blanches : on les saupoudre alors avec le sucre ; mais il convient de laisser voir, en divers endroits, le chaume de la toiture.

Le petit belvédère et la base sur laquelle il est fixé sont exécutés en pastillage, mais toujours en imitation de bois.

Dessin 404. — FONTAINE ROMAINE

PLANCHE 83

La forme de cette pièce est carrée, mais légère cependant. Elle est exhaussée sur une plate-forme quadrangulaire, à trois gradins, fixée sur un rocher portant à chaque angle un petit vase sur socle. Le corps principal de la pièce est formé de trois étages : le premier est celui de la fontaine ; le second est fermé sur les quatre faces, par un châssis à vitraux ; le troisième est ouvert : il représente une imitation de petit temple à colonnes, entouré d'une balustrade à jour, posée en saillie.

La fontaine, proprement dite, jette de l'eau sur les quatre faces, dans des bassins adossés à la plate-forme : l'eau est naturellement imitée avec du sucre filé. Cette partie de la pièce, de même que la plate-forme, sont exécutées sur une charpente en carton plaqué en pastillage ; cette dernière est fixée sur une abaisse en bois. Tous les détails d'ornement sont en relief, nuancés de teinte lilas.

La pièce intermédiaire, entre la fontaine et le petit temple, est à pilastres : ceux-ci sont ornés de chapiteaux et portent sur une base saillante ; ils sont exécutés en pastillage blanc, et ornés avec des détails nuancés. Les vitraux sont exécutés au cornet, sur une plaque en verre : ils sont masqués, sur l'arrière, avec des feuilles en gélatine nuancée.

La galerie saillante entourant la colonnade est fixée sur une abaisse en bois mince ; elle est reliée, à ses angles, par un socle de forme carrée, sur lequel est fixée une jolie coupe en pastillage ; la partie inférieure est ornée avec une guirlande pendante, en fleurs imitées. Les colonnes sont également reliées par des guirlandes en fleurs. L'entablement que supporte les colonnes est un peu saillant ; il est surmonté d'un couronnement à gradin, sur le haut duquel est disposé un petit belvédère dont la toiture se termine en pointe.

Dessin 405. — PAVILLON SUR UN ROCHER

PLANCHE 83

Le rocher de cette pièce est exécuté en pastillage blanc, orné de mousse verte et de feuillage ; il est construit sur une charpente de forme circulaire pouvant être percée sur les côtés, afin de donner plus de légèreté à la pièce : il doit être fixé sur une base bordée en pastillage.

Le pavillon est exhaussé sur une plate-forme hexagone, percée par un escalier donnant accès sur le rocher. Le pavillon lui-même est de forme hexagone ; la façade principale est percée d'un portail à arceau, fermé par un châssis à jour, exécuté au cornet, et masqué sur l'arrière, avec des feuilles en gélatine transparente ; les autres façades sont percées chacune d'une fenêtre également à arceau et à vitraux ; les fenêtres et le portail se trouvent encadrés entre deux colonnes dont le chapiteau est à moulures superposées, et le fût taillé en pointe, à sa naissance.

L'entablement du pavillon se compose d'une frise décorée et d'une sorte de corniche saillante coupée en créneaux.

Sur chacun des angles flotte une banderole. — Le toit est coupé en talus et plat sur le haut, de façon à former la plate-forme sur laquelle pose la partie supérieure de l'édifice, composée d'un petit belvédère hexagone, mais à arceaux ouverts, de forme ogivale ; ce belvédère est entouré d'une balustrade, et surmonté d'un entablement crénelé ; sur le centre de celui-ci est fixée une petite tourelle de forme circulaire, également à créneaux, percée de quatre fenêtres : sur le haut de cette tourelle flotte un étendard. Cette partie du pavillon est exécutée en pastillage blanc ; mais le corps principal de la pièce peut être tout simplement exécuté en carton blanc, glacé, car les ornements nombreux qui le décorent, étant appliqués en relief, le dissimulent en quelque sorte au regard. Les colonnes et leur base peuvent être exécutées en sucre coulé ou en pastillage.

Cette pièce, en raison de ses détails nombreux, peut être de deux nuances : blanc et rose ; le fond reste blanc, les détails seuls doivent être nuancés.

Dessin 406. — BELVÉDÈRE SUR ROCHER

PLANCHE 83

Cette pièce est d'une grande légèreté d'allure, sa forme est élégante, car elle présente beaucoup de jours ; son exécution offre peu de difficultés.

Le belvédère est fixé sur une plate-forme hexagone, formant balustrade, mais dont la moitié des pans sont fondus et contournés de façon à livrer passage à un escalier. La plate-forme elle-même est fixée sur un rocher percé à sa base, en imitation de grotte entourée de chaque côté par un parapet. Mais ce rocher doit être fixé sur une base en bois posant sur quatre pieds, et bordée. Les quatre angles de la plate-forme sont ornés d'un petit vase garni de feuilles imitées de cactus ; les deux rampes se terminent par un pilier carré surmonté d'une boule.

Le corps de pavillon est de forme carrée ; chacune des façades est percée par une porte à arceau, ornée de vitrages encadrés : ceux-ci sont imités au cornet ou levés à la planche, mais fermés sur l'arrière avec des feuilles en gélatine blanche ou jaune. Cette pièce peut être exécutée en pastillage nuancé à la façon du bois d'acajou.

Ce pavillon est encadré dans une colonnade détachée, formant galerie ouverte tout autour ; les colonnes sont lisses et fluettes ; elles sont surmontées d'un entablement à arceaux, supportant la toiture ; celle-ci est de forme hexagonale, coupée en pointe ; elle se termine par une flèche à laquelle flotte une oriflamme. Cette toiture est tout simplement exécutée sur une charpente en carton ; mais le carton est plaqué soit avec des bandelettes en pastillage, disposées à cheval, soit avec une bande en

Pl 85

G.Werner gez.

404

405

406

H.O.Brinckmann gest. Leipzig

pastillage, levée sur une planche, gravée en toiture ; elle est entourée, à sa base, d'un entablement pendant, divisé en panneaux, correspondant à l'hexagone de la toiture; ces panneaux sont décorés au cornet, et chacun des angles est orné d'un if auquel est adaptée une petite banderole flottante. Sur le centre de chaque arceau est suspendue une petite bouquetière.

Ces trois pièces-montées sont très élégantes ; mais en l'état où la gravure les représente, elles ne sont, par le fait, vues qu'à moitié. Il est évident qu'elles auraient un aspect plus gracieux, si elles étaient reproduites dans les mêmes conditions que celles des deux premières planches de cette série.

SOMMAIRE DES PLANCHES 84, 85, 86, 87

GRANDES PIÈCES-MONTÉES EN PASTILLAGE, SUR ROCHER.

DESSIN 407. — GRAND PAVILLON RUSTIQUE, SUR ROCHER

PLANCHE 84

Les quatre grandes pièces-montées, formant cette série, sont de composition récente; elles existent encore en parfait état; toutes ont été dessinées d'après l'original. En les examinant attentivement, on peut facilement se rendre compte de leur importance artistique. Les deux premières appartiennent au genre rustique; les deux autres sont des pièces architecturales. Chacune, dans leur genre, peuvent être considérées comme des spécimens remarquables par l'élégance et la distinction de leur forme. Je n'ai rien négligé pour les rendre attrayantes aux jeunes élèves et aux praticiens eux-mêmes qui seraient disposés à les étudier de près. Afin d'en rendre l'étude plus facile, je leur ai donné de plus amples dimensions qu'à celles reproduites aux planches de la précédente série; j'espère donc que de tels modèles ne seront pas sans-profit pour eux.

Le pavillon reproduit à cette première planche mesure la hauteur de 1 mètre 61 centimètres[1], se divisant ainsi : 44 centimètres de la base à l'extrémité du rocher; 62 centimètres pour le corps principal du pavillon, depuis la plate-forme jusqu'à l'extrémité de la toiture; 32 centimètres pour le corps du deuxième, de la base au niveau de la toiture, et 23 centimètres pour les trois divisions de cette toiture, jusqu'à la naissance de la pointe formant le faîte de la pièce.

Le pavillon se compose de deux étages de forme carrée, exécutés en pastillage de nuance jaune foncé, c'est-à-dire couleur de bois peint; les détails saillants sont blancs; les toitures sont en jaune paille, en imitation du chaume.

L'étage principal est construit sur une charpente carrée, en pastillage, contre les façades de laquelle sont appliquées et collées les baguettes en bois imité, symétriquement disposées; à chacun des angles est appliquée une sorte de colonne, en branche d'arbre, imitée, courbée sur le haut, de façon à former soutien à la toiture. Les faces de cet étage sont percées de deux portes et de deux fenêtres; celles-ci sont fermées par un grillage exécuté au cornet ou en pastillage, plaquées sur l'arrière, avec une feuille de gélatine nuancée : les portes sont closes; au-dessus de chacune d'elles est appliquée, en saillie, une petite marquise rustique, couverte de chaume, soutenue par deux colonnes courbées à l'instar de celles formant soutien à la toiture. Pour établir cette toiture, la partie

1. La hauteur des pièces de cette série varie de 1 mètre 50 centimètres à 1 mètre 90 centimètres.

Pl. 84

supérieure de l'étage doit être coupée en talus, des deux côtés, juste sur le milieu ; c'est sur cette inclinaison que vient se fixer la charpente de la double toiture, exécutée en carton ou en pastillage ; elle est posée en saillie sur les quatre faces ; le chaume qui la couvre est exécuté au cornet ou simplement avec des bandes minces de pastillage jaune-clair, finement ciselées. Elle est entourée, au-dessous de la lisière, d'une bordure en demi-lune, simulant des soutiens en bois, propres à la consolider.

Le belvédère, formant le deuxième étage de la pièce, repose sur une assise pleine, échancrée en dessous et posée à cheval sur la toiture de l'étage principal. Le corps de ce deuxième étage est à jour ; ses ouvertures sont percées en arceau. Sa toiture est étagée, en forme d'entonnoirs renversés les uns sur les autres, se terminant par une pointe allongée ; elle est aussi exécutée sur charpente et supportée par quatre soutiens recourbés vers le haut. Le chaume qui la recouvre est imité dans les mêmes conditions que celui de la première toiture.

Les deux étages du pavillon sont sillonnés par des rameaux verts de plantes grimpantes imitées qui, partant des angles inférieurs du pavillon, se glissent jusqu'au sommet du belvédère, pour tomber des toitures en guirlandes naturelles et détachées, flottant dans les airs. Le feuillage de ces rameaux peut être artificiel ou exécuté avec des détails en pastillage et en glace-royale, accolés à de minces fils d'archal recouverts d'étoffe ou de papier vert. Cet ornement, bien simple au fond, tient cependant une large place dans l'ornementation des pièces de ce genre : il en éclaire avantageusement la physionomie et les rend plus coquettes.

La plate-forme du pavillon est fixée sur la charpente du rocher ; elle est carrée, un peu plus large que le corps du pavillon ; elle s'ouvre de deux côtés, à droite et à gauche, sur un escalier aboutissant à la rampe en demi-cercle qui descend jusqu'à la base ; cette rampe doit aussi se reproduire de l'autre côté, sur l'arrière. Le rocher est imité en sucre soufflé. Les escaliers et le haut de la plate-forme sont bordés par une balustrade rustique. La base supportant le pavillon et le rocher est également bordée en rustique.

Dessin 408. — GRANDE PIÈCE RUSTIQUE, SUR ROCHER
PLANCHE 85.

Pour bien se rendre compte de l'élégance de cette pièce, il faudrait la voir tout à fait finie, dressée sur la table d'un grand buffet de bal. Bien qu'appartenant au genre rustique, elle diffère cependant de la précédente : celle-ci est plus ouvragée, plus minutieusement ornementée. En la reproduisant dans de telles conditions, j'ai voulu démontrer qu'il est facile, à celui qui sait étudier, de tirer du même genre des variétés caractéristiques équivalant en quelque sorte à des innovations, en tout cas suffisantes pour mettre en évidence les efforts des praticiens aimant et recherchant le progrès en leur art. — De la base à son extrémité, cette pièce mesure 1 mètre 71 centimètres, ainsi divisés : 31 centimètres pour le rocher ; 60 centimètres pour l'étage principal et la plate-forme qui la supporte ; 32 centimètres pour le deuxième étage ; 38 centimètres pour le troisième étage et le petit belvédère dont il fait le couronnement.

Cette grande pièce est de forme hexagone; le fond est de nuance rougeâtre; tous les détails saillants : bordures, balustrades, encadrements, colonnes de soutien, sont de nuance jaune-terne [1]; le dessus des toitures est de nuance paille, en imitation de chaume. Les divers étages du pavillon, de haut en bas, sont sillonnés par des rameaux de plantes grimpantes qui, partant de la base des colonnes de soutien de la toiture inférieure, s'élèvent jusqu'à l'extrémité de la pièce.

Le corps des trois principaux étages est construit sur une charpente hexagone, en pastillage mince; les surfaces de cette charpente sont symétriquement plaquées avec des baguettes imitant le bois. L'ouverture des fenêtres des étages est fermée par un grillage à jour. Les toitures à angle aigu, du premier et du troisième étage, sont aussi établies sur charpente; le chaume est imité avec de la glace-royale jaune, poussée au cornet, ou avec des bandes en pastillage de même nuance, abaissées minces et finement ciselées : les deux méthodes arrivent au même résultat.

Le pavillon est fixé sur une plate-forme hexagone, ornée d'une balustrade rustique, ouverte seulement sur les deux façades où vient aboutir l'escalier droit, donnant accès à l'étage de plein pied. Cette plate-forme, étant plus large que le corps de l'étage inférieur, laisse autour de celui-ci une galerie couverte donnant beaucoup de dégagement à l'ensemble.

Le deuxième étage est sans toiture, mais à galerie saillante : à cette différence près, il est établi dans les mêmes conditions; les deux balustrades, celle du haut et celle du bas, sont reliées par des soutiens en bois imité. Le troisième étage est construit dans le même ordre que le premier, c'est-à-dire avec une toiture angulaire appliquée contre chaque façade de l'hexagone; cet étage est surmonté d'un petit belvédère percé à jour, dont la toiture est coupée en talus, et porte sur son centre une flèche aiguë formant le point extrême de la pièce.

DESSIN 409. — GRANDE PIÉCE MONUMENTALE, SUR ROCHER

PLANCHE 86.

Cette pièce est exécutée en pastillage blanc; elle est à deux étages. Le premier étage est posé sur une assise de forme quadrangulaire, flanquée de chaque côté par un escalier à double rampe, appliqué en saillie. Le corps même de l'assise ou plate-forme, ainsi que la charpente du rocher sur lequel elle est fixée, sont en bois mince. L'assise est masquée avec du pastillage abaissé au rouleau rayé; la charpente du rocher est flanquée, sur l'avant et sur l'arrière, d'un escalier courbe, donnant accès à l'assise du haut. Le rocher est exécuté à l'aide de grappes de raisin, imitées en pâte à massepain, et glacées au sucre; il est fixé sur une large base bordée, posant sur quatre pieds.

L'exécution de la pièce n'offre pas de grandes difficultés, car sa construction est tout à fait simple : le corps principal est de forme quadrangulaire, exécuté à l'aide de quatre façades percées en

1. Le corps de la pièce pourrait fort bien être exécuté en pastillage blanc, et les détails saillants de nuance violette ; ces deux nuances relevées, par le ton vif des rameaux de plante grimpante, serait, je crois, d'un très joli effet,

Pl. 85.

Pl. 86.

Pl. 87.

DESSIN 440.

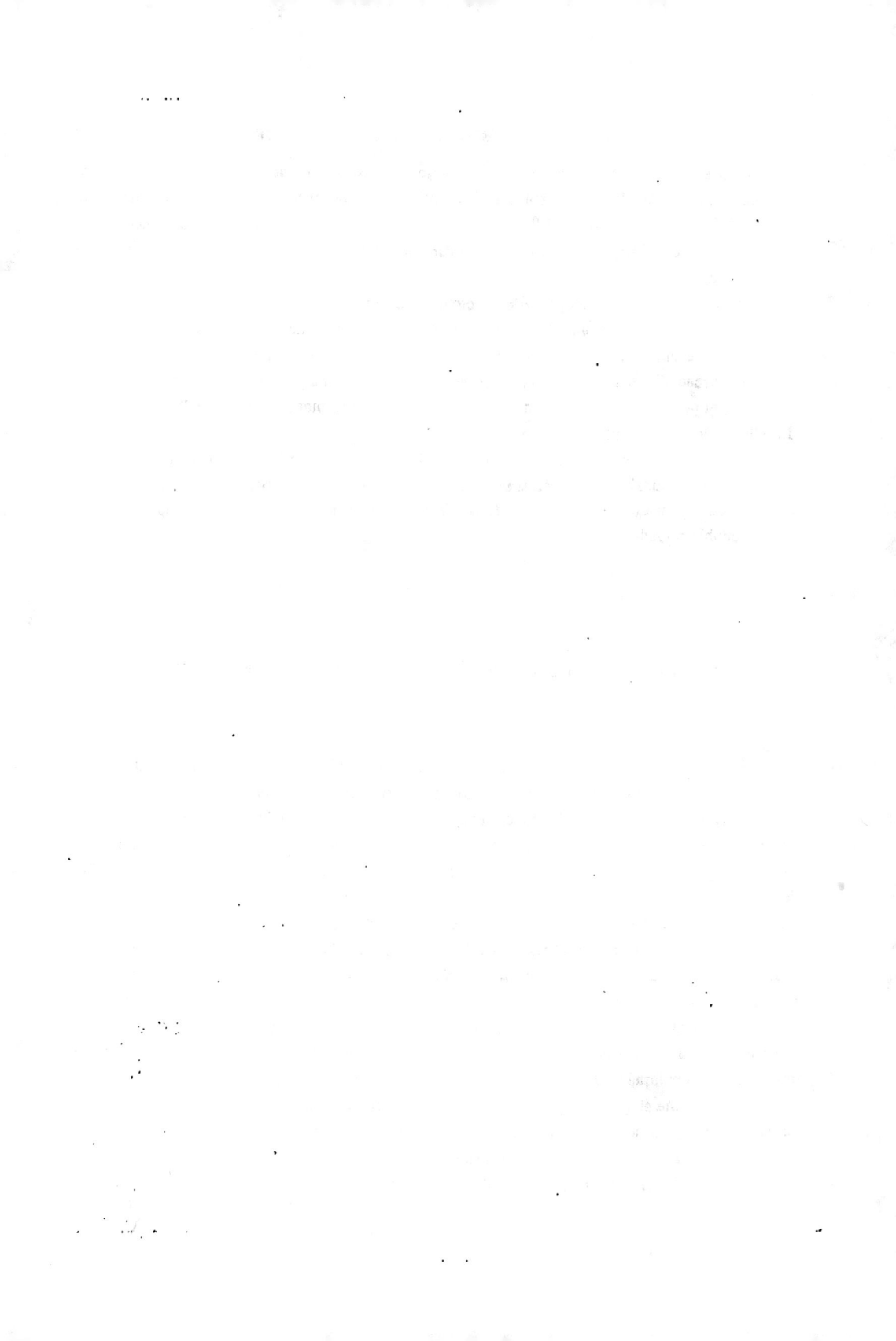

arceau, faisant ainsi le jour de chaque côté. A chacune de ces façades est appliqué en saillie un beau fronton grec, à entablement, porté sur deux colonnes lisses, formant galerie autour de l'étage principal. Ces frontons donnent, à l'ensemble, beaucoup de légèreté et une grande élégance.

Le centre de l'étage, entre les quatre portiques, est occupé par une statuette sur socle, visible de chaque côté.

L'étage supérieur se compose d'une rotonde à arceaux, entourée d'une colonnade supportant un dôme ; ce dôme est surmonté d'une autre rotonde plus petite, également à colonnade, dont le faîte est orné d'une autre statuette en pastillage ou en sucre. La grande rotonde est fixée sur une abaisse circulaire ornée d'une balustrade, et posée sur un entablement à gradin de forme carrée, formant pyramide, et portant à chaque angle de sa base, un petit socle surmonté d'une statuette dans le genre de celle qui forme le couronnement de la pièce.

De la base au sommet du deuxième étage, la pièce mesure la hauteur de 1 mètre 80 centimètres se divisant ainsi : 38 centimètres pour la charpente, 19 centimètres pour l'assise ou plate-forme, 60 centimètres pour l'étage aux frontons, 13 centimètres pour l'entablement à gradins, 50 centimètres pour la double rotonde.

DESSIN 410. — FONTAINE MONUMENTALE SUR ROCHER

PLANCHE 87.

Cette pièce est exécutée en pastillage blanc ; elle est représentée posant sur une double assise de forme carrée, graduée, formant deux étages, et dont la base est coupée en bassin sur chacune de ses façades, de façon à recevoir la nappe d'eau, qui s'échappe de la tête du mascaron disposé sur la partie supérieure des quatre faces. La charpente de la double assise est exécutée en bois mince ; elle est ensuite plaquée en pastillage abaissé à l'aide d'un rouleau cannelé ; elle est ornée en relief. Les dauphins disposés sur les angles sont coulés en sucre ; les petits vases surmontant les pilastres angulaires, les feuilles d'aloès, et enfin les mascarons sont en pastillage.

La charpente du rocher est aussi en bois mince, fixée sur le centre d'une large base posant sur quatre pieds. Ce rocher est formé en grotte, à l'aide de morceaux de sucre soufflé, de nuance rose, entremêlés de feuillages verts.

La construction de cette pièce est en quelque sorte identique à la précédente, bien qu'au physique elle en diffère sensiblement. Le corps principal est de forme carrée, percé en voûte ; sur les quatre faces est appliqué un fronton supporté par des colonnes cannelées, posées sur socle.

Le deuxième étage se compose d'un dôme posant sur une assise carrée, et supportant une rotonde à colonnes, surmontée d'un petit dôme se terminant en flèche.

Cette pièce mesure la hauteur de 1 mètre 90 centimètres, se divisant ainsi : 31 centimètres, pour le rocher, 42 centimètres pour la double plate-forme, 67 centimètres, pour le corps principal de .

la pièce, à partir de sa base jusqu'à la naissance du dôme, 22 centimètres pour celui-ci, 28 centimètres pour la rotonde formant le couronnement de la pièce, à partir de la balustrade jusqu'à la naissance de la flèche en pointe.

SOMMAIRE DES PLANCHES 88, 89, 90, 91

PIÈCES-MONTÉES EN CARTON BLANC, DRESSÉES SUR DORMANTS.

DESSIN 411. — GRANDE PIÈCE EN CARTON, SUR DORMANT

PLANCHE 88.

Les quatre pièces composant cette série sont remarquables, à tous égards, par le style, par la forme correcte, élégante, mais surtout par le genre particulier de construction.

Avant tout, je m'empresse de déclarer que ces pièces ne sont pas mon œuvre, que je les dois à l'obligeance d'un confrère, M. Gustave Clerc, autrefois chef pâtissier à la cour impériale d'Autriche, aujourd'hui chef de cuisine à Vienne. Je n'ai donc eu que la peine de les faire photographier et graver ensuite, avec l'autorisation de l'administration de la cour, et celle de l'artiste lui-même.

Ces pièces ont à mes yeux le plus grand mérite, car elles sont d'une exécution irréprochable : élégantes par leur forme, et remarquables par la précision de leurs détails. J'ai eu rarement occasion d'en voir de mieux comprises, mieux finies [1].

Mais ce qui leur donne surtout une importance capitale, c'est qu'à 15 ou 20 ans de distance, après avoir été servies pendant de longues années, elles se trouvent encore aujourd'hui dans un état de conservation si parfaite, qu'elles ne nécessiteraient que quelques réparations faciles, pour être utilisées à nouveau. C'est dire avec quels soins minutieux, avec quelle science pratique, elles ont été construites.

La hauteur de ces pièces varie de 80 à 95 centimètres, sans le *dormant* ni le rocher.

Ces pièces ont été primitivement servies sur de beaux *dormants* en métal doré, artistement ouvragés, de forme ovale, posant sur quatre pieds, et dont la surface plane était masquée d'une glace. Ces *dormants* convenaient fort bien pour le genre de pièces dont la plus lourde ne pesait

---

1. Ces pièces sont d'autant plus appréciables que *M. Gustave Clerc* n'a voulu employer à leur confection aucun moule, aucune planche, aucun emporte-pièce ; il a opéré le découpage des jours à l'aide d'un simple canif.

Pl. 88.

pas 1 kilogramme. La pièce était simplement fixée sur un grand tube en carton, fermé sur le haut par une large abaisse, et collé au repère, sur la glace. Les petits gâteaux formant le rocher étaient symétriquement dressés autour de ce tube, sur des appuis en pâte légère, convenablement disposés, permettant de grouper les petits gâteaux, en les entremêlant de feuilles vertes imitées en angélique, et glacées au *cassé*. Le rocher se trouvait donc être tout à fait mangeable.

Cette méthode de servir les pièces-montées est de très bon goût, et répond parfaitement au but déterminé, attendu que les pièces non mangeables servies sur la table d'un buffet, doivent être autant que possible abondamment entourées de garnitures mangeables, faciles à distinguer et faciles à atteindre : c'est la règle.

La seule objection qu'on puisse faire à cette méthode, c'est que des *dormants* aussi luxueux ne sont pas communs dans toutes les maisons. Pour tourner cet obstacle, il reste aux praticiens la ressource de faire ce que j'ai fait moi-même ces dernières années, c'est-à-dire d'imiter ces *dormants* en bois mince, de les orner en relief avec des détails en pastillage, pour les dorer ou les argenter : j'ai fait l'un et l'autre, mais je préfère l'argenture à la dorure.

Quant à la glace qui masquait la surface du *dormant*, je l'ai supprimée et remplacée tout simplement par du carton fin et blanc, en raison du poids de mes pièces qui n'étaient pas en carton, mais bien en pastillage.

J'ai tenu à reproduire ces pièces dans les mêmes conditions que j'ai servi les miennes, pour donner aux praticiens une idée exacte de l'effet produit par les *dormants*, ainsi garnis.

Il est bon d'observer que si la pièce ne doit être vue que d'une face, elle peut être collée un peu en arrière du centre du *dormant*, afin de laisser plus d'espace libre du côté où elle se présente.

Cette pièce est de forme hexagonale : de la base au sommet toutes les divisions sont exécutées en carton blanc. En ce cas, en raison de la légèreté de la matière, la plate-forme portant les deux étages n'exige aucune charpente. Les angles de cette plate-forme sont arrondis et ornés de quatre colonnes détachées. Les façades sont percées à jour et découpées à l'emporte-pièce. La découpure est simplement ornée de quelques points de glace-royale poussée au cornet.

La bordure entourant la base et la galerie qui la couronne, sont en carton.

La colonnade est formée de vingt-quatre colonnes supportant un entablement à arceaux, formés en ogive. Ces colonnes sont tout à fait simples, elles sont exécutées en papier blanc, collées à la gomme, sur une baguette bien lisse, légèrement conique, qu'on enlève aussitôt que la gomme est sèche. Ce n'est pas la quantité de papier qui les consolide mieux : quelques tours suffisent ; mais il faut que le papier soit bien serré et convenablement gommé. Ces colonnes sont fixées sur une petite base carrée, en carton, et surmontées d'un chapiteau dont les ornements sont poussés au cornet. On ne croirait jamais la résistance que ces petits tubes acquièrent, du moment qu'ils sont collés sur leur base et fermés par le chapiteau : on les colle à l'aide de repère. Quand elles sont finies, elles sont groupées par quatre, sur un carré de double carton, en les assurant en dessus avec un autre carré de carton. Le groupe est alors collé sur la plate-forme de la base, à distance marquée, et calculée de façon que les angles de l'entablement viennent porter juste sur les chapiteaux avec lesquels on les colle au repère ; on entoure leur base d'un soubassement de 2 à 3 centimètres de haut, et on orne le chapiteau au cornet.

La bordure évasée formant en quelque sorte la corniche de l'entablement est en carton ; elle est ornée au cornet avec de la glace. La colonnade de l'étage supérieur est établie dans les mêmes conditions que celle de l'étage principal.

Le fond de ces pièces, on le comprend, ne peut être que blanc, mais les détails d'ornement, ceux poussés au cornet, sont toujours nuancés, soit en rose, soit en chocolat, soit en lilas, soit en rouge brun. Ces détails donnent beaucoup de relief à la pièce, tout en dissimulant les soudures ou les petits défauts du découpage.

L'exécution de ces pièces si remarquables, est certainement une affaire de patience et de goût, mais il ne faut pas non plus perdre de vue les précautions de solidité. Ainsi, quand une division est assemblée et collée, il faut la soutenir intérieurement avec des bandelettes, ou même une enveloppe en carton, bien ajustée et collée ; il faut aussi avoir soin de ne pas coller ensemble les divisions avant qu'elles soient bien sèches, et surtout de les laisser sécher à l'air libre, sans les exposer à la chaleur.

Quant aux bordures à jour, jouant un si grand rôle dans l'ornementation des pièces-montées, j'ai dit que celles qui ornaient ces quatre sujets étaient exécutées en carton. Pour obtenir ces bordures correctes, élégantes, il faut nécessairement être muni d'emporte-pièces appropriés à ce travail ; ceux que nous employons dans les travaux de la pâtisserie ne peuvent être utilisés ici. Il faut donc se procurer des emporte-pièces en acier, pouvant couper nettement le carton sans le hacher. A défaut de ces ustensiles on pourrait commander les bordures, sur modèle, chez les fabricants ; il y a à Paris des maisons s'occupant spécialement de ces articles de papiers estampés, et je crois bien que ces fabricants ne demanderaient pas mieux que de confectionner des bordures spéciales pour les pâtissiers, soit pour appliquer aux pièces-montées, soit pour appliquer aux socles. Dans ces dernières années j'ai eu occasion de voir des bordures très bien faites, fort jolies, mais qui, par le genre de découpure, et par la distribution des dessins, ne pouvaient être appliquées à nos travaux ; il n'y aurait donc qu'à fournir aux fabricants des modèles conformes au genre même que nous avons adopté.

A défaut d'emporte-pièces, et si l'on se trouvait dans l'impossibilité de faire exécuter ces bordures sur des données pratiques, il resterait la ressource d'employer des bordures en pastillage. Du reste, tous les sujets de cette série, bien qu'ayant été exécutés en carton blanc, peuvent être exécutés en pastillage : il n'y a là aucun inconvénient. En les produisant tels et tels, mon but a été de fournir des modèles corrects et authentiques, tout en signalant aux praticiens un genre de travail, sinon tout à fait nouveau, du moins peu usité ; mais je n'ai pas voulu dire qu'on devait préférer le carton au pastillage.

Dessin 412. — GRAND PAVILLON A COLONNADE
PLANCHE 89.

Cette pièce est d'un joli effet, mais très ouvragée et d'une ornementation minutieuse, plus facile à exécuter en pastillage qu'en carton. Elle se compose de deux étages de forme hexagone, montés sur une assise basse, également hexagone, dont les angles sont formés par deux piliers accou-

Pl. 89.

DESSIN 412,

plés. Cette assise est fixée sur le centre d'une large abaisse hexagone, ornée d'une belle balustrade dont les angles reliés par deux piliers arrondis, en continuent la symétrie.

Le corps du premier étage se compose d'un entablement à arceaux, de forme hexagonale, coupé droit sur les angles. Chacun de ces angles porte sur le chapiteau de deux colonnes accouplées, formant ainsi autour des arceaux une colonnade à jour d'un très joli effet.

Le vide des arceaux est en partie fermé, sur l'arrière, par un liseron plat finement ouvragé au cornet, avec de la glace nuancée. Les façades de l'entablement, ainsi que l'épaisseur lisse de la corniche qu'il supporte, sont également ouvragées en relief, au cornet ou avec des détails en pastillage nuancés, coupés à l'emporte-pièce. Le haut de la corniche est orné d'une légère bordure à jour, reliée à chaque angle par un petit écusson dentelé et décoré.

Le deuxième étage se compose d'un pavillon de même forme que le premier ; il est percé en arceau, mais sans colonnade : les colonnes sont remplacées par des piliers ; les angles sont plats, coupés droits.

Le corps principal de l'étage est d'abord fixé sur une large abaisse à balustrade, et celle-ci sur une assise en carton, de forme légèrement conique, à six pans. Le pavillon est surmonté d'une corniche, semblable à celle de l'étage inférieur, également ouvragée et bordée, portant sur son centre une coupole bulbée, aplatie, se terminant en pointe, formée de six divisions correspondant aux angles du pavillon : la jonction de ces divisions est dissimulée par des ornements légers, exécutés en pastillage nuancé.

La pièce est représentée sur la planche, posée en retraite sur une plate-forme hexagonale dont les parties angulaires se raccordent avec celles de l'assise, mais dont les faces sont ouvertes en ogives. Cette plate-forme est collée bien d'aplomb sur un cylindre en fort carton, d'avance fixé sur le centre du *dormant*. C'est autour de ce cylindre que sont montés les divers buissons de petits gâteaux entremêlés de feuillages, imités avec des fruits glacés au *cassé*. Les buissons de petits gâteaux sont soutenus sur l'arrière par des supports en pâte d'office ou en pâte d'amandes, contre lesquels il est nécessaire de coller quelques-uns de ces gâteaux pour soutenir les autres.

Dessin 413. — GRANDE TOUR GOTHIQUE, A CLOCHETONS
PLANCHE 90

Cette pièce est très élégante, bien coupée, simple au fond, mais d'un grand relief. Les clochetons posés en saillie et la colonnade à jour se développant autour du corps du pavillon en formant galerie, donnent à cette pièce une grande légèreté d'allure.

Le sujet est parfaitement compris, les proportions sont d'une grande justesse, et les détails, bien que peu multipliés, sont appliqués avec précision. Rien ne manque à cette pièce : les jours abondants, les reliefs étudiés, les détails corrects, la forme régulière, la précision, tout enfin, ce qui fait le mérite d'une grande pièce se trouve réuni dans celle-ci. Aussi, je me plais à la donner comme un *modèle* de précision et d'élégance.

71

La pièce a 90 centimètres de hauteur, se divisant ainsi : 15 centimètres pour la base; 25 pour la colonnade; 5 pour la corniche; 20 pour le pavillon du haut et 25 pour la flèche.

Cette pièce peut parfaitement être exécutée en pastillage blanc, avec ses détails de couleur violette ou chocolat-clair.

La pièce est à trois étages : la base, la colonnade avec ses clochetons, le pavillon du haut avec sa flèche; celui-ci doit être mobile, exécuté séparément.

Cette pièce est de forme hexagone, depuis la plate-forme jusqu'au sommet; les façades de cette plate-forme sont flanquées chacune d'un escalier à double rampe bordée, appliqué en contrefort, supporté par un arceau à ogives. La colonnade est à arceaux dont les cintres à moulures viennent s'appuyer sur un groupe de trois colonnes cannelées [1]. Cette colonnade est entourée, à sa base, d'une balustrade à jour. Le pavillon central se compose de six portails à ogives fermés par un châssis à jour pouvant être exécuté en glace-royale ou levé à la planche; dans les deux cas plaqués, sur l'arrière, avec des feuilles de gélatine. Les clochetons sont appliqués contre les angles de la frise et reliés par une balustrade à jour. Les façades du deuxième étage sont percées de six fenêtres en arceaux, encadrées entre deux colonnes, latérales et fermées par un châssis à jour. Sur les angles des six façades de la frise sont aussi appliqués en saillie, six clochetons percés à jour, reliés par une petite balustrade. La flèche est nue, mais percée sur le bas, sur chaque façade, d'une porte ogivale, et, à mi-hauteur, par une face de clocheton.

La pièce est, comme les précédentes, représentée fixée sur un cylindre ou tambour vide, étroit, collé sur le centre du *dormant*. Elle est entourée d'un buisson de petits gâteaux.

Dessin 414. — GRAND PAVILLON MILITAIRE
PLANCHE 91.

Cette pièce et celle représentée à la planche qui précède sont, à mes yeux, les mieux coupées, les plus correctes, les plus riches de cette série.

L'ordre de construction de celle-ci est tout à fait simple, mais d'une régularité et d'une franchise remarquables. Elle est de forme quadrangulaire posant sur une plate-forme polygonale. Elle se compose d'un pavillon à colonnade, surmonté d'un autre plus petit, appartenant au même ordre, mais surmonté d'une coupole angulaire.

La plate-forme est à facettes; chaque facette est percée d'une ouverture mi-sphérique, fermée par un châssis découpé : si la pièce est en carton, le châssis peut être imité au cornet sur un fond nuancé; si elle est en pastillage, le châssis doit être à jour, soit qu'on le lève à la planche, soit qu'on le pousse au cornet, sur verre. Le haut de la base est orné d'une balustrade légèrement en retraite sur la plate-forme, coupée à distance par des petites colonnes correspondant aux angles des facettes.

---

1. Les petites colonnes cannelées, si elles sont en pastillage, sont coupées sur une bande mince, abaissée avec le rouleau cannelé. Si elles sont en papier, elles sont cannelées avec de la glace-royale, poussée au cornet fin.

Pl. 90.

DESSIN 413.

Pl. 91.

DESSIN 414.

La colonnade du pavillon porte directement sur une assise de forme carrée, percée de quatre escaliers. Par ces coupures, les angles se trouvent complètement détachés, et forment ainsi un socle à corniche et à moulure, servant d'appui aux groupes des trois colonnes supportant l'entablement du pavillon.

Ces colonnes sont cannelées et *annelées ;* elles posent seulement sur l'un des angles du socle, afin de laisser l'espace nécessaire pour grouper sur l'avant, un petit trophée militaire. La colonne formant l'angle du groupe, est bien celle sur le haut de laquelle viennent directement porter les angles de l'entablement, tandis que les colonnes latérales supportent les points extrêmes des arceaux, c'est-à-dire les *voussoirs*.

Les quatre façades de l'entablement, de même que la voûte des arceaux, sont encadrées, sur les côtés, par une bande blanche appliquée en relief, ornée sur toute son étendue avec des petits carrés nuancés, ornés eux-mêmes d'un petit anneau blanc. La voûte de l'arceau est bordée d'une bande blanche, encadrée par des filets nuancés, formant la chaîne. Ces ornements simples, sans importance apparente, sont pourtant d'un très joli effet. On peut remarquer, du reste, que les angles des pièces de cette série sont généralement décorés dans les mêmes conditions, ce qui vient à l'appui de ce que je disais plus haut, que l'artiste n'a pas voulu employer le secours des planches, et qu'il a opéré simplement avec un couteau pour découper le carton, et un cornet pour pousser les ornements en relief. Avec d'aussi minces ressources, il est vraiment extraordinaire d'obtenir des résultats si frappants. Cela peut donner une idée de la patience minutieuse ayant présidé à ce travail.

La corniche du pavillon est sans moulures ; elle est simplement décorée au cornet avec de la glace nuancée ; mais elle est surmontée d'une bordure à jour lui donnant beaucoup de dégagement. La toiture du pavillon est coupée en talus : c'est là simplement un support servant à relever le petit pavillon supérieur.

Ce pavillon est construit dans le même ordre que le premier : la colonnade et l'entablement sont les mêmes ; identiques sont les ornements de détail. Ce sujet se distingue seulement du premier par la coupole qui le couronne et par la base qui le supporte. Cette dernière est ornée d'une petite balustrade reliée aux angles et sur le milieu par des piliers portant chacun une petite coupe ; elle est encadrée sur le bas par un tablier dentelé, à fond nuancé, décoré avec de la glace blanche.

Cette pièce peut fort bien être exécutée en pastillage à fond blanc, avec les détails nuancés en lilas. On pourrait alors augmenter la richesse des détails, en les variant.

SOMMAIRE DES PLANCHES 92, 93, 94, 95, 96

GATEAUX DE MARIAGE

DESSIN 415. — GRAND GATEAU DE MARIAGE

PLANCHE 92.

Les gâteaux de mariage sont peu connus, peu servis en France, ni même dans aucune autre contrée du continent. C'est en Angleterre et en Amérique où il s'en fait le plus grand usage. Ceux qui ont habité ces pays, connaissent l'importance que les familles mettent à exhiber dans les repas de noce un gâteau plus ou moins luxueux, selon leur fortune, selon le luxe qu'ils visent à déployer [1].

Les modèles que je reproduis dans ces quatre planches sont de différents genres ; ils suffiront sans doute pour donner une idée exacte de leur forme et des transformations que les besoins de l'élégance ont fait naître. Ils ont à mes yeux un double mérite qui sera compris par mes confrères, celui de la nouveauté d'abord, puisqu'on ne voit même pas figurer ces gâteaux dans les ouvrages anglais, et ensuite celui de l'authenticité, puisqu'ils ont été gravés d'après des photographies venant de Londres et de New-York.

L'ornementation des gâteaux de mariage varie selon leur grosseur, et aussi selon le luxe qu'on veut leur donner ; les plus gros sont généralement ornementés avec grand luxe de sujets, de bonbons fins et de fleurs ; les petits sont simplement ornés avec un vase, une coupe ou tout autre sujet en pastillage ; mais l'ornement indispensable à tous ce sont les fleurs en sucre blanc ou en pastillage, les fleurs d'oranger surtout et les feuilles argentées.

Les grands comme les petits gâteaux sont toujours cuits dans des moules en fer-blanc plus larges que hauts, ayant un cylindre sur la partie centrale ; quand le gâteau est glacé et décoré, on le dresse sur un large plateau dont les bords sont cachés par des bandes de papier dentelé qui en font le tour ; on garnit alors le cylindre avec un appui en bois masqué de papier blanc, et sur celui-ci, on fixe le sujet ornemental.

Le gâteau de mariage offre ceci de particulier qu'on ne le mange pas dans le festin nuptial ; on en distribue une partie aux convives présents, et les mariés en expédient un morceau à chacun de leurs parents ou de leurs amis qui n'ont pu assister au repas, soit qu'ils habitent le pays, soit qu'ils vivent à l'étranger et même dans les contrées les plus lointaines.

1. A New-York on sert souvent des gâteaux de mariage qui coûtent jusqu'à deux mille dollars.

Pl. 92.

DESSIN 415.

Les portions destinées aux convives, aux parents ou aux amis absents, sont coupées sur le gâteau, de haut en bas, en tranches plus ou moins épaisses; elles sont d'abord enfermées dans une mince enveloppe de pâte d'amandes ou pâte à massepain, et ensuite enveloppées de papier d'argent.

Quand les gâteaux doivent être servis entiers, on les laisse bien refroidir; on les pose sur une grille, et on les masque entièrement de plusieurs couches de glace-royale consistante, au blanc d'œuf; quand la couche est suffisamment épaisse, on lui donne encore une couche avec de la même glace, mais plus liquide, afin qu'elle reste brillante; on lisse les surfaces de cette glace à l'aide d'une longue bande de papier blanc et lisse, en la passant plusieurs fois de haut en bas, et la serrant fortement: quand elle est sèche, on décore les surfaces du gâteau.

L'apprêt de ce gâteau se rapproche tout à la fois du *plum-cake* et du *plum-pudding;* mais cuit, il est beaucoup plus lourd que ceux-ci.

Voici les proportions[1] et les détails de l'opération pour un gâteau de ce genre, que j'ai préparé tout récemment dans un moule en fer-blanc fait exprès, ayant 60 centimètres de diamètre, 15 centimètres de hauteur, et portant sur son centre un cylindre ou douille conique de même hauteur, ayant 12 centimètres de diamètre du côté le plus large.

Proportions : 1 kilogramme de sucre en poudre et autant de cassonade — 2 kilogrammes et demi de beurre — 2 kilogrammes et demi de farine — 50 œufs — 6 kilogrammes de raisins noirs de Corinthe — 6 kilogrammes de raisins de Smyrne, coupés — 3 kilogrammes d'écorces diverses confites, hachées — 5 à 600 grammes de gingembre confit, également haché — 60 grammes de cannelle en poudre — 20 grammes noix muscade, autant de macis et autant de girofles en poudre — pincée de sel — zestes râpés d'orange et de citron — rhum et cognac.

Procédé : Mettez dans une terrine les raisins et les écorces, arrosez-les avec rhum et cognac, faites-les macérer 2 heures.

Mettez le beurre dans une terrine tiède; travaillez-le avec une cuiller, jusqu'à ce qu'il soit lisse et mousseux; ajoutez sucre et cassonade, puis les œufs, peu à peu, sans cesser de travailler; ajoutez ensuite raisins, écorces, gingembre, sel, épices, zestes, la farine en dernier lieu.

Avec cet appareil, remplissez le moule à cylindre préalablement beurré et masqué de papier; placez-le sur un plafond, poussez-le à four bien atteint, mais tempéré. Au bout d'une heure, couvrez-le avec du fort papier, cuisez-le encore 4 à 5 heures. En le sortant du four, imbibez-le avec un peu de rhum; laissez-le bien refroidir.

Le gâteau reproduit à la planche 92 a été fait à New-York, d'après le procédé que je viens de

1. Je dois cette recette à l'obligeance de M. Rudolphe Moll, artiste distingué, confiseur et fabricant de pâte à massepain à . Berlin.

Voici maintenant la recette américaine que m'a transmise mon ami Ranhöffer que j'ai souvent eu l'occasion de citer dans mes précédentes publications et qui, à ses brillantes qualités d'artiste, joint un grand dévouement pour sa profession.

Voici les proportions pour emplir un moule en fer-blanc, à cylindre, ayant 50 centimètres de diamètre; 13 centimètres de hauteur, avec une douille de 9 centimètres de diamètre :

1 kilogramme et 250 grammes de sucre en poudre, 1 kilogramme et 250 grammes de beurre, 1 kilogramme 750 grammes farine, 4 kilogrammes raisins de Corinthe, 2 kilogrammes et 250 grammes raisins de Smyrne, 1 kilogramme et 250 grammes raisins de Malaga épépinés et hachés, 1 kilogramme et 250 grammes cédrat confit, 125 grammes épices (*all spices*), 60 grammes cannelle, 30 grammes macis, 3/4 de litre cognac, 1/4 de litre madère, 3/4 de litre mélasse brune.

Faites macérer les raisins avec les liqueurs ; puis préparez la pâte, en opérant comme il est dit plus haut.

En Amérique, on cuit souvent ce gâteau à la vapeur. Pour cette opération, quand le moule est plein, on le place sur un trépied, dans un vase plus large et plus élevé que lui, avec de l'eau au fond; on ferme bien le vase, on fait bouillir l'eau, et on cuit le gâteau 2 heures ; on le sèche ensuite à four doux pendant 1 heure; on le glace ensuite.

décrire. Il se compose de sept gâteaux gradués, cylindriques, montés les uns sur les autres pour former pyramide; chaque gâteau est collé sur une abaisse en pâte d'office coupée juste de son diamètre.

Ce gâteau exige naturellement des proportions élevées; il mesurait 95 centimètres de hauteur; sans compter le sujet qui en fait le couronnement, sa forme est tout à fait simple, mais d'un joli effet, et au fond, distinguée. Ce qui lui donne un grand cachet d'élégance et surtout de mérite artistique, aux yeux du praticien, c'est le filet à jour qui l'enveloppe dans son ensemble, car ce filet est exécuté en glace-royale poussée au cornet. Ce décor n'est pas seulement original, mais savant: c'est un véritable tour de force, en raison de la difficulté qu'il présente, et partant, de la délicatesse de l'opération.

La pyramide est posée sur un grand plateau, dont les bords sont couverts d'une large bande de papier finement dentelée; il porte sur le haut un sujet en pastillage orné de fleurs et de feuilles argentées.

DESSIN 416. — GRAND GATEAU DE MARIAGE ORNEMENTÉ
LANCHE 93

Le gâteau reproduit à la planche 93 est d'un style monumental vraiment distingué; la forme de l'ensemble est dégagée et correcte, c'est un des plus riches de cette série. Le sujet ornemental est un sujet symbolique représentant le temple de l'hyménée. Ce sujet est exécuté en sucre coulé, dans différents moules en plâtre, qu'on peut acheter ici, à Paris. Le sujet principal est posé sur une double base en pastillage. Les ornements qui l'entourent sont aussi en pastillage; les fleurs sont blanches et les feuilles argentées. — Cette pièce mesurait la hauteur de 95 centimètres, sans compter l'épaisseur du gâteau.

DESSINS 417, 418. — GATEAUX DE MARIAGE DE MOYENNE GRANDEUR
PLANCHE 94

Le premier de ces modèles de gâteaux de mariage, a été servi à Londres; le deuxième je l'ai servi à Berlin il y a une dizaine d'années: les deux sujets étaient de moyenne grandeur; ils mesuraient 80 centimètres sans compter l'épaisseur des gâteaux.

Les deux sujets de la planche sont exécutés en pastillage; ils sont l'un et l'autre chargés de fleurs en sucre ou en pastillage, entremêlées de feuilles argentées. Ces deux gâteaux tels qu'ils sont ornementés peuvent être considérés comme spécimen du genre le plus usité en Angleterre.

Pl. 93.

DESSIN 416.

DESSIN 417

DESSIN 418.

Pl. 94.

DESSIN 419.

DESSIN 420

Pl. 96.

DESSIN 421.

DESSIN 422.

DESSIN 423.

DESSIN 424.

DESSINS 419, 420. — GATEAUX DE MARIAGE DE MOYENNE GRANDEUR
PLANCHE 95.

Les deux gâteaux de la planche 95 ont été exécutés en Amérique; on peut juger par ces modèles combien le genre peut être varié. Ils sont tous deux étagés. Le premier est orné d'un temple à colonnade, surmonté d'une coupole; cette coupole et l'entablement sont exécutés au cornet; les colonnes sont en sucre à caramels, coulées dans des formes en étain. Le temple est supporté par une large abaisse en bois masquée en pastillage; il pose sur un soutien en bois, disposé dans le cylindre formé par le gâteau. Les soutiens extérieurs disposés autour du gâteau sont en sucre coulé sur marbre entre deux cordons de glace-royale, poussés au cornet sur les lignes d'un dessin tracé au crayon, dans le genre des montants de grandes aigrettes, reproduits au chapitre des *accessoires de la pâtisserie*. Le deuxième modèle de cette planche est aussi à deux étages. Les ornements de la pièce sont tous en sucre coulé sur marbre. Ces deux modèles ont été exécutés de même hauteur : de même que ceux de la précédente planche, ils sont établis dans des proportions moyennes, ils ont l'un et l'autre la hauteur de 80 centimètres,

---

DESSINS 421 A 424. — PETITS GATEAUX DE MARIAGE
PLANCHE 96.

Les quatre modèles reproduits à cette planche 96, appartiennent au genre simple, genre bourgeois; c'est celui qu'ont adopté les pâtissiers de Londres. Les gâteaux de ce genre sont tous de même forme; ils diffèrent seulement par l'ornementation; d'ailleurs, les sujets ne varient guère; ce sont toujours des vases garnis de fleurs, des cornes d'abondance, des coupes plus ou moins ouvragées, mais toujours ornées de fleurs et de feuilles argentées.

En France, j'ai toujours regretté de ne point voir chez nos pâtissiers deux produits remarquables qui, à divers égards, peuvent être considérés comme très importants; ce sont : le gâteau de broche et le gâteau de mariage. Le premier est surtout usité dans les familles du nord et de l'est de l'Europe, en Alsace, en Allemagne, en Autriche, en Pologne, en Suède et en Russie, pour la célébration des anniversaires d'un membre de la maison. Le deuxième, plus élégant, et en quelque sorte plus solennel, est uniquement consacré aux fêtes nuptiales, en Angleterre et en Amérique.

En France, pour la célébration de toutes ces fêtes de famille, les pâtissiers et les confiseurs n'offrent guère que l'éternel biscuit de Savoie ou la coupe en nougat; je n'ai certainement rien à objecter contre la production de ces gâteaux, mais je crois fermement qu'un peu de variété dans le programme de ces maisons dont la renommée est en quelque sorte universelle, ne leur nuirait pas sensiblement. Je crois, au contraire, qu'à Paris, un pâtissier sérieux, qui voudrait sortir de la voie battue, pourrait arriver à se créer des ressources considérables.

SOMMAIRE DES PLANCHES 97, 98, 99, 100, 101, 102

PETITES PIÈCES-MONTÉES

Dessin 425. — PETIT PAVILLON JAPONAIS

PLANCHE 97.

Il se trouve dans la présente série quelques modèles qui, par leur forme, sont destinés à rester petits, c'est-à-dire peu élevés; mais le plus grand nombre de ces pièces ont simplement été dessinées de petit format, afin d'en faire entrer plusieurs sur la même planche, car le chapitre des grandes pièces-montées menaçait de devenir trop étendu. D'ailleurs, sur le papier, on peut dire qu'il n'existe pas de petites pièces, car tous les formats peuvent être agrandis à volonté; il suffit que les sujets soient établis dans les proportions voulues.' — De toute ma collection de pièces-montées construites, celle-ci est une des mieux conservées; elle est exécutée depuis 7 à 8 ans, et cependant elle est encore aujourd'hui aussi fraîche que si elle ne datait que de quelques mois.

La hauteur du pavillon, y compris la base, est de 90 centimètres; son diamètre, à la base, est de 36 centimètres. Il est exécuté en cinq parties: la plate-forme, y compris la base (16 centimètres); le corps du premier étage (28 centimètres); le deuxième étage à galerie saillante (20 centimètres); la grande toiture (12 centimètres); le belvédère et la petite toiture (20 centimètres). Le belvédère seul est mobile; les autres divisions, exécutées séparément, sont cependant adhérentes. De la base au sommet, toutes les divisions sont de forme hexagonale.

Le fond de la pièce est de nuance jaune-clair; mais les toitures sont en rouge-cinabre.

Le pavillon est exécuté sur une charpente en pastillage ou en fort carton; dans les deux cas, cette charpente est plaquée en pastillage. Mais l'assise sur laquelle la pièce est posée doit forcément être exécutée en fort carton, et plaquée ensuite avec des poutrelles de demi-rondeur; celles-ci pourraient bien être exécutées à la main, mais, pour les obtenir régulières, il est préférable de les lever à la planche: un tel moule n'est pas difficile à faire, quelques minutes suffisent.

Pour construire la pièce, préparez d'abord un tambour de forme hexagonale, en carton, dont les faces auront 17 centimètres de diamètre; collez-les à la colle-forte, et encadrez intérieurement chaque façade avec quatre baguettes plates, également collées à la colle-forte; fermez ce tambour sur le haut et en dessous, avec une abaisse en carton; collez-le sur une abaisse en bois de 5 centimètres plus large. Pour former la plate-forme, collez en inclinaison, contre chaque façade du tambour, une bande en carton de 10 centimètres et demi de haut, coupée en pointe sur les côtés, de façon à former talus; fermez-la sur le haut, en laissant un des côtés ouvert, pour livrer passage à un escalier de quatre

DESSIN 426.

DESSIN 425.

DESSIN 427.

Pl. 97.

marches, donnant accès au pavillon. Plaquez cette plate-forme et le tambour avec des poutrelles de demi-rondeur, en les superposant.

Sur la plate-forme, collez une abaisse en pâte d'office, un peu plus large, et de 1 centimètre d'épaisseur, de façon à former corniche ; ornez-en l'épaisseur avec des ronds en pastillage, imitant des poutrelles tout à fait rondes dont on ne voit que l'extrémité. Sur cette abaisse fixez solidement, en retraite de 1 centimètre, une balustrade imitée en pastillage, avec soutiens en fil de fer.

Pour former le premier étage, coupez six façades en fort carton, de 28 centimètres de haut, sur 12 et demi de large ; trois de ces façades sont percées en arceau : ce sont les fenêtres ; mais l'arceau est fermé sur l'arrière à l'aide d'un grillage levé à la planche et d'une feuille de gélatine nuancée ; les autres façades restent pleines ; elles figurent les portails fermés. Encadrez-les chacune, au-dessous, avec quatre baguettes plates, en bois mince, collées, afin de maintenir le carton droit.

Encadrez l'arceau des fenêtres avec des demi-poutrelles en pastillage ; sur les trois autres façades, tracez l'ouverture des portails, et encadrez-les aussi avec des poutrelles ; plaquez alors l'espace libre des surfaces avec des détails symétriquement coupés sur une bande en pastillage, abaissée au rouleau cannelé, de façon à imiter l'ornementation que le dessin représente ; collez-les avec du repère.

Aussitôt les façades plaquées, assemblez-les sur une abaisse hexagone, en les collant à la colle-forte ; fermez l'étage sur le haut, avec une abaisse en carton. Sur chaque angle de l'étage, appliquez une poutrelle, puis collez l'étage sur la plate-forme.

Pour former le corps du deuxième étage, préparez un autre cylindre hexagone, en carton, de 20 centimètres de haut, dont les façades sont percées chacune par une fenêtre en arceau, fermez ces fenêtres comme les précédentes par un grillage et une feuille de gélatine ; décorez-les dans le même ordre. Collez ensuite cette partie de l'étage sur une large abaisse hexagone de 6 centimètres plus large qu'elle, et fermez-la sur le haut avec une autre abaisse semblable. Reliez alors ces deux abaisses par des poutrelles s'appuyant sur les angles ; entourez celle du bas avec une balustrade rustique, de façon à former galerie ouverte autour du corps de l'étage ; puis, formez un arceau entre les poutrelles, avec une autre poutrelle modelée sur un fil de fer flexible ; sur le centre de chaque arceau sera plus tard suspendue une petite bouquetière, imitée en pastillage, garni avec des fleurs également imitées.

La grande toiture est établie sur une charpente en carton, dont la base un peu plus large que la galerie du deuxième étage, est de forme hexagonale ; j'ai décrit plus haut (page 523) la méthode pour construire les toitures sur charpente avec toute la solidité voulue. Collez cette toiture, sur la galerie ; ornez-la d'une bordure pendante ; sur le haut de la toiture sera posé plus tard le petit belvédère de forme hexagonale, construit dans le même ordre que les étages inférieurs.

Dessin 426. — PETITE PIÈCE JAPONAISE

PLANCHE 97.

La petite pièce, portant le numéro 426, est exécutée en pastillage ; elle est de forme hexagonale, fixée sur une base à galerie, montée sur un rocher imité en pastillage, formé en grotte, et orné de sucre filé.

Le fond de la pièce est jaune-clair, mais les détails sont de différentes nuances : blancs, verts et chocolat; ils sont tous appliqués en relief. Trois des façades du corps principal sont percées de fenêtres à grillage, dont le jour est fermé par une feuille de gélatine nuancée; les trois autres sont percées chacune d'un portail à vitraux, dont l'encadrement est appliqué en relief; les vitraux sont également fermés sur l'arrière avec une feuille de gélatine. La toiture de la pièce est plate, c'est-à-dire sans inclinaison accentuée, mais elle est étagée et de deux nuances : blanche et vert-tendre; les détails qui en ornent les angles sont en pastillage, également de deux nuances.

Cette pièce a été exécutée dans des dimensions restreintes, ne dépassant pas 50 centimètres de hauteur, sans compter le rocher. Elle serait moins gracieuse si on lui donnait l'extension des grandes pièces-montées; elle convient pour être servie sur de petits buffets.

Dessin 427. — PETIT PAVILLON TURC

PLANCHE 97.

Cette petite pièce est exécutée en pastillage; le fond est blanc, les détails sont nuancés. Sa forme est hexagonale, mais sa base est ouverte sur trois côtés pour livrer passage à un escalier de quatre marches.

La pièce est fixée sur la charpente d'un rocher formant grotte, imité avec des petits choux glacés; il est orné avec du sucre filé, et fixé sur le centre d'une base bordée posant sur quatre pieds.

De même que la précédente, cette pièce ne gagnerait pas à être construite sur de plus grandes dimensions. La hauteur des pièces de petit format varie de 45 centimètres à 60 centimètres.

Dessin 428. — TOUR MOYEN AGE

PLANCHE 98.

Cette pièce ne serait peut-être pas très gracieuse exécutée de grand format; mais, établie dans l'ordre de celles qui doivent rester peu élevées, c'est une des plus élégantes; sa forme est originale, mais correcte, ce qui en somme est un point très essentiel.

Sa tour est de forme hexagonale, à toiture inclinée, surmontée d'une petite tour dont la toiture se termine en flèche : ce simple petit sujet, et la base à tourelles qui entoure le corps principal, apportent à la pièce beaucoup de légèreté. Le fond de la pièce est rose-tendre; les toitures sont rouges; le rocher est en sucre soufflé blanc. Comme diversion on pourrait faire la pièce toute blanche et le rocher en sucre rose.

Avec des moules en fer-blanc adaptés aux détails et aux toitures, la pièce pourrait être exécutée en beau nougat; les détails appliqués en relief, l'encadrement des portes et des fenêtres devraient alors être en pâte à massepain. En tous cas la pièce et le rocher doivent être fixés sur une large base bordée posant sur quatre pieds.

DESSIN 429.

DESSIN 428.

DESSIN 430.

PL. 98.

Dessin 429. — BELVÉDÈRE RUSTIQUE

PLANCHE 98.

Ce sujet, destiné à être exécuté de petit format, est véritablement très élégant, quoique d'une grande simplicité : l'exécution est bien facile.

La pièce est exécutée en pastillage couleur de bois ; elle est montée sur une assise en pâte ou en bois, masquée en pastillage.

Le corps principal et l'assise sont de forme hexagonale, mais la toiture étagée est de forme circulaire. Le rocher est monté sur une charpente avec des détails en biscuit de couleur.

Les six colonnes rustiques soutenant la toiture doivent être modelées sur fil de fer; elles doivent adhérer à la base en bois, et être soutenues sur le haut par une abaisse hexagone à laquelle les fils de fer viennent aboutir; elles sont de plus encadrées, au-dessous de l'abaisse, par des soutiens en pastillage disposés en croix dans l'intervalle des colonnes.

La toiture est montée sur une charpente en carton, et ses surfaces sont masquées avec des poutrelles imitées en pastillage ; cette ornementation est d'un joli effet.

Dessin 430. — CHALET RUSTIQUE, A L'ITALIENNE

PLANCHE 98.

Ce petit sujet est vraiment très coquet dans sa simplicité ; il est exécuté en pastillage couleur de bois; les toitures sont jaunes, en imitation de chaume ; il est posé sur une assise exécutée sur une charpente en carton, forme de croix grecque, plaquée avec des poutrelles en pastillage ; deux des côtés de l'assise sont fermés ; les deux autres sont ouverts par un escalier de quatre marches ; sur les deux premiers, est disposée une sorte de *véranda* ornée d'une balustrade, formant terrasse ; celle-ci est abritée par une toiture en chaume, coupée en talus sur les trois faces, et reliée à la terrasse par des poutrelles ou colonnes rustiques imitées en pastillage. Du côté des escaliers il n'existe pas de terrasse, et la toiture est remplacée par un simple abri, imité en bois, également relié par des poutrelles, sinon à la terrasse absente, du moins aux balustrades latérales de l'escalier; les poutrelles de soutien sont enlacées par des plantes grimpantes qui, de la base, s'élèvent jusqu'à l'étage supérieur. Celui-ci se compose de trois petits corps de logis à toitures angulaires couvertes de chaume, dont le plus élevé supporte un clocheton. Ce groupe est monté sur une assise à laquelle il manque une balustrade pour la compléter.

Le chalet est adhérent à la charpente d'un rocher formé en grotte, imité en pastillage blanc, et fixé sur une large base bordée.

DESSIN 431. — TOUR MOSCOVITE

PLANCHE 99.

Cette pièce est construite en pastillage; elle est à deux étages; le premier est de forme qua-drangulaire, flanqué sur les quatre faces d'un portique isolé, ouvert sur trois côtés, et posant chacun sur une assise formant escalier. L'ouverture des portiques est à arceau ogival, supportant une coupole bulbée; c'est le style byzantin allié au mauresque.

L'étage principal de la tour se termine par une sorte d'entablement à pilastres, ornementé tout autour, et portant sur chacun des angles, un petit socle surmonté d'une coupole bulbée.

Le deuxième étage est de forme circulaire, en forme de tour graduée, percée vers le milieu de sa hauteur par une colonnade à jour, hexagone, formée par des arceaux en ogive, et surmontée d'une flèche également hexagone, ouvragée, portant sur le haut une coupole exactement semblable à celles couronnant les portiques.

Cette pièce, bien que compliquée de nombreux détails, n'offre cependant pas dans son exécution de difficultés sérieuses; le point principal consiste à l'établir dans des dimensions exactes.

Le fond de la pièce est blanc; mais les coupoles sont de nuance rose, et décorées en relief avec de la glace blanche poussée au cornet.

La tour est fixée sur une base en bois de forme polygonale, graduée, masquée en pastillage, ornée d'une jolie balustrade levée à la planche.

DESSIN 432. — PAVILLON DE CHASSE

PLANCHE 99.

Cette pièce est simple, sobre de détails, peu historiée; elle n'en est pas moins élégante et dégagée. C'est à sa forme correcte et élancée qu'il faut attribuer son effet.

La pièce est en pastillage couleur de bois, de teinte légère. Exécutée en petit format, les façades des deux principaux étages doivent être en pastillage rayé, c'est-à-dire abaissé avec un rouleau cannelé; si, au contraire, on veut l'exécuter de grand format et lui donner le développement d'une grande pièce-montée, le corps des deux étages doit être formé sur une charpente en carton blanc, plaqué avec des liserons en pastillage, roulés à la main ou levés à la planche, puis régulièrement collés l'un à côté de l'autre.

Le corps principal de la pièce est de forme octogonale, c'est-à-dire un carré dont les angles sont coupés droits, mais dont les pans sont inégaux. Les quatre faces principales de cet étage sont chacune percée d'un portail en arceau, mais fermé par un grillage à jour. Ces façades sont encadrées dans toute leur hauteur, entre deux colonnes en pastillage formant les angles de l'octogone irrégulier. Le portail est flanqué d'une sorte de fronton à colonnes, supportant un entablement incliné, ou plutôt une marquise rustique. Juste au-dessus de ce fronton, est appliquée en relief une tête de cerf ornée de ses bois.

DESSIN 432.

DESSIN 431.

DESSIN 433.

Pl. 90.

La corniche du premier étage est soutenue par les huit colonnes reliant les angles de l'octogone et, de plus, par quatre autres colonnes plus grosses, disposées au point central, entre chaque fronton.

Le deuxième étage, en retraite sur le premier, peut être indépendant de celui-ci, c'est-à-dire mobile, surtout si la pièce est volumineuse. Sa forme est également octogone ; il est fixé sur une double abaisse lisse, dont l'une plus étroite que l'autre, de façon à former corniche sur le haut du premier étage. La base du deuxième étage est entourée d'une balustrade légère, reliée par des piliers. L'étage n'est pas percé, il n'a ni portes ni fenêtres ; mais chacune des façades porte un cadran d'horloge encadré sur son centre, aux trois quarts de la hauteur.

La toiture de cet étage est de forme conique, à huit pans, coupée droite à mi-hauteur, et transformée en plate-forme ; c'est sur celle-ci qu'est fixé le pavillon formant le troisième étage de la pièce. Ce pavillon est ouvert, c'est-à-dire porté sur six colonnes dont l'entablement est coupé en arceau. Sur le centre, entre les colonnes, est fixé un petit vase antique, sur piédestal. Le pavillon est surmonté d'un petit campanile à flèche aiguë.

La pièce est montée sur une assise circulaire, formant gradin, fixée sur le centre d'une base bordée posant sur quatre pieds.

Dessin 433. — PETITE TOUR A CLOCHETONS
PLANCHE 99.

Cette tour est exécutée en pastillage blanc ; elle est à deux étages ; sa forme est quadrangulaire. Le premier étage est porté sur une assise à facettes, ornée d'abord d'une balustrade à jour, reliée par des clochetons, et ensuite d'une bordure pendante disposée en dessous. Cette assise pose sur un appui cylindrique, également à facettes, exécuté en fort carton, disposé en retraite sur l'assise, et fixé sur une base circulaire, graduée ; celle-ci est ornée sur le haut d'une bordure montante, à jour, formant avec celle de l'assise une sorte de galerie ouverte qui donne beaucoup de légèreté à la pièce.

Les deux étages de la tour sont percés, sur chacune des faces, par un arceau ogival, très ouvert, les angles des étages sont flanqués chacun d'une tourelle à facettes, surmontée d'un clocheton à jour, percé en arceau, et couronné d'une flèche.

Le deuxième étage est construit comme le premier, mais tout à fait en retraite sur celui-ci ; il est fixé sur une assise quadrangulaire, ornée sur le haut d'une petite balustrade. Le corps de ce petit étage est couronné par une flèche quadrangulaire, à arêtes saillantes, ouvragée par des détails en relief.

Dessin 434. — PETITE PIÈCE GOTHIQUE
PLANCHE 100.

Comme style, cette pièce est tout à la fois une des plus intéressantes, des plus correctes, et en somme, des plus simples du genre gothique ; exécutée de grand ou de petit format, elle aura toujours un grand attrait aux yeux des amateurs d'ornementation.

La pièce est exécutée en pastillage blanc; sa forme est hexagonale, à trois étages, posés en retraite l'un sur l'autre; elle se termine par une flèche à arêtes saillantes formant la couronne du troisième étage.

Chacune des façades des étages est percée en arceau ogival, fermé à l'aide d'un grillage levé à la planche ou exécuté sur verre, mais masqué sur l'arrière avec une feuille de gélatine transparente.

A chacun des angles de l'étage principal, est appliqué un pilastre saillant se terminant par un clocheton à arêtes : cette ornement bien simple, donne cependant à l'ensemble de la pièce un grand dégagement et beaucoup de légèreté. Sur les angles du deuxième et du troisième étage, les pilastres à clocheton sont remplacés par des colonnes à chapiteau, posant sur un soubassement au-dessous duquel s'ouvrent les fenêtres, car ici il n'y a plus de portails. Ces colonnes servent de soutien à l'encadrement saillant des arceaux en ogives, découpés en arêtes comme les clochetons.

La pièce est fixée sur une assise hexagone, ornée d'une balustrade à jour, reliée sur les angles par des clochetons à flèche. Cette assise est fixée sur la charpente d'un rocher, de forme basse, imitée avec du sucre soufflé; ce rocher est lui-même fixé sur une base de même forme que l'assise, également ornée d'une balustrade à jour.

Ce sujet, de même que le petit pavillon chinois, exécutés en petit format, peuvent être servis sur un large plateau, entouré d'une abondante garniture de petits gâteaux. S'ils devaient être servis sur la table d'un buffet, il faudrait que les bases soient posées sur quatre pieds, afin de les rendre plus faciles à transporter.

Dessin 435. — PETITE PIECE CHINOISE
PLANCHE 100.

Les trois pièces reproduites à cette planche peuvent être exécutées de grand format et dans le même ordre que les pièces-montées de la première et de la deuxième série de ce chapitre.

Cette pièce est exécutée en pastillage blanc; elle est à trois étages de forme hexagonale, posés en retraite l'un sur l'autre. L'étage supérieur est surmonté d'une toiture chinoise, à pans renversés, coupée en flèche. Les deux étages inférieurs sont, sur toutes les faces, percés en arceaux; ceux-ci sont formés par des pilastres et encadrés en relief; ils sont fermés chacun par un grillage à jour levé à la planche ou poussé sur verre, au cornet; ces grillages sont masqués sur l'arrière par une feuille de gélatine nuancée. Le troisième étage est également de forme hexagonale, mais non à arceau; cependant les façades sont, comme les précédentes, fermées par un grillage à jour, et masquées sur l'arrière.

Les trois étages de la pièce peuvent être mobiles, indépendants les uns des autres, tout au moins les deux derniers, surtout si la pièce est exécutée de grand format. Le premier et le deuxième étage sont fermés chacun par une abaisse hexagone, ornée d'une jolie balustrade, reliée aux angles par des petits socles portant chacun une coupe garnie de fleurs ou de feuillages.

La pièce est directement fixée sur une assise de forme circulaire, ornée d'une jolie balustrade, et dont les surfaces sont rayées en pierre de taille; l'assise est une imitation de fontaine dont les

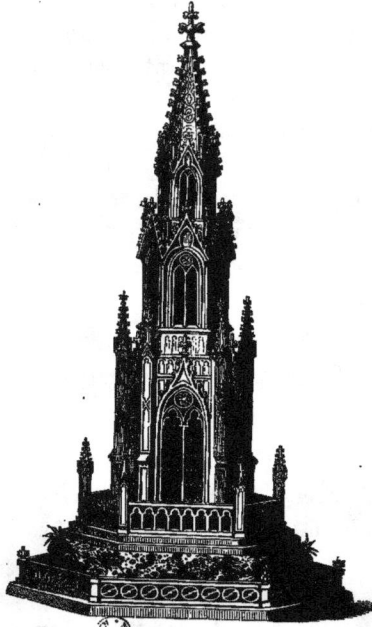

DESSIN 435.

DESSIN 431.

DESSIN 436.

Pl. 101.

DESSIN 438.

DESSIN 437.

DESSIN 439.

nappes d'eau tombent de six têtes de lion disposées tout autour, à distance égale. Cette assise est elle-même fixée sur une large base en imitation de bassin, de forme hexagonale, ornée aussi d'une belle balustrade reliée aux angles par des piliers carrés, sur lesquels figure une petite coupe ornée de feuillages imités en pastillage; les balustrades des étages supérieurs sont ornées dans le même ordre, et, de plus, à chacun des angles, sont appliquées de petites torsades en pastillage, auxquelles sont adaptées de petites clochettes pendantes, également en pastillage.

Dessin 436. — PETIT PAVILLON MODERNE
PLANCHE 100.

S'il est vrai de dire que la forme carrée n'avantage pas les pièces-montées, ce sujet démontre cependant qu'on peut, avec du goût, leur donner une certaine légèreté d'allure.

Cette pièce est à deux étages construits en pastillage de nuance lilas, légère de ton; les bordures, les balustrades, les grillages, les pierres imitées des angles et différents détails de la corniche sont blancs.

Le corps de l'étage principal est de forme carrée, trois fois plus haut que large; il est fixé sur une assise étagée, de forme carrée, coupée sur le milieu de chaque face par les marches d'un escalier.

Les quatre faces de l'étage sont percées à peu près à mi-hauteur, chacune par une fenêtre à grillage, encadrée par un fronton appliqué en relief et posé sur deux colonnes. Le grillage des fenêtres est masqué par une feuille de gélatine transparente; le cadre de l'ouverture est en partie fermé par une fausse persienne pendante.

L'étage supérieur est posé en retraite sur le premier; il peut être exécuté séparément; il se compose d'un petit pavillon ouvert, supporté par quatre colonnes détachées, il est surmonté d'un petit belvédère à toiture élancée. L'étage est construit sur une double assise carrée, en bois, masquée en pastillage, dont la base est ornée d'une double balustrade à jour; la plus large de ces balustrades est reliée aux angles par quatre piliers surmontés d'un petit vase. Les persiennes adaptées à la colonnade sont maintenues pendantes à l'aide de soutiens, prenant tout à la fois leur appui sur l'assise et contre les colonnes. Les quatre faces du belvédère sont percées de fenêtres à grillage, également masquées sur l'arrière par des bandes de gélatine.

Dessin 437. — BASTION MODERNE
PLANCHE 101.

Cette pièce est d'un fort bel aspect, bien coupée, de forme correcte, remplissant toutes les conditions recherchées pour figurer sur la table d'un banquet militaire.

Les détails sont abondants et variés : l'artillerie, l'infanterie, la cavalerie y sont représentées; mais cette pièce n'étant produite ici que comme un modèle de forme, les détails peuvent être modifiés ou groupés différemment, sans danger aucun d'en altérer l'expression.— Cette pièce, élevée sur une assise plus haute, pourrait facilement être transformée en sujet de grand format.

Le bastion sur lequel les détails sont groupés, est construit sur un tambour en bois mince, porté sur une assise à gradins, de forme polygonale, fixée sur une large base circulaire. Il porte sur son centre une tringle en bois, destinée au soutien de la colonne; celle-ci est vide, formée en carton, et masquée en pastillage; le génie qui la surmonte ne pèse pas sur elle, mais bien sur un appui en bois fixé sur le haut de la tringle.

Tous les détails de la pièce: canons, fusils, boulets, drapeaux, sont imités en pastillage blanc; les uns sont moulés, les autres modelés à la main; ils doivent être artistement groupés, c'est là un point très essentiel.

Dessins 438, 439. — PETITES PIÈCES ORNEMENTALES
PLANCHE 101.

Les deux pièces représentées par les dessins 436 et 437 peuvent être exécutées en pastillage ou en sucre, car tous les détails sont moulés [1]; elles sont donc d'une exécution facile, et se prêtent à différentes combinaisons.

Elles sont reproduites ici dans toute leur simplicité, mais elles peuvent recevoir une application plus luxueuse et plus apparente. Dressées sur un large plateau en métal ou en pastillage, et ornementées, elles peuvent être servies dans les mêmes conditions que les autres petites pièces qui précèdent celles-ci, c'est-à-dire entourées d'une abondante garniture de petits gâteaux, pour figurer sur la table d'un dîner comme pièce de milieu.

Mais ces pièces peuvent aussi être appliquées comme ornement des gâteaux de mariage, dans le genre de celles reproduites plus haut.

Ces pièces sont d'autant plus appréciables, qu'elles se composent de différents détails pouvant être appliqués à l'ornementation d'autres pièces; les petits sujets, surtout les figures détachées, peuvent parfaitement trouver ailleurs, une application utile.

Dessin 440. — PETITE FONTAINE A SUJETS
PLANCHE 102.

Les moules des trois pièces reproduites à cette planche, font également partie de la collection de la maison *Linder*.

La grande et la petite coupe de la fontaine, l'assise et le bassin sont en pastillage; les enfants et les cygnes sont en sucre coulé.

Ces derniers sujets étant tout à fait détachés et mobiles peuvent être appliqués à la construction

----

1. Les moules de ces pièces et des trois autres reproduites à la planche 102, font partie de la grande collection de la maison *Linder*, que tous les confiseurs et les pâtissiers de Paris connaissent.

DESSIN 441.

DESSIN 440.

DESSIN 442.

ou simplement à l'ornementation d'autres pièces du même genre. La petite coupe à bords festonnés, montée sur son socle, constitue un fort joli petit sujet dont un praticien peut tirer bon parti.

La grande coupe est fixée sur une assise divisée en huit petits socles, dont quatre pour porter les enfants et quatre pour porter les cygnes. Cette assise est posée sur le centre de la base inférieure figurant le bassin de la fontaine, mais dont la balustrade est percée à jour.

La nappe d'eau s'échappant des coupes et des sujets est imitée avec des nappes de sucre filé fin, et blanc, soutenues par de gros cordons de sucre coulé sur marbre. Le fond du bassin doit être masqué avec une couche de ce sucre filé fin.

Dessin 441. — PETITE PIÈCE AUX FLEURS
PLANCHE 102.

Cette pièce est de forme quadrangulaire, à deux étages; le premier de ces étages est composé de deux griffons supportant chacun une coupe, et de deux petites consoles sur chacune desquelles est posé un petit enfant à genoux; les coupes peuvent être garnies avec des fruits ou des fleurs.

Le deuxième étage se compose d'une grande et belle coupe soutenue par des acanthes ornementées; le vide de la coupe est garni de fleurs.

Cette pièce, exécutée en pastillage ou en sucre, est d'un joli effet; elle peut être appliquée comme ornement d'un grand gâteau de mariage.

Dessin 442. — PETITE PIÈCE AUX DAUPHINS
PLANCHE 102.

De même que la précédente, cette pièce peut être appliquée comme ornement d'un grand gâteau de mariage. Elle se compose de deux coquilles, dont l'une plus large que l'autre, coulées en plusieurs pièces. La plus large de ces coquilles pose sur une assise graduée, sur le centre de laquelle s'élève le groupe des dauphins et des enfants supportant la coquille moins large, garnie de fleurs variées; le centre de cette coquille est occupé par une naïade posant sur un petit socle entouré de roseaux et de plantes aquatiques imitées en pastillage.

Le groupe des deux coupes est fixé sur une double assise circulaire, exécutée en bois mince, mais masquée en pastillage qui, tout en élevant la hauteur de cette assise, lui donne plus de légèreté.

Cette pièce, d'une exécution d'autant plus facile que toutes les divisions et les motifs différents qui la composent sont moulés, n'en est pas moins remarquable et intéressante.

SOMMAIRE DES PLANCHES 103, 104, 105, 106, 107, 108, 109

DESSINS 443 A 458. — PETITES PIÈCES MANGEABLES [1]

PLANCHES 103, 104, 105, 106.

Les différentes pièces que renferment les planches de cette série et de la série qui suivra celle-ci, sont des pièces tout à la fois mangeables et ornementales; on leur donne le nom de *pièces de confiseurs*.

Ces pièces sont très usitées dans l'est et le nord de l'Europe : en Autriche, en Russie, en Suède, en Pologne et dans toute l'Allemagne; dans ces pays, les tourtes d'entremets et les gâteaux de broche sont les pièces de pâtisserie préférées dans les maisons bourgeoises pour célébrer les fêtes de famille.

Ces pièces se composent d'une grande tourte en biscuit sur laquelle sont disposés divers ornements mangeables, dont la nature varie selon le luxe qu'on veut leur donner.

Ces tourtes sont généralement exécutées en biscuit sableux, biscuit fin, biscuit aux amandes, en génoise ou en gâteau-punch; on en fait même d'excellentes avec l'appareil à gâteau de broche, mais moins communément.

L'appareil des tourtes est cuit en feuille, sur plaque, ou cuit dans des moules faits exprès, de forme circulaire, larges et plats, dont les côtés sont droits ou évasés.

Si l'appareil est cuit sur plaque, en abaisses de l'épaisseur de 1 centimètre, on coupe celles-ci du diamètre voulu pour les abricoter et les monter l'une sur l'autre, en les collant : on donne au gâteau l'épaisseur de 4 à 5 centimètres.

Si le biscuit est cuit en moule, on le coupe transversalement en tranches d'égale épaisseur, on les abricote et on les remet en forme. On abricote alors la tourte sur les côtés et sur le haut ; on la pose sur une grille pour la masquer avec une glace aux liqueurs ou aux zestes. Quand la glace est sèche, on décore les surfaces latérales et le dessus avec des détails en fruits confits, entremêlés avec de la glace-royale poussée au cornet.

Ces tourtes sont souvent servies telles quelles sur un plateau; mais si l'on veut les servir ornementées, dans le genre de celles reproduites en cette série, il faut, avant de les glacer, pratiquer une ouverture sur le centre du biscuit, traversant la tourte de part en part; on en glace ensuite les surfaces

[1]. Une partie de ces petites pièces ont été exécutées par M. Louis Bisier qui fut autrefois, à Paris, un décorateur distingué.

Pl. 103.

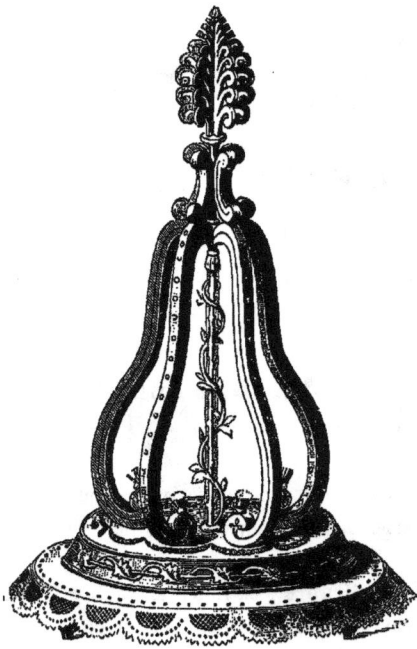

DESSIN 443.

DESSIN 444.

DESSIN 445.

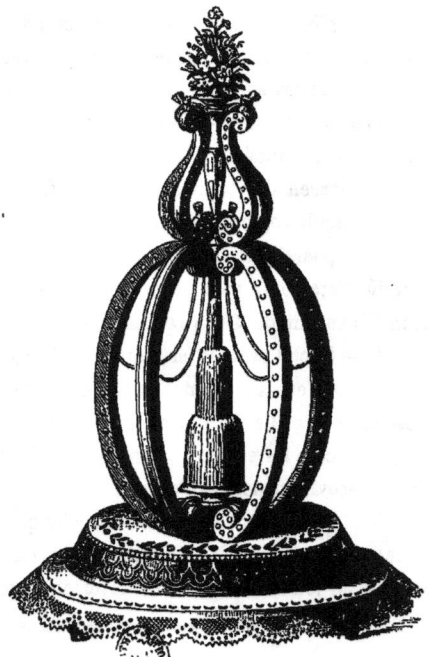

DESSIN 446.

Pl. 104.

DESSIN 447.

DESSIN 448.

DESSIN 449.

DESSIN 450.

on la décore et on la glisse sur un plateau en bois muni, sur le centre, d'une virole à laquelle on peut adapter un cylindre mobile, en fer-blanc, correspondant à la largeur de l'ouverture faite sur le centre de la tourte. Quand le cylindre est en place, on lui adapte une tringle en pâte d'amandes, en nougat, en sucre ou même en bois tourné, selon le genre des ornements choisis. Si ces ornements ne sont pas lourds, une tringle en pâte à ruche ou en sucre suffit (voy. dessin 443). Si les ornements sont plus compliqués et lourds, la tringle doit être en bois tourné, fixée ou vissée sur le centre d'une abaisse en bois posant sur le cylindre qui sera arrêté juste à niveau de la tourte, de façon que les ornements ne pèsent point sur la tourte, mais seulement sur l'abaisse inférieure et sur la tringle centrale (voy. les dessins 451, 452, 457, 458). — La tringle et l'abaisse en bois doivent être masquées avec de la pâte à massepain. Les ornements appliqués à ces pièces peuvent être exécutés en pâte à massepain, en pâte d'amandes gommée, en pâte d'amandes pour charlotte, en pâte à feuilles de chêne, en nougat, enfin, en sucre tors, en sucre de conserve ou en sucre coulé sur marbre, dans le genre des grandes aigrettes. Ces ornements sont souvent appliqués ensemble, les uns à titre de divisions principales, les autres à titre de simples détails.

La tourte reproduite par le dessin 443 est dressée sur un plateau posant sur quatre pieds, dont la surface plane est masquée d'un rond de papier blanc à bords dentelés, le dissimulant au regard. Les ornements appliqués à la tourte sont en pâte d'amandes ; cette pâte est d'abord abaissée au rouleau, puis coupée, à l'aide d'un patron, sur plaque légèrement beurrée et farinée ; elle est cuite ainsi à four doux. On fait refroidir les ornements sous presse, on les décore ensuite soit au cornet, soit avec des détails en pâte à massepain. C'est ainsi qu'ils sont groupés autour de la tringle centrale. L'aigrette formant le couronnement de la pièce est exécutée en pâte d'amandes gommée. Les ornements des trois autres petites pièces de la planche 103, sont exécutés dans les mêmes conditions que la précédente ; elles sont seulement ornementées dans un ordre différent ; mais pour la première comme pour les autres, la nature des ornements peut être changée ; on peut les exécuter en nougat, en sucre tors ou en sucre coulé sur marbre dans le genre de ceux appliqués aux petites pièces de la planche 105, portant les numéros 453, 454.

Les deux premières petites pièces reproduites à la planche 104, sont de forme élégante, légère ; leur ornementation n'est pas précisément la même, mais elle est composée des mêmes éléments : la pâte à feuilles de chêne.

Les tourtes sur lesquelles les ornements sont dressés, sont doubles, graduées, c'est-à-dire que, coupées d'un diamètre différent, posées l'une sur l'autre, et dressées sur un plateau un peu plus large, elles forment exactement une pyramide graduée.

Les ornements de la première de ces pièces (numéro 447) se composent de trois boules vides, graduées, posées l'une sur l'autre, continuant ainsi la forme pyramidale. La boule la plus élevée est surmontée d'une petite coupe ornée avec du sucre filé, figurant une petite cascade.

Pour exécuter ces boules, il faut cuire la pâte mince, et la couper à la bouche du four, pendant qu'elle est encore chaude, en feuilles ovales, pointues des deux bouts, en opérant à l'aide de trois emporte-pièces différents. Aussitôt ces feuilles coupées, les poser à cheval sur trois formes différentes, afin de les obtenir courbées ; quand elles sont bien refroidies, on les groupe autour de la tringle dans l'ordre reproduit par le dessin, en les collant au sucre chaud ; on les décore ensuite au cornet ou avec des détails en pâte d'amandes. La jonction des boules est dissimulée à l'aide de rubans imités en sucre.

Les ornements de la deuxième de ces pièces, portant le numéro 448, sont comme les précédents dressés sur une double tourte. L'ornementation se compose d'une sorte d'if à cinq montants groupés en forme de pyramide. Ces montants sont en pâte à feuilles de chêne; ils peuvent être exécutés d'une seule pièce, en les coupant vivement à la bouche du four, sur patron; on les fait refroidir, puis on les colle au sucre contre une tringle centrale. Mais on peut aussi couper les feuilles, ou plutôt les croissants des montants, un à un, à l'aide de différents patrons, pour les coller ensuite contre une petite tringle en pâte ou en sucre; en ce cas les cinq montants doivent encore être assemblés et collés debout, au sucre, contre la tringle centrale, traversant les deux tourtes. Sur le haut de la pyramide est fixée une petite coupe de fleurs, portée par une boule de forme allongée, formée à l'aide de cinq feuilles courbées, en pâte cuite, d'après la même méthode que celles de la précédente pièce. Sur la pointe de chaque croissant est collé un petit bonbon ou un détail en sucre cuit.

Les ornements des deux petites pièces reproduites par les dessins 449, 450 peuvent être moulés en pâte à massepain[1] ou coulés en sucre à conserve. Pour la première ce sont des cygnes; s'ils sont en pâte à massepain, ils doivent être levés à la planche, par moitiés, c'est-à-dire qu'il faut quatre planches pour chaque cygne : deux pour les corps, deux pour les ailes; les deux moitiés du corps sont collées ensemble et bien séchées; on leur adapte les ailes, et on les groupe contre la tringle centrale; mais, en raison du poids des ornements, il convient de les grouper sur une abaisse circulaire, en bois, masquée de pâte d'amandes, qu'on fera porter sur le cylindre central seulement, et non sur la tourte. Les ornements disposés au-dessus des cygnes sont exécutés en sucre coulé sur marbre. Le haut de la tringle est orné d'une petite aigrette coulée en sucre, sur matrice. Si les cygnes sont en sucre à conserve, l'opération est la même; ils doivent également porter sur une abaisse en bois mince.

Les quatre dauphins qui forment les ornements de la pièce portant le numéro 450 sont comme les cygnes ou moulés en pâte, ou coulés en sucre à conserve; dans les deux cas, ils sont groupés contre la tringle centrale dans les mêmes conditions que les cygnes. La petite fontaine disposée au-dessus des dauphins est exécutée en pâte d'amandes gommée; elle est ornée avec du sucre filé.

Les deux premières petites pièces de la planche 105 figurent chacune une imitation de fontaine, composée de trois coupes moulées, sur leur pied, en nougat ou en pâte d'amandes, gommée; elles sont de dimensions graduées, de façon à former pyramide, étant dressées l'une sur l'autre. Sur la coupe la plus élevée est disposé un sujet en sucre coulé sur marbre, figurant deux dauphins, portant

---

1. En Allemagne, à Lubeck, à Hambourg et à Berlin même, il existe des maisons ayant la spécialité des *tartes en pâte à massepain*; cette pâte dont je donnerai les proportions, est préparée à la machine; les fabricants sont arrivés à la rendre assez fine et élastique pour qu'on puisse non seulement prendre avec elle des empreintes sur les planches gravées ou dans des moules, mais encore pour qu'on puisse la modeler de façon à lui faire prendre toutes les formes. C'est avec cette pâte qu'on prépare ces belles tartes qui aujourd'hui sont expédiées dans toutes les directions.

La fabrication de ces tartes et des détails qu'elles comportent, constitue bien réellement une industrie nouvelle que je signale aux confiseurs, car elle pourrait devenir pour eux une branche de commerce très étendu, d'un rapport certain.

Je vais donner les proportions et l'apprêt de cette pâte, mais il est bon d'observer que, préparée à petite dose et avec les simples ressources dont on dispose dans un laboratoire de confiseur, cet apprêt est loin de donner les mêmes résultats qu'on obtient en opérant en grand, avec des machines adaptées à cette fabrication :

Mettez dans le mortier 500 grammes d'amandes mondées et dégorgées, bien blanches; pilez-les en ajoutant de temps en temps un peu d'eau froide; quand elles sont converties en pâte fine, ajoutez peu à peu 250 grammes de glace de sucre. Le mélange opéré, retirez la pâte dans une casserole, travaillez-la sur feu très doux, sans la quitter, jusqu'à ce qu'elle soit desséchée, au point où, en la pressant avec les doigts, elle ne s'y attache plus. Retirez-la alors sur la table pour la travailler avec les mains, en lui faisant absorber encore 250 grammes de glace de sucre. Laissez-la reposer à couvert avant de l'employer.

Pl. 105.

DESSIN 451.

DESSIN 452.

DESSIN 453.

DESSIN 454.

Pl. 106.

DESSIN 455.

DESSIN 456.

DESSIN 457.

DESSIN 458.

sur le haut un double pompon en sucre filé; les nappes d'eau s'échappant des coupes sont imitées en sucre filé fin et blanc. La fontaine est montée sur une abaisse en bois masquée en pâte d'amandes, portant seulement sur le cylindre central. Les nappes d'eau sont imitées avec du sucre filé, blanc. La tourte est dressée sur un plateau gradué, dont le plus haut gradin est entouré d'une bordure montante.

La fontaine de la deuxième pièce ne se compose que de deux coupes moulées, portées par des ornements en sucre, coulés sur marbre. La coupe la plus haute est ornée d'un jet d'eau, dont les nappes sont imitées en sucre filé fin. Le plateau sur lequel la tourte est dressée est exécuté dans les mêmes conditions du précédent: l'abaisse inférieure est garnie de petits gâteaux.

Les deux petites pièces de cette même planche, portant les numéros 453, 454, sont établies dans les mêmes conditions que les deux premières, à l'exception que les ornements sont disposés en gradin et non en fontaine; les abaisses de ces gradins sont masquées en pâte à massepain, et bordées; les supports qui ornent les divers étages sont en sucre coulé sur marbre, absolument dans les mêmes conditions que les grands montants d'aigrette, reproduits plus loin au chapitre des accessoires de la pâtisserie. Les plateaux supportant les tourtes sont établis dans le même ordre que les précédents, c'est-à-dire qu'ils sont bordés et garnis de petits gâteaux.

Les ornements de la petite pièce portant le numéro 455 (pl. 106), se composent de quatre cornes d'abondance en nougat, groupées sur une abaisse adaptée à la tringle centrale; les cinq montants groupés au-dessous d'elles comme pour les soutenir sont en sucre coulé sur marbre. Les fruits des cornes d'abondance sont glacés au sucre; les fleurs et l'ananas que porte la coupe du haut sont imités en pâte à massepain. Le plateau sur lequel la tourte est dressée, n'est pas couvert avec du papier dentelé, car l'espace laissé libre doit être garni avec des petits gâteaux ou des petites caisses de fruits glacés. Les ornements de la petite pièce portant le numéro 456 sont exécutés en pâte d'amandes gommée; c'est une coupe en trois divisions, posée sur un pied ornementé, dont la base forme gradin; les fruits garnissant les coupes et ceux groupés autour des gradins sont mangeables: ils sont glacés au sucre. La petite corbeille de forme allongée, disposée sur le centre des coupes, et d'où s'échappent trois nappes d'eau, est aussi imitée en pâte d'amandes; les nappes d'eau sont imitées en sucre fin.

Les deux dernières pièces de cette planche, dessins 457, 458, représentent deux gâteaux de broche ornementés dans le même ordre, mais avec des détails différents. Le premier de ces gâteaux est placé sur une large abaisse en pâte d'office à laquelle adhèrent les ornements; ceux-ci se composent d'une sorte de charpente à deux étages, formant pyramide; le premier étage s'arrête à l'extrémité du gâteau, sur laquelle est collée une abaisse en pâte, formée en anneau plat; c'est sur cet anneau que prennent appui les ornements du deuxième étage. Cette charpente se compose de tresses courbées, en pâte d'amandes cuite, sur lesquelles sont symétriquement disposées des feuilles de chêne de belle nuance, collées au sucre, ornementées soit avec de petits bonbons, soit avec des fruits confits.

La coupe disposée sur le haut de la charpente doit être légère, car elle n'a aucune tringle pour soutien; elle pose seulement sur une petite abaisse, où viennent aboutir les quatre tresses du deuxième étage. Quand le gâteau est ornementé dans les conditions où il est reproduit, on le glisse sur un large plateau posant sur quatre pieds, et dont la surface est masquée d'un rond de papier dentelé.

L'ornementation appliquée à la dernière pièce de cette planche semble ne nécessiter aucune explication de détail, puisqu'elle est en quelque sorte identique à celle de la première.

Dessins 459 a 470. — PETITES PIÈCES EN PATE D'AMANDES
PLANCHES 107, 108, 109.

Les petites pièces reproduites dans les trois planches de cette série, quoique différant de celles insérées à la précédente série, sont cependant destinées à remplir le même rôle, c'est-à-dire à être servies dans les dîners familiers, comme pièce de milieu. Elles sont le plus ordinairement exécutées en pâte d'amandes cuite[1], à laquelle on allie avec avantage la pâte à massepain, la pâte d'amandes gommée, la pâte à feuilles de chêne, le nougat et le sucre coulé. Le genre de ces pièces ne comporte aucun luxe artistique : la simplicité leur sied mieux; elles n'exigent ni rochers, ni tambours : un plateau en bois posant sur quatre pieds, masqué en pâte blanche, et bordé, voilà tout.

Le premier modèle de la planche 107 est reproduit dans ces conditions, et elles lui suffisent. Mais, comme ces petites pièces ne sont, en somme, que des modèles, on peut fort bien les modifier ou les exécuter en pastillage; en ce dernier cas on peut les dresser sur rocher ou sur tambour, au même titre que les pièces ornementales. Cependant il est un point qu'il ne faut pas perdre de vue, c'est que ces pièces ne peuvent guère être exécutées qu'en petit format : les grandes allures leur seraient plus nuisibles qu'avantageuses; on ne doit donc pas leur donner plus de 50 à 60 centimètres de hauteur.

Le premier sujet de cette planche constitue un modèle coquet, d'un joli effet et d'une exécution facile. Il est à deux étages de forme hexagonale, dont le plus élevé est surmonté d'une flèche. Les étages sont divisés par une simple abaisse en pâte cuite. Les six colonnes du premier étage sont coulées en sucre à caramels, dans des moules en métal; elles pourraient tout aussi bien être coulées en sucre de conserve ou exécutées en nougat; dans les deux cas, leur fût est enlacé tout au long avec de petites guirlandes en pâte à massepain levée à la planche.

Les colonnes du premier étage peuvent être moulées en pâte à massepain, mais en deux parties, et avec un support intérieur; elles peuvent aussi être coulées en sucre de conserve.

Les ogives détachées, formant la frise des étages, sont exécutées en pâte d'amandes; elles sont coupées sur patron, cuites à four doux, refroidies sous presse, puis, décorées au cornet, ou ornées avec des détails en pâte à massepain.

Mais on peut aussi couler ces ogives en sucre, sur marbre, autour d'un cordon en glace-royale, poussé au cornet sur les lignes tracées au crayon, dans le genre des supports de grandes aigrettes.

Les guirlandes reliant les ogives du premier étage sont en sucre coulé sur marbre; celles du deuxième étage sont levées à la planche. Les ifs disposés entre les ogives sont, comme celles-ci, en pâte d'amandes. La flèche du deuxième étage est en pâte d'amandes; les arêtes des angles sont en sucre ou en pâte à massepain.

1. Les pâtes cuites qui conviennent le mieux sont : la pâte aux amandes (page 354) qui ne bouge pas à la cuisson; puis la pâte d'amandes pour charlotte (page 13); la pâte à ruche dont voici les proportions : 500 grammes amandes, 750 grammes sucre, 250 grammes de farine, 4 blancs d'œuf. — Pilez finement les amandes avec un peu de blanc; ajoutez le sucre, puis du blanc d'œuf pour former une pâte molle ; travaillez la pâte avec les mains, sur la table, en incorporant la farine.
Voici la recette d'une pâte d'office qui mérite l'attention du praticien; elle est de confection simple et elle ne boursoufle pas à la cuisson : faire la fontaine avec la farine; détremper avec un quart de litre d'eau chaude dans laquelle on aura mis à fondre 250 grammes de sucre en poudre; cette pâte doit reposer longtemps, à couvert.

Pl. 107.

DESSIN 459.

DESSIN 460.

DESSIN 461.

DESSIN 462.

L'assise sur laquelle porte la pièce, est en pâte d'office aux amandes; elle est ornée d'une balustrade; en servant la pièce, l'espace libre entre l'assise et la bordure du plateau, doit être garni de petits gâteaux.

La pièce portant le numéro 460, se compose d'une colonnade à toiture inclinée, surmontée d'un petit pavillon de forme hexagonale, également surmonté d'une toiture inclinée. Les toitures et le pavillon sont exécutés en pâte d'amandes; les ornements appliqués à leur surface sont ou découpés sur de la pâte à massepain, ou poussés au cornet, en glace-royale. Les bordures et balustrades sont en pâte à massepain, levée à la planche. Les colonnes sont coulées en sucre de conserve; les petites guirlandes qui les entourent sont aussi levées à la planche.

La petite pièce portant le numéro 461 (planche 107) est d'un fort joli aspect, son assise, en forme de tour, est exécutée sur une charpente en pâte d'office aux amandes; elle est fixée sur une abaisse en pâte, puis plaquée avec des bandes de biscuits à la cuiller ou biscuit-punch, coupées en imitation de pierres de taille, et collées avec de la marmelade ou de la glace. Les surfaces de ce biscuit sont ensuite humectées en différents endroits, avec un pinceau imbibé de glace-royale, sur laquelle on saupoudre des pistaches hachées. Les plantes grimpantes sont imitées avec de la pâte à massepain nuancée en vert-tendre. La rampe de l'escalier, de même que la balustrade sont levées à la planche.

Les colonnes du petit pavillon que l'assise supporte, sont coulées en sucre à conserve; la corniche et la coupole sont en pâte à massepain. Mais la coupole et l'assise peuvent fort bien être exécutées en beau nougat, et les colonnes en sucre à caramels, coulées dans des moules en métal.

En tous cas, la pièce doit être dressée sur un plateau posant sur quatre pieds, entouré à sa base avec des petits gâteaux.

Le dernier modèle de la planche 107, dessin 462, est à deux étages, minutieusement ornementés. L'étage principal est en pâte d'amandes, de forme hexagonale, dont les faces sont percées à jour, laissant voir à l'intérieur une petite fontaine imitée en sucre. Les surfaces et les angles de l'étage sont ornés en relief, soit avec des liserons ou autres détails en pâte d'amandes, levés à la planche, soit avec un décor en glace-royale, poussé au cornet. Cet étage est posé sur une assise ronde, en pâte, vide, fixée sur un plateau bordé, posant sur quatre pieds.

L'étage supérieur est formé d'une colonnade portant un dôme; elle est disposée sur une assise basse; l'assise et le dôme sont exécutés avec la même pâte que l'étage inférieur; le dôme est ornementé dans le même ordre. Les colonnes sont coulées en sucre de conserve; elles sont entourées de guirlandes en pâte à massepain, levées à la planche. La balustrade disposée à leur base est aussi levée à la planche.

Le corps de l'étage principal, ainsi que le dôme et son assise, peuvent très bien être exécutés en nougat; en ce cas les colonnes doivent être coulées en sucre à caramels.

Le premier modèle de la planche 108 est à deux étages de forme hexagonale, posant sur une assise à six pans dont les angles sont saillants et arrondis; cette assise est en pâte cuite, vide, plaquée et décorée en pâte à massepain. Les colonnes torses sont coulées en sucre à conserve ou en sucre à caramels. Les ogives sont exécutées en sucre rose coulé sur marbre, entre deux cordons de glace-royale; les guirlandes qui les relient, et celles reliant les colonnes sont en pâte à massepain, levées à la planche sur une petite bande en tulle. Au centre de la balustrade est disposée une statuette posant sur un petit socle, et entourée d'une balustrade; elle est moulée en pâte ou coulée en sucre.

Le deuxième étage consiste aussi en une colonnade, en retraite sur la première. Les colonnes sont coulées en sucre, mais rayées, à l'aide d'un cordon de glace-royale; elles supportent un petit entablement formant corniche. Cet étage est surmonté d'un petit vase garni de fleurs imitées posant sur un petit socle, et entouré d'une balustrade à jour.

La pièce représentée par le dessin 464, planche 108, est de forme hexagonale, à deux étages en retraite l'un sur l'autre; elle est fixée sur une assise circulaire, en pâte d'amandes; mais la toiture est établie sur une charpente masquée avec des bandes de pâte à massepain, ciselées et disposées à cheval l'une sur l'autre. Les balustrades sont levées à la planche, chacune des façades de la pièce est percée en arceau, et décorée en relief avec des détails en pâte à massepain.

Cette pièce peut aussi être exécutée en nougat; en ce cas les deux balustrades sont en sucre coulé sur marbre. La pièce est représentée dressée sur un plateau bordé, posant sur quatre pieds.

La pièce représentée par le numéro 465 est à deux étages, montés sur une charpente. Le premier étage consiste en une colonnade fixée sur une base en pâte cuite, supportant un entablement circulaire, en forme de toiture inclinée, portant un pavillon à coupole, de forme hexagonale, dont les façades sont percées à jour. L'entablement et le pavillon sont exécutés sur une mince charpente en pâte d'amandes, plaquée avec des détails en pâte à feuilles de chêne. Les grandes colonnes de l'étage principal et celles appliquées aux angles du pavillon sont également montées sur charpentes en pâte cuite, plaquées avec des petites feuilles courbes, en imitation de palmier. La bordure du pavillon et la balustrade de la toiture sont en pâte à massepain, levées à la planche. Les petits détails d'ornement sont également en pâte à massepain.

La dernière pièce de cette planche, portant le numéro 466, est à deux étages, de forme circulaire, montés sur une assise graduée. L'étage principal est disposé en colonnade supportant un entablement à corniche, et portant sur son centre un petit pavillon à colonnade et à dôme posant sur une petite assise circulaire; cette pièce peut être exécutée en pâte d'amandes mangeables ou pâte d'amandes gommée; avec des moules adaptés, elle pourrait être exécutée en beau nougat. Comme variété la coupole et l'entablement peuvent être exécutés en pâte d'amandes et les deux colonnades coulées en sucre à caramels ou en sucre de conserve.

Le premier modèle de la planche 109 représente une pyramide portée sur un socle ouvert sur les quatre faces. Le socle et la pyramide sont exécutés en pâte d'amandes; les ornements appliqués et les petits vases disposés sur les angles du socle sont en pâte à massepain. L'assise sur laquelle la pièce est posée est en pâte d'office aux amandes, de forme circulaire; elle est fixée sur un plateau bordé, posant sur quatre pieds.

En changeant l'ornementation de la pièce, on peut facilement l'exécuter en beau nougat; la forme s'y prête. — Comme variété, cette pièce peut aussi être exécutée sur une charpente en pâte d'office aux amandes, collée sur l'assise, plaquée en biscuit-punch et décorée.

Le modèle portant le numéro 468 (planche 109) est à deux étages, de forme hexagonale; la colonnade porte sur une assise en pâte d'office, peu élevée, vide; l'entablement, le corps du pavillon

DESSIN 463.

DESSIN 464.

DESSIN 465

DESSIN 466.

Pl 109.

Dessin 467.

Dessin 468.

Dessin 469.

Dessin 470

supérieur et sa coupole sont exécutés en pâte d'amandes; les façades du pavillon sont percées à jour, chacune par une fenêtre, fermée sur l'arrière avec une petite draperie et un grillage. Les colonnes sont coulées en sucre de conserve; les guirlandes qui les relient sont levées à la planche, sur une étroite bande de tulle, la balustrade de l'entablement est aussi levée à la planche.

Le corps du pavillon, sa coupole, l'entablement du premier étage et la base qui les supporte peuvent être exécutés en beau nougat; en ce cas les colonnes sont coulées en sucre à caramels.

Le modèle représenté par le numéro 469 (planche 109) peut être exécuté tout en pâte à massepain, mais alors les colonnes sont moulées en deux pièces, dans un moule en plâtre; en ce cas, elles doivent être soutenues intérieurement par un support en fil de fer.

L'entablement de la colonnade et le dôme qu'elle supporte sont d'abord exécutés sur une charpente en pâte d'office aux amandes, mince, qu'on plaque et qu'on ornemente avec de la pâte à massepain; le dôme de la petite colonnade surmontant la première, est exécuté dans les mêmes conditions.

Le modèle représenté par le dessin 470 (planche 109) est à deux étages : une colonnade posant sur une petite base circulaire, portée sur une assise peu élevée, de forme carrée, fixée sur une simple abaisse en pâte cuite. L'assise et le dôme de la colonnade peuvent être exécutés en pâte d'amandes; en ce cas, les colonnes sont coulées en sucre à conserve.

Mais la pièce serait d'un très joli effet, montée sur une mince charpente en pâte d'amandes, plaquée en biscuit-punch; les colonnes doivent être alors moulées en pâte d'amandes gommée, dans un moule en plâtre, en deux parties, soutenues intérieurement avec un support en fil de fer. Si l'assise et le dôme étaient exécutés en nougat, les colonnes pourraient être coulées en sucre à caramels, dans des moules en métal.

ACCESSOIRES ET ORNEMENTS
DE LA PATISSERIE

En pâtisserie, les détails de l'ornementation sont, par leur nature et leur forme, variés et multiples. Les plus usuels, les plus apparents, sont ceux en glace-royale, en sucre filé ou coulé, et ceux en pastillage ou en pâte d'amandes.

Aux pièces en pastillage et aux socles, mais aux socles surtout, les ornements qui leur donnent le plus de coquette légèreté, ce sont les bordures à jour, correctes, élancées. Aux pièces en glace-royale, ce sont les feuilles et les fleurs en pastillage ou en glace. Aux pièces en sucre, ce sont les pompons, les aigrettes.

Les détails d'ornement, sous leur forme simple et presque futile, jouent cependant un grand rôle. Ce n'est pas avec ces détails qu'on confectionne les pièces, mais c'est avec eux qu'on les finit, qu'on les embellit, qu'on leur donne cette légèreté attrayante, cette coquetterie qui les rend si agréables au regard. Une pièce-montée, un socle, une sultane, une coupe, un vase, avant d'être ornementés, bordés, embellis, avec ces petits détails sans valeur apparente, paraissent lourds, sans élégance : qu'on les entoure avec une simple guirlande, une bordure, une aigrette, leur aspect change, leur lourdeur disparaît ! Tel est, en somme, le rôle que jouent les détails d'ornement dans les pièces en pastillage, en glace, ou en sucre.

Tous ceux qui se sont occupés de l'ornementation de la pâtisserie : pièces-montées, socles ou gradins, savent parfaitement que leur exécution devient, sinon impossible, du moins excessivement gênante, sans l'auxiliaire des planches gravées. La question de leur utilité ne saurait donc être mise en doute ; elles n'ont pas seulement le mérite d'abréger le travail et les recherches du praticien, de rendre ses produits plus réguliers et plus élégants, mais elles ont aussi celui de faciliter ses projets, en élargissant le cercle de ses combinaisons. Pour lui il ne s'agit donc pas de savoir s'il doit en avoir, s'il en aura : il s'agit de savoir combien il en aura : peu ou beaucoup, selon ses moyens, selon le soin qu'il mettra à les rechercher. S'il est prévoyant, il s'occupera de bonne heure à les recueillir, à les glaner peu à peu, soit en les achetant, soit en prenant des empreintes pour les couler en soufre ou les faire exécuter par les graveurs. En agissant ainsi, il se trouvera un jour possesseur d'une collection variée, pouvant lui rendre des services d'autant plus importants que cette collection sera plus complète, plus choisie. Si au contraire il néglige ce soin, il ne tardera pas à s'apercevoir du préjudice de son imprévoyance.

Il en est des planches gravées, comme des moules en plâtre ou en cuivre, comme des emporte-pièces, des coupe-pâtes, et des couteaux; ils constituent le bagage manuel de l'ouvrier; ce sont ses outils, il ne doit jamais s'en emparer; car c'est en les maniant, en les ayant sans cesse sous les yeux, en se familiarisant en quelque sorte avec eux, qu'il apprendra à mieux les connaître, et qu'il finira par approfondir toutes les ressources qu'au moment donné il peut en tirer.

J'ai dit plus haut que les planches étaient en bois gravé, ou bien coulées en soufre. La gravure des planches ne peut être exécutée que par des graveurs ou tout au moins par quelqu'un ayant la connaissance et la pratique de cet art. Mais les graveurs s'occupant spécialement de ce travail sont rares; c'est par ce fait que, ne sachant à qui s'adresser, les pâtissiers se bornent le plus souvent à prendre des empreintes eux-mêmes à l'aide desquelles ils obtiennent des reproductions plus ou moins parfaites. Mais dans une ville comme Paris, dans un grand centre, il y a cependant quelque chose de mieux à faire que se risquer, après beaucoup d'efforts, à n'obtenir qu'un médiocre résultat : c'est de s'adresser tout simplement à ceux qui font la spécialité des sujets coulés ou des moules à l'usage des pâtissiers et des confiseurs; on est ainsi plus sûr de trouver et d'obtenir ce que l'on cherche. A défaut de mouleur ou de graveur, on peut faire des reproductions à l'aide de la galvanoplastie; j'ai connu quelques pâtissiers qui faisaient eux-mêmes ces reproductions.

SOMMAIRE DES PLANCHES 110 A 128

ORNEMENTS ET ACCESSOIRES DE LA PATISSERIE

DESSINS 471 A 519. — MODÈLES D'ORNEMENTS

PLANCHES 110, 111, 112, 113.

Les ornements insérés en ces quatre planches sont simplement la reproduction de détails on pastillage levés sur des planches gravées ou coulées.

Les ornements de la première planche de cette série (pl. 110), consistent surtout en feuilles pleines et en feuilles à jour ; les unes et les autres sont également utiles ; les premières sont ordinairement appliquées contre une surface quelconque ; les feuilles à jour, au contraire, sont appliquées en saillie, détachées ; on les emploie souvent comme bordure, mais alors courbées, c'est-à-dire séchées sur une forme plus ou moins arrondie ; entières ou coupées en deux sur le travers, elles sont souvent appliquées à l'ornementation des socles, et même des grosses pièces de pâtisserie.

Les deux modèles portant les numéros 471, 473, planche 110, étant à surface uniforme, peuvent être doublés[1], et employés comme écusson ou sujet de hâtelets d'entremets.

Avec quatre empreintes du modèle disposé sur le centre de la planche 111, on peut exécuter une jolie pyramide à jour ; mais l'empreinte peut tout aussi bien être appliquée contre une surface.

Les trois modèles portant les numéros 487, 489 et 500 figurent de grands écussons applicables contre une surface. Cette planche renferme six modèles de petits écussons qui, doublés, peuvent être employés pour ornement de hâtelets.

Les six modèles de guirlandes de fleurs et de feuilles (pl. 112) sont utilisables pour l'ornementation des pièces. Ces guirlandes sont le plus souvent appliquées contre une surface ; mais celles qui peuvent être suspendues doivent être sorties de l'incrustation à l'aide d'une petite bande de tulle, collée sur le pastillage. Si l'on voulait doubler la grappe de raisins ou le régime de bananes, il faudrait deux incrustations pour chaque sujet : une seule suffit pour doubler le gland dont le modèle est reproduit sur le haut de la planche.

Les quatre grands modèles reproduits à la planche 113 peuvent recevoir différentes applications. On peut en tirer bon parti pour l'ornementation des grandes pièces. Le modèle de balustrade ouvragée, est d'un très bel effet et d'un grand secours pour l'ornementation des grands sujets. Elle

1. Pour que deux empreintes de la même incrustation puissent être doublées, il faut absolument que le sujet soit uniforme sur les contours et les reliefs, c'est-à-dire que la moitié du sujet soit exactement semblable à l'autre moitié ; de cette façon, on collant les deux épreuves, on obtient un sujet à deux faces. Par exemple, pour doubler la feuille à jour, portant le numéro 473, une seule empreinte suffit, tandis que pour doubler l'aigle il en faut deux.

PLANCHES 110, 111, 112.

Pl. 30

471 à 485

Pl. 111

486 à 501

Pl. 114

Pl. 113.

Dessin 515.

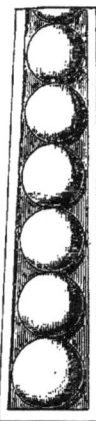

Dessin 516.

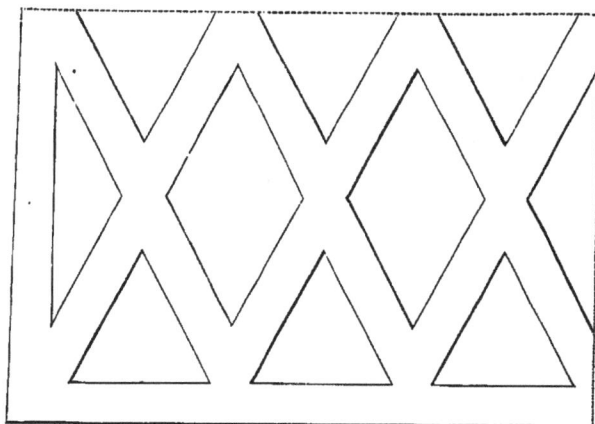

Dessin 517.

Dessin 518.

Dessin 519.

peut être appliquée contre une surface ou posée en saillie ; dans les deux cas, elle doit être sortie de l'incrustation à l'aide d'une bande de tulle, afin de maintenir les détails d'aplomb. Pour enlever l'empreinte, il faut d'abord la dégager entièrement, peu à peu, à l'aide d'un petit tampon en pastillage ; puis, en humecter les surfaces à l'aide d'un linge humide, et appuyer le tulle dessus ; on l'enlève alors d'un trait ; l'opération est simple.

Les modèles portant les numéros 516, 517, à la planche 113, figurent : le liseron perlé et la planche gravée, à losanges, dont il a été longuement question à la page 423, au sujet de la sultane à grillage reproduite à la planche 50.

Le dessin à losanges ne reproduit qu'une partie de la planche gravée ou plutôt coulée en soufre ; le pointage des lignes indique d'ailleurs que le dessin n'est pas complet. Je n'ai reproduit l'incrustation que pour bien indiquer la dimension exacte des losanges qui, de même que le liseron perlé, sont dessinés de grandeur naturelle.

Le modèle de la sultane, exécutée à l'aide de quatre empreintes de la planche, dans son entier, bien entendu, est représenté par le dessin 518 ; ce dessin indique bien l'assemblage des divisions, et le raccordement des losanges sur la lisière de ces divisions ; les deux lisières se trouvent masquées par le liseron perlé, appliqué en relief : c'est tout ce que j'ai voulu démontrer.

Le fronton reproduit par le dessin 519 a été dessiné de grandeur naturelle ; il peut trouver une application avantageuse dans l'ornementation des grandes pièces.

DESSINS 520 A 525. — SUCRE FILÉ, USTENSILES
PLANCHE 114.

Les deux premiers dessins de la planche 114, numéros 520, 521, représentent les poêlons à cuire le sucre, dont j'ai déjà eu lieu de parler ; ils sont en cuivre mince, à fond plat et sans bec ; je parle de ceux à cuire le sucre et non de ceux à le filer [1].

Le dessin 522 représente le poêlon à bec pour couler le sucre : il se distingue surtout des anciens poêlons par la forme du manche : celui-ci est carré. Cette simple différence a pourtant une certaine importance dans la pratique ; le manche carré donne évidemment plus de sûreté et de précision à la main.

Le dessin 523 représente le *filoir* à sucre ; cet ustensile est en cuivre mince, de forme carrée, muni sur le haut d'un couvercle à coulisse, auquel est adapté un manche en bois ; la gravure le représente ouvert ; c'est dans le vide intérieur que le sucre est versé, et c'est par les six tubes du bas, coupés en gouttière, qu'il s'échappe, du moment que le filoir est mis en mouvement. Cet ustensile, très pratique au fond, pourra subir certaines modifications de détail. Le dessin 524 représente ce

---

1. J'ai dans ces derniers temps fait exécuter, d'après l'avis de M. Landry, un poêlon plat argenté à l'intérieur, auquel s'adapte un couvercle en fer-blanc, à rebords saillants, et percé d'une ouverture sur la partie centrale, afin de laisser échapper la vapeur du liquide ; je suis d'avis que les poêlons plats sont préférables aux poêlons creux pour cuire le sucre, car celui-ci cuit plus promptement, et par ce fait est moins exposé à fuir. Quant à l'argenture du poêlon à cuire, elle est essentiellement pratique ; dans ces vases, le sucre reste très blanc, et il est moins sujet à grainer que s'il cuisait dans tout autre vase.

même filoir rempli de sucre cuit, fermé et prêt à être mis en mouvement. J'ai précédemment décrit la méthode de filer le sucre à la cuiller, et celle de le couler sur matrice pour l'exécution des *sultanes;* je vais maintenant décrire la méthode de filer le sucre à la jetée, c'est-à-dire de le filer en fils fins, formant des gerbes. Pour obtenir du beau sucre filé fin, de belles nappes se conservant intactes, il faut absolument opérer avec du sucre de canne; c'est celui, en effet, qui donne les meilleurs résultats. On file fin le sucre par deux méthodes différentes; la plus ancienne, celle employée jusqu'ici, se pratique à l'aide d'une cuiller; par la méthode nouvelle, on opère à l'aide d'un *filoir* (dessins 523, 524). Voici d'abord la méthode de filer le sucre à la cuiller : Aussitôt que le sucre est cuit au degré voulu, c'est-à-dire au grand *cassé*, versez-le dans un petit poêlon étroit en haut, afin que la couche soit plus épaisse; placez le poêlon sur un petit plafond, en l'appuyant sur une épaisse couche de cendres tièdes, afin que le sucre se maintienne au même degré. Prenez, de la main droite, une cuiller de table, en argent; trempez-la dans le sucre; laissez égoutter celui-ci jusqu'à ce qu'il n'en découle qu'un cordon. Prenez alors, de la main gauche, un long couteau de cuisine; tenez-le horizontalement à la hauteur de l'épaule, et filez le sucre, en agitant verticalement la cuiller de gauche à droite et de droite à gauche, au-dessus du couteau, afin que les fils du sucre, en se détachant de la cuiller, viennent se poser à cheval sur la lame de ce couteau, et forment ainsi, peu à peu, une gerbe soyeuse, brillante, légère, sans gouttes : toute l'opération est là. A mesure que les gerbes sont volumineuses, enlevez-les pour les ranger en long, sur une table bien propre. — Pour filer convenablement le sucre, il faut opérer dans un lieu à l'abri de courants d'air, et étaler devant soi, sur le parquet, quelques plaques longues, afin que les extrémités de la gerbe du sucre filé ne traînent pas sur le sol.

Voici maintenant la deuxième méthode : prenez un *filoir* [1] (dessins 523, 524) en cuivre, à six tubes; chauffez-le légèrement, essuyez-le bien, et versez dedans du sucre cuit au *cassé*, blanc ou nuancé; fermez-en aussitôt l'ouverture, puis filez le sucre, en agitant vivement le *filoir* au-dessus d'un manche de spatule, soutenu horizontalement sur la table à l'aide d'un poids; filez-le jusqu'à ce que la gerbe soit formée; enlevez-la aussitôt pour recommencer le filage. Quand le sucre commence à refroidir, chauffez le *filoir*, en présentant tour à tour les surfaces au feu; recommencez ensuite à filer [2]. Cette méthode de filer le sucre à la jetée est certainement avantageuse, en raison de la célérité avec laquelle on peut opérer; aussi bien elle est simple et facile, et d'autant plus expéditive que les fils du sucre, découlant de six tubes à la fois, fournissent en quelques minutes une gerbe abondante : tout le monde est à même de comprendre les avantages de cet ustensile, dû à l'invention de M. A. Landry.

1. On trouve à acheter ces filoirs chez M. Glaize, rue des Capucines, à Paris.
2. Quand on a beaucoup de sucre à filer, voici comme on doit opérer pour ne pas en perdre. On cuit d'un bloc, le sucre dont on suppose avoir besoin, en opérant exactement comme il est dit à la page 429. Aussitôt qu'il est à point, on le verse sur un marbre très légèrement huilé, pour le laisser refroidir. Quand on veut filer le sucre, on en prend la quantité voulue, on le coupe en petits morceaux, on met ceux-ci dans un petit poêlon chaud, et on le fait fondre à la bouche du four, sans laisser prendre couleur au sucre. Si le sucre est bon, s'il est cuit à point, il fond instantanément.

Pl. 114.

Dessin 520.   Dessin 521.   Dessin 522.

Dessin 523.   Dessin 524.

Dessin 525.

Pl. 115.

DESSIN 526.

DESSIN 527.

Pl. 116.

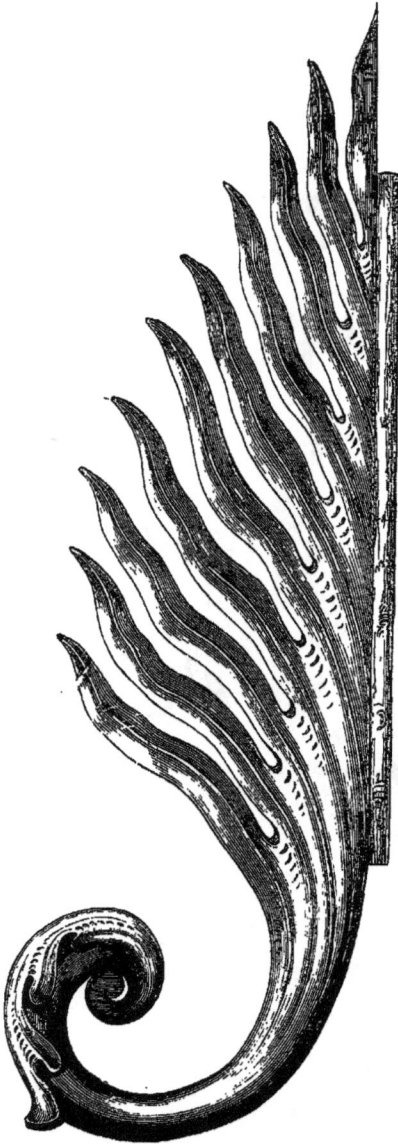

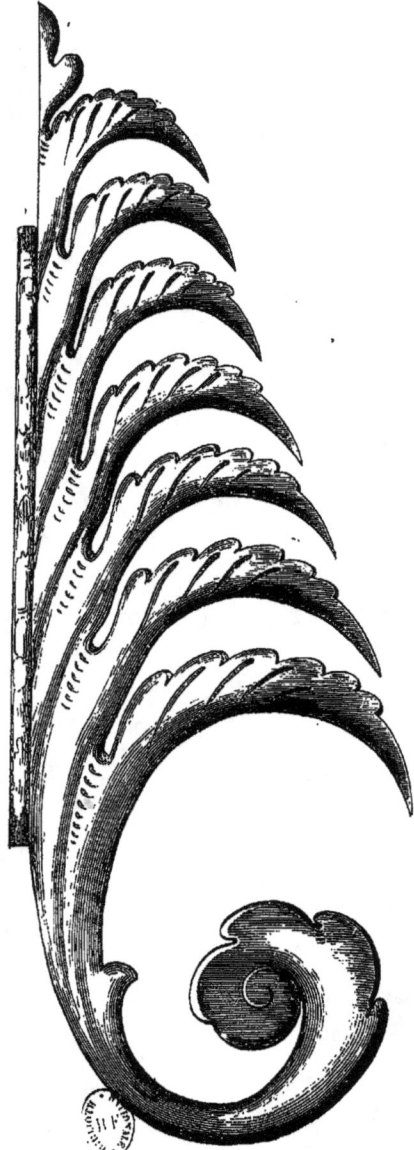

DESSIN 528.

DESSIN 529.

Pl. 117.

DESSIN 530.

DESSIN 531.

Pl. 118.

DESSIN 532.

DESSIN 53³.

Pl. 119.

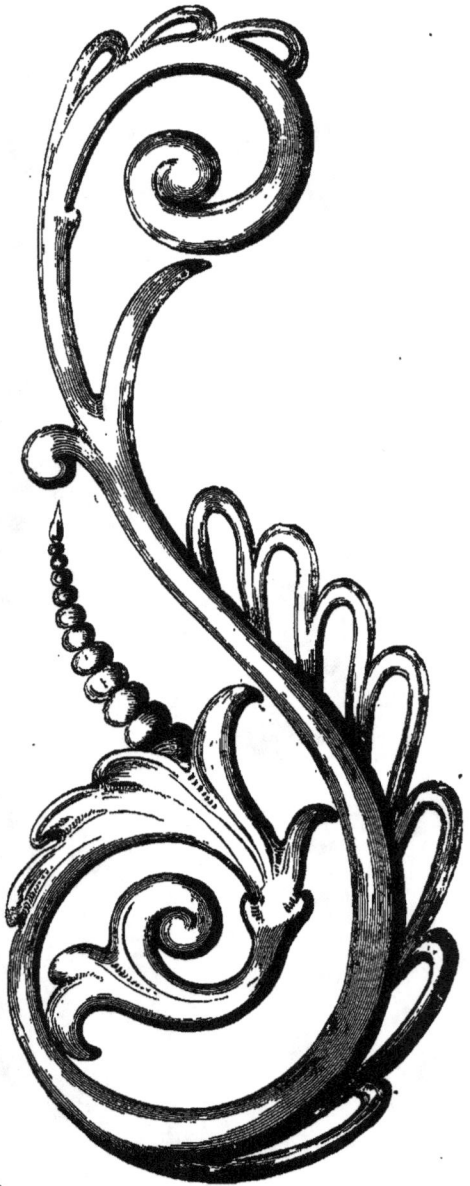

DESSIN 534.

DESSIN 535.

DESSINS 526 A 535. — MODÈLES DE MONTANTS D'AIGRETTE,
COULÉS EN SUCRE, SUR MATRICES

PLANCHES 115, 116, 117, 118, 119.

Les montants d'aigrette, en sucre, sont exécutés d'après deux méthodes différentes. La première, celle pratiquée jusqu'ici, consiste à tracer sur un marbre, à l'aide d'un crayon, les contours
du montant qu'on veut exécuter; on huile ensuite le marbre; puis, prenant de la main droite une
cuiller trempée dans du sucre au *cassé*, on le laisse égoutter à point, et on le coule en cordons réguliers, sur le marbre, en suivant les contours tracés : voilà toute la méthode. Ces montants sont plus
ou moins réguliers, les cordons du sucre sont plus ou moins correctement coulés, selon l'habileté de
celui qui opère. Pour exécuter ces montants dans des conditions irréprochables, il faut non seulement une main exercée, mais aussi du bon sucre, bien cuit.

La deuxième méthode, est celle émise et propagée par *M. Landry;* par cette méthode, les
difficultés sont moins grandes : elles diminuent en raison des auxiliaires dont on dispose ; l'opération
est par elle-même très simple. Ici, on n'opère plus sur le marbre, en suivant les contours d'un dessin
tracé ; on opère sur des matrices huilées, dont les ornements sont en creux, absolument comme pour
les sultanes coulées sur plaques gravées en grillage. Toute l'opération se résume donc dans le
nombre et le choix des matrices dont on dispose; celles-ci étant peu coûteuses, on peut facilement en
former une collection variée. Le coulage du sucre dans une matrice en métal a pour premier résultat
un avantage très important, impossible à méconnaître; c'est de donner un cordon complet, c'est-
à-dire arrondi en dessous comme au-dessus ; cet avantage, on ne peut l'obtenir en opérant sur la
surface d'un marbre, car alors le cordon de sucre ne peut être arrondi du côté qui touche au marbre.

Mais pour couler le sucre dans des matrices, il faut nécessairement en avoir un nombre suffisant, cela se comprend ; car s'il fallait attendre que l'ornement soit refroidi et retiré de la matrice
pour en filer un autre, il ne serait plus possible d'agir avec célérité ; il est donc indispensable d'avoir
autant de matrices en métal que l'aigrette comporte de montants. C'est là une simple question de
dépense insignifiante, ayant cependant des résultats importants. Le premier, c'est de faciliter l'opération et de l'accélérer ; mais le point essentiel, c'est qu'on obtient ainsi des aigrettes absolument
de même nuance, attendu qu'un seul poêlon de sucre doit suffire à couler les montants d'une
aigrette, sans interruption ; tandis que si l'on est obligé, soit de réchauffer le sucre, soit d'en cuire à
nouveau, on s'expose à ne pas l'obtenir semblable.

On peut couler le sucre dans le creux des matrices en métal, soit à l'aide d'un petit poêlon ou
d'une cuiller de table, absolument comme on coule sur le marbre ou dans les rayons de la plaque à
sultane. Mais on peut aussi le couler avec une plus grande précision, à l'aide d'un cornet de fort
papier bien chauffé, dans lequel le sucre est versé : il suffit de bien le fermer, puis de le faire couler
en pressant, absolument d'après la même méthode qu'on pousse les cordons de glace-royale ; il faut
simplement avoir la précaution d'envelopper le cornet dans un petit linge, ou plutôt d'une petite poche
en toile, autant pour conserver plus longtemps la chaleur du sucre que pour prévenir tout accident.

Le filage du sucre à l'aide du cornet est peu pratiqué, je le sais ; mais c'est précisément ce motif qui m'engage à le préconiser, puisqu'il est praticable, et qu'en résumé, mieux que le poêlon ou la cuiller, il remplit les conditions youlues. Moi aussi j'ai longtemps douté de l'efficacité de ce procédé, mais enfin j'ai pu me convaincre de ses avantages ; et voilà pourquoi je n'hésite pas à reconnaître sa valeur. En effet, le cordon qui tombe d'un cornet coupé de dimension voulue sera toujours plus correct, plus régulier que celui qu'on peut obtenir d'un poêlon ou d'une cuiller. Néanmoins, j'estime que ce procédé est encore susceptible d'amélioration. Je me suis souvent demandé s'il ne serait pas possible d'obtenir un résultat plus parfait avec des cornets en fer-blanc, adaptés à une poche, et munis d'un double fond qu'on emplirait d'eau bouillante, afin de maintenir le sucre chaud et liquide jusqu'au dernier moment. Je donne ce problème à résoudre aux hommes du métier qui aiment à marcher avec le progrès.

Les dessins portant les numéros 526 à 535 représentent des montants d'aigrettes, coulés d'une seule pièce dans des matrices en plomb.

Le premier dessin de la planche 115 représente un modèle de ces matrices gravées en creux ; celle-ci a été dessinée sur nature ; elle mesurait 20 centimètres de hauteur. Je possède un grand nombre de ces matrices creuses, dans lesquelles les montants d'aigrette que je reproduis ont été coulés. Ce sont les fondeurs qui se chargent de l'exécution de ces matrices, il suffit de leur donner un dessin exact pour les obtenir.

DESSINS 536 A 543. — MODÈLES D'AIGRETTES EN SUCRE COULÉ
PLANCHES 120, 121.

Les grandes aigrettes en sucre sont destinées à former le couronnement des grosses pièces de pâtisserie, auxquelles elles apportent une élégance considérable, d'autant plus appréciable qu'elle devient en quelque sorte obligatoire, attendu que la plupart de ces pièces, servies sur socle ou sur tambour, exigent d'être surmontées d'un sujet ornemental.

Les aigrettes en sucre, quel qu'en soit le genre et la nature, sont d'une exécution délicate, minutieuse et ingrate, car le moindre défaut en diminue le mérite et la valeur ; or donc, pour rendre ces sujets dans des conditions irréprochables, il faut nécessairement leur porter la plus grande attention. — Ces aigrettes sont toujours composées de cinq à six montants, coulés sur marbre ou dans des matrices gravées en creux.

Pour former ces aigrettes, les montants doivent être assemblés sur une pastille ronde et mince, en sucre au *cassé*, coulé sur un marbre légèrement huilé. Si les sujets sont compliqués, il convient de fixer au centre de cette base une mince baguette en sucre sur laquelle prennent appui les principaux montants.

Le sucre cuit, destiné à la confection des aigrettes, doit rester aussi blanc que possible, du moment qu'il n'est pas nuancé ; si on le nuance, ce ne doit être qu'avec du carmin végétal, limpide, de façon à lui donner une belle nuance rose. Les nuances vertes, bleues ou jaunes ne conviennent pas pour le sucre filé.

Pl. 120.

Dessin 536.

Dessin 537.

Dessin 538.

Dessin 539.

Pl. 121.

DESSIN 540.

DESSIN 541.

DESSIN 542.

DESSIN 543.

L'aigrette représentée par le dessin 536 est une des plus élégantes et des moins compliquées. Elle se compose de cinq montants en *esses* groupés sur une base en sucre, contre une tige centrale; elle est surmontée d'un grand pompon en sucre filé, ayant la forme d'une tulipe fermée, dont la base est ornée de feuilles en sucre tiré. Le gland suspendu dans le vide formé par les cinq montants, est aussi en sucre filé.

L'aigrette représentée par le dessin 537 est plus compliquée que la première; le corps principal se compose de cinq montants en sucre, droits d'un côté, courbés en spirale de l'autre; ils sont groupés autour de la tige, sur une solide pastille masquée, en dernier lieu, avec du sucre blanc filé à la jetée, et ornée avec des détails en sucre rose, coupés à l'emporte-pièce. Cette pastille doit être collée sur un appui central adhérant à la base principale; elle est en outre soutenue par cinq montants courts, dont le côté en spirale est tourné en sens contraire de celui des montants principaux. Cinq autres montants plus petits sont groupés au-dessus de la pastille, de façon à correspondre avec ceux du bas. Le haut de l'aigrette se compose d'un double pompon rose, en sucre filé, fixé sur le centre d'une pastille en sucre; il est entouré, à sa base, de cinq petits montants en spirale, ornés chacun d'une petite clochette montante. Les clochettes pendantes adaptées au groupe central supérieur sont en sucre rose filé, à la jetée; mais elles sont fixées dans des calices en sucre au *cassé*. La division est reliée aux montants du corps de l'aigrette par cinq cordons en sucre, filés sur marbre.

L'aigrette représentée par le dessin 538 doit être exécutée en plusieurs parties. Le corps principal est groupé sur une base formant une sorte de console; celle-ci se compose d'une pastille en sucre, de forme circulaire, portant sur son centre un solide soutien surmonté d'une autre pastille, à laquelle cinq appuis, posés en contrefort, donnent la solidité et le développement nécessaires.

Le corps principal est aussi groupé sur une pastille en sucre, portant la tige centrale de l'aigrette, autour de laquelle sont groupés cinq contreforts à base recourbée et rentrante. Au-dessus de ceux-ci sont groupés cinq montants en arabesques, dont l'extrémité se termine par une olive en sucre filé à la jetée, encadrée d'une rosace de feuilles en sucre *tiré* ou sucre *tors*.

Sur le haut de la tige centrale est fixée une autre pastille ornementée portant un sujet à cinq rameaux, dont chaque extrémité est ornée d'une clochette imitée en sucre blanc, filé à la jetée: l'extrémité du rameau central est ornée d'un pompon droit, en sucre rose.

L'aigrette représentée par le dessin 539 est aussi exécutée en plusieurs parties. La base se compose d'un petit socle à cinq supports, groupés sur une large pastille en sucre; les supports sont coulés en sucre rouge, à caramels, dans des moules en métal; ils sont surmontés d'une pastille, et ornés sur le haut avec des feuilles imitées en sucre *tiré*, disposées de façon à dissimuler la jonction des supports. Le socle porte sur son centre une tige en forme de vase mince et allongé, surmonté d'une baguette en sucre blanc; ce vase est, comme le socle, formé en sucre rose, dans un moule en métal, en deux pièces.

C'est contre ce vase que sont groupés les cinq montants principaux, ornés de petites clochettes pendantes et d'olives encadrées de feuilles: les olives et les clochettes sont imitées en sucre filé à la jetée; les feuilles sont en sucre *tiré*.

Sur le haut de la baguette centrale est fixée une pastille en sucre, ornementée, portant sur son centre une imitation de palmier à cinq montants; les palmes peuvent être exécutées en sucre tiré; elles sont alors groupées une à une contre une tige de soutien. Mais on peut aussi couler chaque montant d'une seule pièce, soit dans une matrice en métal, soit sur un dessin tracé sur le marbre et entouré d'un cordon de glace-royale.

La première aigrette de la planche 121, numéro 540, est une des plus compliquées ; elle exige une main exercée et compétente. Mais, établie dans de justes proportions, exécutée avec du beau sucre, elle est d'un joli effet. Elle est formée de trois divisions : la base, le corps central et la division supérieure.

La base se compose d'abord d'une double pastille en sucre rouge, coulée sur marbre portant sur son centre un solide appui, surmonté d'une autre petite pastille dont l'épaisseur est dissimulée par des feuilles en sucre, disposées en éventail. L'appui central est aussi dissimulé au regard par un ornement en sucre, filé à la jetée.

Le corps principal est groupé sur une autre pastille portant sur son centre une tige en sucre. Il se compose d'une sorte de dais en forme d'entonnoir renversé, supporté par sept soutiens. Ce dais est formé en sucre coulé à la cuiller, sur un moule à coupe, en fer-blanc ; mais il est masqué en dessus avec des bandes de sucre filé à la jetée, blanc ou nuancé ; les montants qui l'entourent sont au nombre de sept ; ils sont soudés au soutien inférieur avec du sucre, et prennent appui sur le bord du dais. Le haut de ce dais est surmonté d'un pied de coupe, fixé sur une pastille, portant sur le haut une autre pastille ; c'est sur celle-ci qu'est groupée la division supérieure ; elle se compose d'abord de sept montants formant aux deux bouts des enroulements en spirale, disposés en écartement ; puis de cinq autres montants posés debout, tournés en volute sur le haut seulement, formant ainsi un faisceau peu écarté, mais suffisant pour recevoir un pompon de forme conique, surmonté d'un autre pompon évasé, l'un et l'autre exécutés en sucre à la jetée, de nuance rose ; celui des clochettes doit être blanc, mais les clochettes sont fixées dans le creux des calices en sucre.

L'aigrette représentée par le dessin 541 est d'une grande élégance, et en somme peu compliquée, puisque les montants du corps principal et ceux de la base sont d'une seule pièce, et coulés dans la même matrice. Ils sont groupés sur une pastille en sucre, contre une tige centrale qui se continue jusqu'à l'extrémité de la division supérieure ; ils portent sur le centre un pompon formant un double cône, dont l'un renversé et plus large que l'autre ; ceux-ci sont en sucre rose, filé à la jetée. Les clochettes, la chaîne de boules ornant la base, ainsi que le boudin disposé en travers de la tige centrale, au-dessous de la division supérieure, sont également en sucre rose.

L'aigrette représentée par le dessin 542 est certainement plus élégante en nature que sur la gravure. Elle a la forme d'un if à cinq montants ; elle est d'autant plus simple et facile à exécuter, que chaque montant peut être exécuté d'une seule pièce, sur matrice creuse. Ces montants sont groupés sur une pastille en sucre, avec ou sans tige centrale.

La division supérieure est formée de cinq montants enroulés en spirale, groupés debout contre la tige ; le centre du groupe est orné d'un beau pompon rose, en sucre à la jetée. Les boutons sont aussi en sucre rose ; les calices épanouis sont exécutés à l'aide de moules en plomb, trempés dans du sucre au *cassé*.

L'aigrette représentée par le dessin 543 appartient à un genre nouveau ; simple au fond, mais qui ne manque pas d'élégance : elle est exécutée en imitation de palmier. Les tiges courbes peuvent être exécutées sur marbre, coulées au cornet ou à la cuiller, ou dans des matrices en plomb, de trois dimensions différentes. Ces tiges sont en sucre blanc : elles sont groupées autour d'un solide soutien, fixé sur le centre d'une double pastille en sucre, portant chacune à son extrémité une perle en sucre filé rose. Pour donner du dégagement au sujet, la base est simplement entourée de quatre montants enroulés en spirale, et dont chaque volute du bas est ornée d'un petit pompon disposé en éventail.

Dessins 544 a 553. — MODÈLES DE MONTANTS D'AIGRETTE EN SUCRE COULÉ SUR MARBRE
PLANCHES 122, 123, 124, 125, 126.

Les modèles de montants d'aigrette renfermés dans ces cinq planches sont exécutés d'après une méthode peu connue en France, mais très suivie en Allemagne, en Russie et en Amérique, partout, enfin, où l'école allemande a pénétré. C'est cette méthode que j'ai tenu à faire bien connaître, en la produisant sous différents modèles que je vais décrire.

Pour exécuter un montant en sucre coulé, quelle qu'en soit la forme et les dimensions, il faut d'abord en tracer le dessin sur du demi-carton blanc, puis avec des ciseaux ou un canif, découper soigneusement le dessin dans tous ses contours. Quand ce dessin est correct, on l'applique sur un marbre bien propre, et on décalque complètement le dessin en suivant les contours du patron à l'aide d'un crayon pointu. Cela fait, on huile légèrement le marbre ; puis, à l'aide d'un cornet de glace-royale, on pousse un cordon sur le marbre, en suivant exactement le tracé. Le cordon de glace doit évidemment être en rapport, comme épaisseur, avec les dimensions du dessin, c'est-à-dire ni trop épais ni trop fin.

Quand la glace est sèche, on cuit du sucre au *cassé,* blanc ou rose, selon le besoin, et on le coule sur le marbre, dans l'espace entouré par les cordons de glace ; on coule ce sucre au poêlon ou à la cuiller ; il faut simplement observer que la nappe de sucre s'étende régulièrement d'une égale épaisseur : l'épaisseur du sucre ne doit pas dépasser celle des cordons en glace-royale.

Avant de dégager ces ornements, il convient de laisser bien refroidir le sucre et de le détacher du marbre avec les plus grandes précautions, afin de ne briser ni le sucre, ni le cordon de glace qui l'entoure ; quand la glace casse, on peut reprendre le cordon avec le cornet, en posant de nouveau l'ornement sur le marbre huilé ; mais, autant que possible, il faut éviter les raccommodages.

Telle est la méthode de couler le sucre sur marbre, soit pour obtenir de simples détails d'ornement, soit pour couler des montants d'aigrettes, dont je donnerai plus loin un grand nombre de modèles, afin de pouvoir mieux juger de l'effet produit.

Les dessins 544 et 545 peuvent fort bien être employés comme montants de grandes aigrettes, pour servir de couronnement à une grosse pièce de pâtisserie.

Les dessins 546 et 547 sont de simples sujets de fantaisie applicables à l'ornementation de pièces analogues, exigeant un entourage ornementé. On peut voir une application directe des ornements de ce genre dans les accessoires des deux gâteaux de mariage reproduits à la planche 95.

Les dessins 550 et 551 peuvent recevoir différentes applications ; le premier peut fort bien être employé comme accessoire dans une grande pièce ornementale, dans le genre des deux gâteaux de mariage reproduits à la planche 95; mais sa forme se prête peu à être utilisée comme aigrette. Le deuxième modèle, au contraire, peut être utilisé dans tous les cas où l'ornementation d'une grosse pièce exige des accessoires gracieux; mais il peut produire un grand effet employé comme montant d'aigrette.

Les dessins 552 et 553 se trouvent être dans les mêmes conditions que ceux de la planche précédente, par rapport au choix et à leur application; le premier n'est en quelque sorte qu'un accessoire de grosse pièce de pâtisserie, tandis que le deuxième, par sa légèreté apparente, est d'un effet remarquable comme montant d'aigrette.

Dessins 554 à 561. — MODÈLES D'AIGRETTE, EN SUCRE COULÉ SUR MARBRE

PLANCHES 127, 128.

Les montants d'aigrette de ces deux planches sont exécutés sur le marbre, d'après la méthode dont je viens de parler dans le chapitre précédent. J'ai tenu à donner une démonstration pratique de ces jolies aigrettes qui devraient être adoptées partout comme motif de variété. L'effet qu'elles produisent est indiscutable, et, en somme, il ne s'agit pas d'être un grand praticien pour se risquer à leur exécution, c'est donc un double motif pour encourager les hommes du métier à leur prêter toute l'attention qu'elles méritent.

Ces aigrettes sont composées chacune de cinq à six montants assemblés et collés sur une pastille en sucre, sans qu'il soit nécessaire de les maintenir par une tige centrale. Le sucre des montants peut être ou blanc ou rose, quelquefois on emploie les deux nuances en les alternant; dans les deux cas, le sucre des montants est toujours entouré d'un cordon de glace blanche, si le sucre est de nuance rosée, le sucre des montants est blanc.

Les pompons et les clochettes qui ornent les aigrettes sont en sucre filé à la jetée. Les dimensions de ces aigrettes sont les mêmes que celles données aux aigrettes en sucre, coulées dans les matrices; elles varient de 15 à 30 centimètres de hauteur, selon que les pièces auxquelles elles sont destinées sont plus ou moins élevées.

Dessins 562 à 633. — MODÈLES DE BORDURES EN PASTILLAGE

PLANCHES 129, 130, 131, 132.

Les bordures destinées à l'ornementation de la pâtisserie sont exécutées en pastillage ou en glace-royale; dans le premier cas, elles sont levées à la planche; dans le second, elles sont poussées au cornet. Les deux genres sont également pratiqués : les bordures en pastillage sont plus expéditives, celles en glace plus minutieuses, plus difficiles à obtenir régulières.

Pl. 122.

DESSIN 544.

DESSIN 545.

Pl. 123.

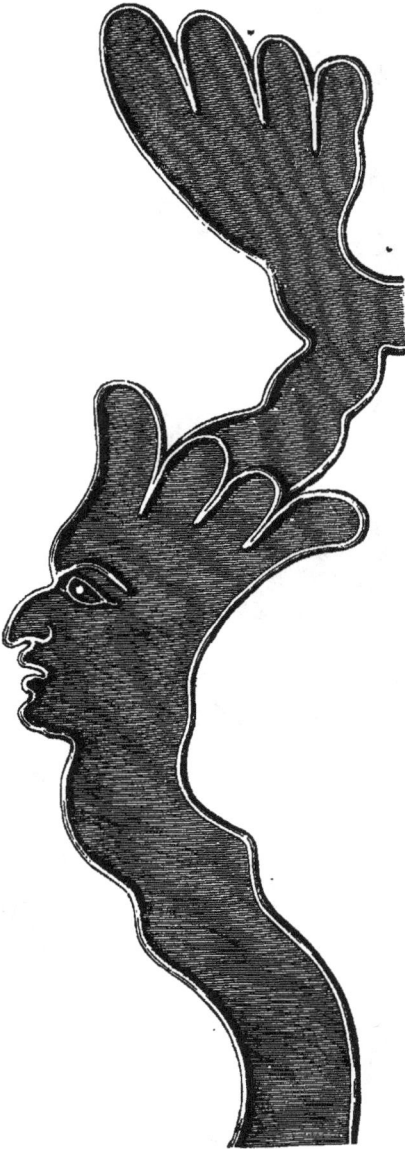

DESSIN 546.

DESSIN 547.

Pl. 124.

DESSIN 548.

DESSIN 549.

DESSIN 550.

DESSIN 551

Pl. 126.

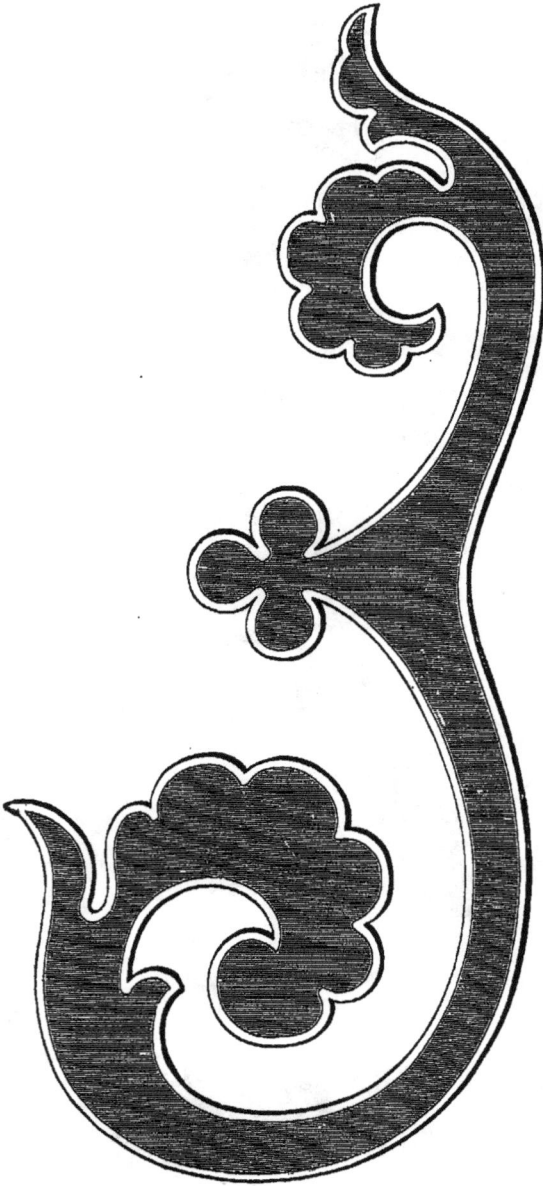

DESSIN 552

DESSIN 553

Pl. 127.

DESSIN 554.

DESSIN 555.

DESSIN 556.

DESSIN 557.

Pl. 128.

DESSIN 558.

DESSIN 559.

DESSIN 560.

DESSIN 561.

Pl. 129.

Dessins 562, 563.

Dessins 564, 565.

Dessins 566, 567.

Dessins 568, 569.

Dessins 570, 571.

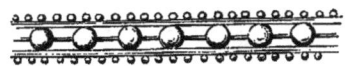

Dessins 572, 573.

Dessins 574, 575.

Dessins 576, 577.

Dessins 578, 579.

Dessins 580, 581.

Dessins 582, 583.

Dessins 584, 585.

Dessins 586, 587.

Dessins 588, 589.

Dessins 590, 591.

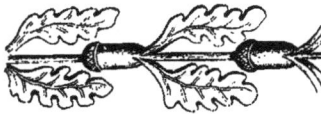

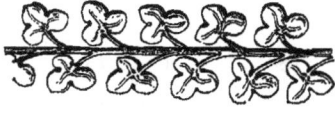

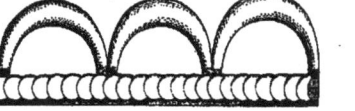

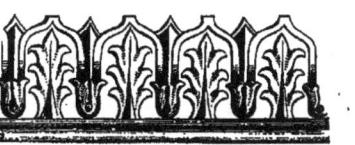

Pl. 130.

DESSIN 592.

DESSIN 593.

DESSIN 594.

DESSIN 595.

DESSIN 596.

DESSIN 597.

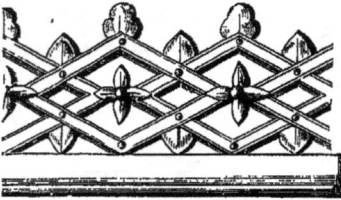

DESSIN 598.

DESSIN 599.

DESSIN 600.

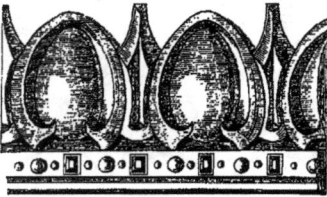

DESSIN 601.

DESSIN 602.

DESSIN 603.

DESSIN 604.

DESSIN 605.

DESSIN 606.

Pl. 131.

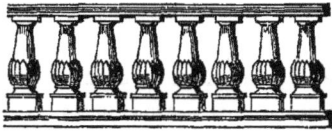

DESSIN 607.

DESSIN 608.

DESSIN 609.

DESSIN 610.

DESSIN 611.

DESSIN 612.

DESSIN 613.

DESSIN 614.

DESSIN 615.

DESSIN 616.

DESSIN 617.

DESSIN 618.

DESSIN 619.

DESSIN 620.

DESSIN 621.

Les bordures en pastillage sont de deux genres : celles destinées à être posées debout ou pendantes, et celles qui sont appliquées contre une surface quelconque.

Les bordures pouvant être appliquées, sont celles qui n'ont ni base ni encadrement, comme aussi les liserons et les moulures. Mais la plupart des bordures en pastillage peuvent être appliquées contre une surface, dès qu'on en a détaché la base.

Les bordures en pastillage sont le plus ordinairement employées à l'ornementation des socles et gradins, des pièces-montées de pâtisserie, et des gradins à supports pour entremets ; celles destinées à l'ornementation des socles sont le plus souvent doubles, c'est-à-dire collées sur l'épaisseur de l'abaisse, l'une montante, l'autre pendante ; dans ces conditions, elles sont toujours d'un joli effet, surtout si l'on a soin de leur donner l'évasement nécessaire : simples ou doubles, les bordures perpendiculaires ne sont jamais gracieuses.

Les bordures en pastillage doivent rester de couleur naturelle, c'est-à-dire aussi blanches que possible.

Toutes les bordures en pastillage, reproduites ici, étant dessinées de grosseur naturelle, d'après des planches originales, peuvent, par ce fait, être données aux graveurs comme modèles ; mais, si l'on dispose d'un modèle en relief, ou plutôt d'une empreinte en pastillage, on peut obtenir une matrice creuse, soit à l'aide du soufre fondu, soit à l'aide de la galvanoplastie.

Les planches à bordure, qu'elles soient gravées ou coulées en soufre, doivent être aussi longues que possible ; les belles planches ont la longueur de 40 à 50 centimètres : plus elles sont longues, moins elles exigent de soudures, ce qui est au fond un grand avantage, car les soudures sont difficiles à bien raccorder, et présentent par ce fait certaines difficultés. Mais aussi, plus les planches sont longues, plus il est difficile d'en retirer l'empreinte. Cependant, avec les précautions nécessaires, avec la pratique surtout, on surmonte facilement l'obstacle.

Les planches en bois exigent d'être entretenues bien propres ; mais il convient de les laver le moins souvent possible, celles en bois du moins, car l'humidité les expose à gondoler, si elles ne sont pas bien séchées ou séchées violemment. Les planches en bois sont nettoyées à l'aide d'une brosse, jamais avec le couteau.

Pour prendre les empreintes sur les planches gravées, il faut avant tout du bon pastillage, lisse, élastique, bien rempli, bien reposé. On le divise et on roule chaque partie sur un marbre ou une table très propre, en lui faisant prendre la forme d'un boudin dont l'épaisseur et la longueur sont proportionnées aux dimensions du creux ; ce boudin est alors posé directement sur le creux préalablement saupoudré avec de l'amidon ; on l'appuie d'abord avec la main, afin de consolider le pastillage, puis on l'appuie avec le rouleau, sans violence, mais à plusieurs reprises, pour que la pâte pénètre dans tous les creux de la gravure. C'est alors qu'à l'aide d'un couteau mince et flexible, on coupe la pâte dépassant le niveau du creux, avec la main droite, juste à niveau des parties creuses, en commençant d'un bout, sans désemparer, jusqu'à l'autre bout, mais en ayant soin d'appuyer le pastillage avec la main gauche. Si l'empreinte était très large ou très longue, il faudrait ciseler le pastillage à niveau, en long ou en travers, et l'enlever par petites portions.

Pour qu'une bordure soit bien coupée, tous les creux de la gravure doivent être remplis, et les contours de l'ornement rester sans mâchures ; on corrige les imperfections de la bordure, dans la gravure même, après l'avoir coupée, soit en appuyant le pastillage avec les doigts, soit en enlevant le surplus avec la pointe d'un canif.

Quand la bordure est régularisée, il faut l'enlever de la planche avec les plus grandes précautions, afin de l'obtenir aussi intacte que possible ; pour cela faire, il faut rouler dans ses mains un morceau de pastillage frais, sans être passé à l'amidon ; s'il était sec, l'humecter très légèrement, puis l'appuyer tour à tour sur toute la surface de l'ornement en pastillage, mais par petites secousses seulement, afin de le détacher peu à peu ; on enlève enfin la bordure, on la pose du côté plat sur une surface bien plane ; on la laisse reposer quelques instants avant de la coller.

Quand une bordure doit être posée en saillie, c'est-à-dire montante ou pendante, on la colle en appuyant sa base sur un cordon de glace-royale à la fécule, poussé au cornet, à l'endroit même où doit poser la bordure. Si la bordure doit être appliquée à plat contre une surface, il suffit simplement d'humecter le pastillage, à l'aide d'un pinceau, avec de la gomme arabique dissoute ou du repère léger.

DESSINS 634 A 639. — MODÈLES DE BORDURES EN GLACE-ROYALE

PLANCHE 133.

Les bordures en glace-royale sont poussées à l'aide d'un simple cornet de papier, dont le bou est coupé du diamètre qu'on veut donner au cordon de glace. Ces bordures, étant comme celles en pastillage, destinées à l'ornementation des socles, des gradins et des grosses pièces, sont disposées dans le même sens, c'est-à-dire montantes et pendantes ; ce n'est d'ailleurs que dans ces conditions qu'elles produisent de l'effet, surtout quand elles sont poussées contre l'épaisseur d'une abaisse.

A cette planche 133, se trouvent réunis les différents genres de bordures pouvant être obtenues à l'aide d'un cornet ; elles sont représentées appliquées contre l'épaisseur des abaisses ; je leur ai donné des proportions suffisantes pour les rendre démonstratives.

Pour pousser une double bordure en glace-royale contre l'épaisseur d'une abaisse, il est nécessaire de la pousser en deux reprises ; mais, comme on ne peut jamais pousser que la division pendante, il faut absolument renverser l'abaisse pour pousser la seconde division. La bordure poussée doit donc être complètement sèche avant d'être retournée : cela s'entend.

L'exécution de ces bordures exige du praticien non seulement beaucoup de soins, mais aussi de l'assurance et un coup d'œil juste, car ce n'est qu'en raison de leur extrême régularité qu'elles sont méritoires : incorrectes ou négligemment exécutées, elles sont sans valeur et sans aucun attrait ; il faut donc avant tout que les cordons se raccordent parfaitement, et forment ainsi un ornement régulier, agréable au regard. Il convient surtout de dissimuler avec soin le point de jonction des cordons à l'aide de petits ornements poussés au cornet : les chaînes de perles sont les ornements préférables.

Pl. 132.

DESSIN 622.

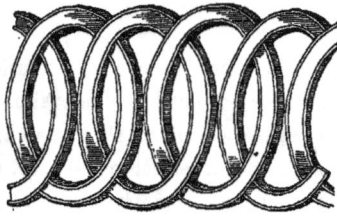

DESSIN 623.

DESSIN 624.

DESSIN 625.

DESSIN 626.

DESSIN 627.

DESSIN 628.

DESSIN 629.

DESSIN 630.

DESSIN 631.

DESSIN 632.

DESSIN 633.

Pl. 133.

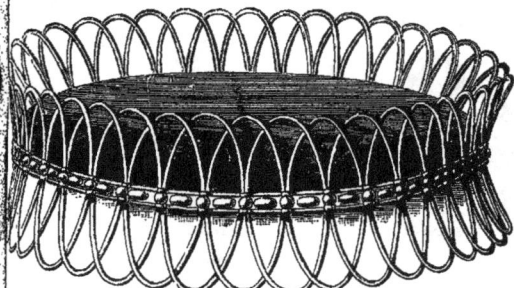

Dessin 634.

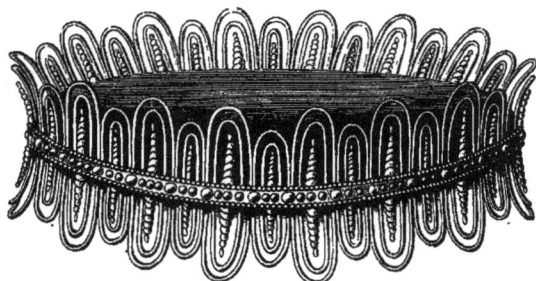

Dessin 635.

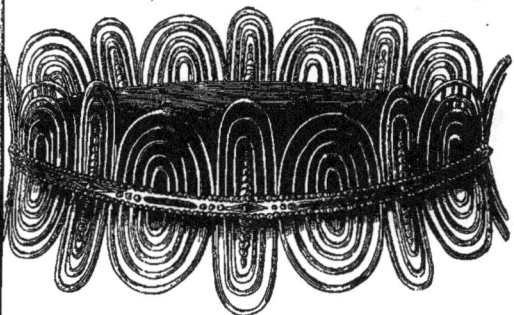

Dessin 636.

Dessin 637.

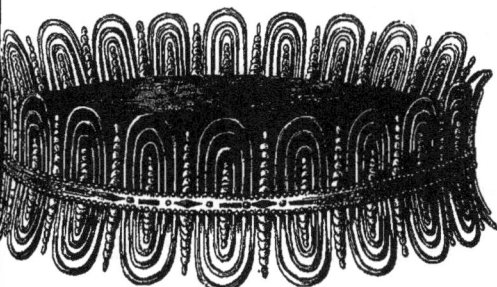

Dessin 638.

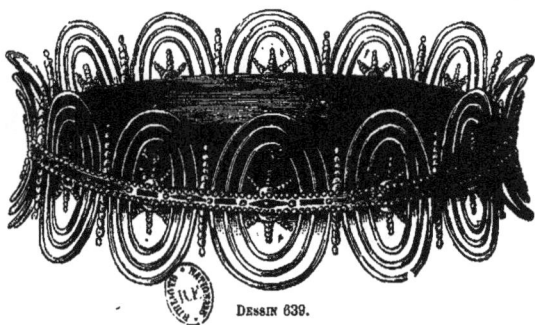

Dessin 639.

Pl. 134.

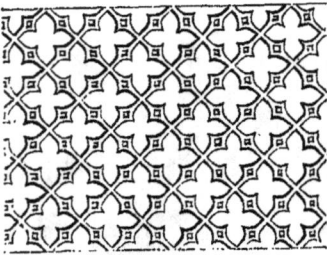

DESSIN 640.

DESSIN 641.

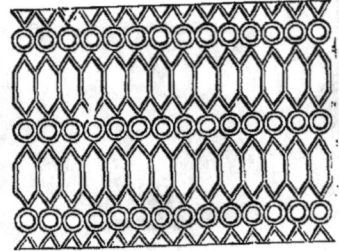

DESSIN 642.

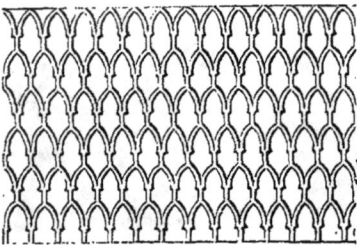

DESSIN 643.

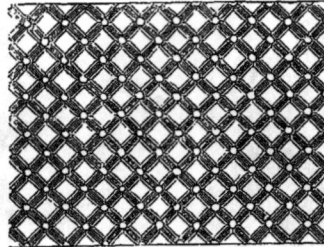

DESSIN 644.

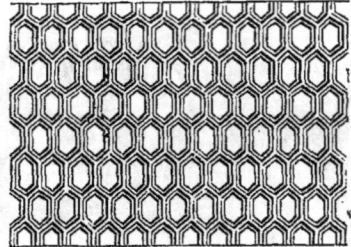

DESSIN 645.

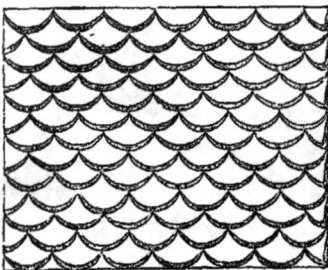

DESSIN 646.

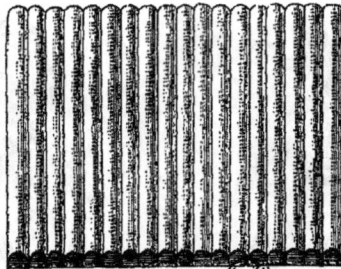

DESSIN 647.

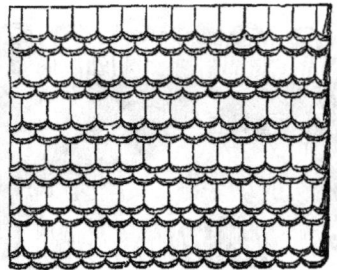

DESSIN 648.

DESSINS 640 A 648. — MODÈLES DE DÉTAILS D'ORNEMENTS EN MOSAIQUE

PLANCHE 134.

En pâtisserie, ce qu'on appelle *mosaïque*, ce sont des détails d'ornements formant des carreaux à jour, des ovales, ou enfin tout autre dessin régulier. Ces détails sont en pastillage ; ils sont levés sur une planche gravée; on les utilise dans différents cas, soit comme châssis de portails ou de fenêtres, dont on masque l'arrière avec des feuilles en gélatine blanche ou nuancée, soit comme revêtements de murs, soit enfin comme balustrade. — Les six premiers ornements de la planche 134 sont à jour: ce sont les vraies mosaïques ; les trois derniers sont pleins, c'est-à-dire sans jour: ces ornements sont employés comme toiture ou comme revêtement de murs.

Les planches gravées en mosaïque sont d'un grand secours dans l'ornementation de la pâtisserie ; les hommes qui s'adonnent à ce travail doivent en posséder une collection variée. Je n'ai pu représenter ici qu'un échantillon restreint de ces planches qui sont ordinairement très longues et très larges.

DESSINS 649 A 655. — ORDRES D'ARCHITECTURE

PLANCHES 135, 136.

Dans un ouvrage tel que celui-ci, où le côté ornemental de la pâtisserie se trouve si largement représenté, je ne pouvais me dispenser de donner un aperçu superficiel sur les ordres d'architecture. S'il est vrai que dans nos compositions il nous soit toujours difficile de suivre exactement les règles de ce grand art, il n'est pas moins exact que celui qui s'occupe d'ornementation ne doit pas en ignorer les notions élémentaires.

Les ordres sont au nombre de cinq, savoir : le *Corinthien* (dessin 649), le *Toscan* (dessin 650), l'*Ionique* (dessin 651), le *Composite* (dessin 652), le *Dorique* (dessin 653). Le dessin 654 représente un motif de l'ordre *Égyptien ;* le dessin 655, un motif de l'ordre *Grec* simple.

Chaque ordre est composé de trois divisions : la colonne, l'entablement, le piédestal. Mais chacune des divisions, est elle-même divisée en trois parties. La colonne comprend la base, le fût et le chapiteau. L'entablement comprend l'architrave, la frise et la corniche. Le piédestal comprend la base, le dé et la corniche. — Cependant, il est bon d'observer que toutes les colonnes ne sont pas portées sur piédestal.

Dans les ordres classiques, les colonnes sont de trois genres distincts : lisses, goudronnées ou cannelées.

Dans tous les ordres, la colonne est la partie essentielle et capitale : c'est d'après elle que se déterminent les proportions de toutes les autres parties de l'ordre.

La hauteur des colonnes varie de 7 à 10 diamètres, c'est-à-dire de 7 à 10 fois leur épaisseur, selon l'ordre auquel elles appartiennent.

Il est à remarquer que le diamètre de la colonne est toujours plus grand à la base qu'au sommet.

La diminution commence quelquefois à petite distance de la base ; mais il arrive aussi qu'elle ne commence qu'au tiers ou au quart de la hauteur.

L'entablement doit avoir une hauteur égale au quart de celle de la colonne. Pour obtenir la hauteur respective des divisions de l'entablement, on divise ordinairement en 10 parties la hauteur même de l'entablement, et on donne 3 de ces parties à l'architrave, 3 à la frise, 4 à la corniche. Cependant, pour l'ordre dorique, les proportions ne sont pas les mêmes : l'entablement est divisé en 8 parties seulement, dont 2 pour l'architrave, 3 pour la frise, 3 pour la corniche. Le piédestal, dans son ensemble, doit avoir la hauteur équivalente au tiers de celle de la colonne.

Dessin 649 : ordre *Corinthien*. — L'ordre corinthien est le plus svelte, le plus gracieux de tous les ordres grecs ; il est surtout caractérisé par la forme et les dispositions de son chapiteau. Celui-ci consiste en une partie centrale appelée *corbeille* ayant, en effet, quelque ressemblance avec une corbeille évasée recouverte de deux rangs de feuilles ; chaque rang est de 8 feuilles et de 8 volutes.

Voici les proportions assignées aux membres de cet ordre : Entablement, 5 modules, savoir : 2 modules pour la corniche ; 1 module 9 minutes pour la frise ; 1 module 9 minutes pour l'architrave. — Colonne, 20 modules 4 minutes, savoir : 17 modules 1 minute et demie pour le fût ; 2 modules 6 minutes pour le chapiteau ; 14 minutes et demie pour la base. — Piédestal, 6 modules 12 minutes, savoir : 5 modules 1 minute et demie pour le dé ; 14 minutes et demie pour la base ; 14 minutes et demie pour la corniche.

Dessin 650 : ordre *Toscan*. — Cet ordre est le plus simple de tous ; il n'admet dans son ensemble aucune espèce d'ornement. Voici les proportions que Vignole lui assigne : Entablement, 3 modules 6 minutes d'élévation, savoir : 1 module 4 minutes pour la corniche, 1 module 2 minutes pour la frise ;   module pour l'architrave. — Colonne, 14 modules d'élévation, savoir : 12 pour le fût ; 1 pour la base ; 1 pour le chapiteau. — Piédestal, 4 modules 8 minutes, savoir : 3 modules pour le dé ; 6 minutes pour la base ; 6 minutes pour la corniche. — Diminution du fût de colonne, de la base au sommet : 6 minutes. — Entre-colonnement : 4 modules 8 minutes.

D'après Vitruve, le chapiteau toscan se compose d'un tailloir ayant un quart de rond, et d'un espace uni (*gorgerin*) séparé du fût par un astragale.

Dessin 651 : ordre *Ionique*. — De même que l'ordre corinthien, l'ordre ionique est caractérisé par le chapiteau de la colonne.

Celui-ci est orné, à chacun de ses angles, par un enroulement en spirale qu'on appelle *volute*. Après la volute son principal ornement est le quart de rond disposé au-dessous du coussinet, qui est

Pl. 135.

Dessin 649.

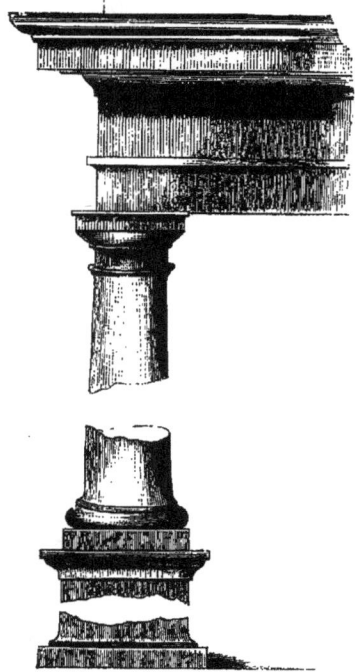

Dessin 650.

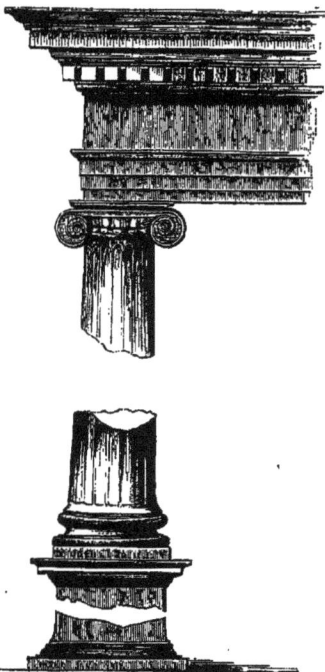

Dessin 651.

Dessin 652.

Pl. 138.

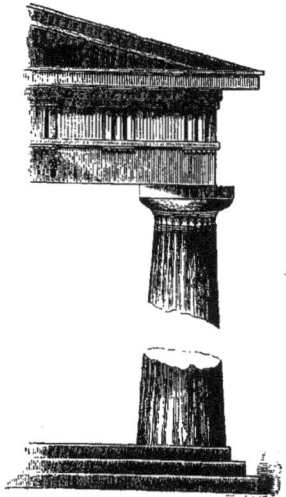

DESSIN 654.

DESSIN 653.

DESSIN 655.

presque toujours orné de moulures, surtout d'*oves* correspondant aux cannelures de la colonne, quand celle-ci est cannelée.

Mais l'ordre *Ionique* n'est pas établi sur des règles immuables, par ce motif qu'il existe différents ioniques ayant chacun leurs règles particulières. Il existe un ordre *Ionique* grec et un ordre *Ionique* romain ; et, d'ailleurs, les architectes modernes ont fait subir à cet ordre de certaines modifications.

Les proportions assignées à cet ordre sont pour l'entablement, 4 modules 9 parties, savoir : 1 module et un quart pour l'architrave ; 1 module 9 minutes pour la frise ; 1 module trois quarts pour la corniche. — La colonne, 9 diamètres de hauteur, savoir : 1 module pour la base, sans compter le filet supérieur. — Le piédestal, 5 modules 3 minutes trois quarts, savoir : 4 modules pour le dé ; 10 minutes pour la base ; 11 minutes trois quarts, pour la corniche.

Dessin 652 : ordre *Composite*. — Cet ordre fut une innovation des architectes de l'ancienne Rome qui avaient voulu surpasser l'ordre corinthien, en combinant les ornements de celui-ci avec ceux de l'ordre ionique. Les hommes compétents s'accordent à dire que cette innovation n'eut pas d'heureux résultats.

Voici les proportions assignées à cet ordre : Entablement, 5 modules, savoir : 2 pour la corniche ; 1 et demi pour la frise ; 1 et demi pour l'architrave. — Colonne, 20 modules, savoir : 2 modules 6 minutes pour le chapiteau ; 16 modules 12 minutes pour le fût ; 1 module pour la base. — Piédestal, 6 modules 12 minutes, savoir : 14 minutes pour la corniche ; 5 modules 4 minutes pour le dé 12 minutes pour la base.

Dessin 653 : ordre *Dorique*. — Cet ordre se distingue par un ornement particulier que porte la frise de l'entablement auquel les architectes donnent le nom de *triglyphe* : il consiste en une moulure rectangulaire présentant deux canules saillantes, coupées de forme triangulaire, et deux demi-canules séparées par un listel. Au-dessous de chaque triglyphe est disposée une rangée de points saillants, portant le nom de *gouttes*. Aux intervalles carrés qui séparent les triglyphes, on donne le nom de *métopes*.

Les modillons carrés, appliqués en saillie contre le plafond de la corniche, correspondant à chacun des triglyphes, portent le nom de *mutules*. Mais ces modillons ne sont pas toujours appliqués : la règle n'est pas absolue ; il arrive, en effet, que ce plafond est orné de moulures de forme carrée, séparées par des intervalles rapprochés : ceux-ci sont appelés *métatomes*, tandis qu'on appelle *denticules* les moulures carrées.

La colonne dorique doit avoir la hauteur de 8 diamètres, c'est-à-dire 16 modules[1] ; mais en défalquant 1 module pour la base et 1 module pour le chapiteau, il ne reste plus que 7 diamètres, soit 14 modules pour le fût. Ce fût est généralement orné de 20 cannelures séparées l'une de l'autre par une arête vive.

L'entablement de cet ordre doit, selon Vignole, avoir 4 modules d'élévation, savoir : 1 module 6 minutes pour la corniche ; 1 module 6 minutes pour la frise ; 1 module pour l'architrave.

1. Ce qu'on appelle *module*, c'est la moitié du diamètre de la colonne : le diamètre de la colonne se divise donc toujours en 2 modules, et le module en 18 minutes ou 12 parties pour l'ordre Dorique et Toscan, tandis que pour les ordres Ionique, Corinthien et Composite, ils sont divisés en 18 minutes.

DESSINS 656 A 661. — MODÈLES DE CROUTES POUR TIMBALES ET PATÉS FROIDS, DE MOYENNE GRANDEUR

PLANCHE 137.

Les six sujets reproduits à cette planche représentent différents modèles de croûtes à pâtés froids dans le genre des pâtés de Strasbourg. On peut faire ces croûtes plus ou moins volumineuses; mais celles qui conviennent le mieux, pour entrées froides, sont celles qui ont la hauteur de 16 centimètres sur 18 de diamètre.

Ces croûtes peuvent être préparées d'après deux méthodes différentes : en pâte mangeable et en imitation de pâte mangeable. Dans le premier cas, elles sont formées et cuites en moule; dans le second, elles ne sont pas cuites du tout : elles sont montées sur charpente.

Je vais d'abord décrire la méthode de foncer les croûtes mangeables : pour monter ces croûtes, il faut disposer d'un moule en fer-blanc épais, sans fond, de forme droite et lisse, à charnières ; on trouve ces moules chez tous les fabricants ou marchands de moules. Farinez-le à l'intérieur, posez-le sur un plafond couvert de papier blanc.

Pour foncer le moule, formez d'abord une sorte de bourse avec de la pâte ferme, à foncer[1], en élevant peu à peu les bords de la pâte; introduisez-la ensuite dans le moule : le point essentiel consiste à élever la pâte bien lisse contre les parois du moule, en lui conservant une égale épaisseur; pour obtenir ce résultat, il faut opérer lentement, sans secousses, afin de ne pas rider ou gercer l'enveloppe : elle ne doit pas être trop mince.

Quand la caisse est montée, jusqu'au-dessus des bords du moule, masquez intérieurement la pâte avec du papier beurré, en le collant contre les parois; emplissez ensuite le vide de la caisse avec de la farine ordinaire; fermez l'ouverture avec un couvercle en pâte mince, en forme de dôme. Coupez alors la crête droite, pincez-la en dehors et en dedans. Laissez ainsi reposer la pâte une demi-heure; puis, enlevez le moule, et pincez entièrement les surfaces extérieures de la caisse, dans le genre représenté par le dessin 656 ; décorez-la; laissez sécher la dorure. Entourez alors la croûte de haut en bas avec du fort papier blanc, afin de la maintenir droite; cuisez-la à four doux.

Si la croûte doit être décorée, il faut beurrer le moule et appliquer contre les parois des détails en pâte crue (pâte brisée aux jaunes d'œuf, avec un peu de sucre). Foncez alors le moule en deux fois, d'abord avec une longue bande mince de pâte, puis avec une abaisse ronde pour le fond. Pincez-en la crête, emplissez-en le vide avec de la farine; cuisez-la à four modéré.

En sortant la croûte du four, déballez-la, ouvrez-la par le haut, en retirant le dôme; videz-la; laissez-la refroidir. Emplissez-la aux trois quarts, avec un tampon en pain ordinaire; masquez d'abord celui-ci avec un rond de papier blanc, et ensuite avec de la gelée hachée. Glacez au pinceau

---

1. Voici la méthode de préparer la pâte pour foncer les moules à pâté de Strasbourg :

Pour un moule droit de haute forme, il faut 2 kilogrammes de farine, 600 grammes de beurre, du sel et de l'eau. Faites-la détremper sur table, selon la méthode ordinaire, en la tenant très ferme; fraisez-la trois fois, de façon à l'obtenir bien lisse ; enveloppez-la dans un linge, et laissez-la reposer une heure ou deux, en lieu frais.

Pl. 137.

DESSIN 656.

DESSIN 657,

DESSIN 658.

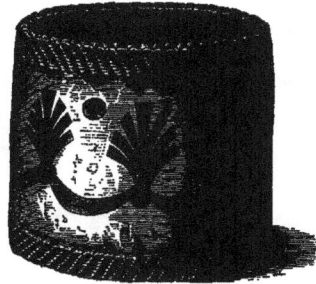

DESSIN 659.

DESSIN 660.

DESSIN 661.

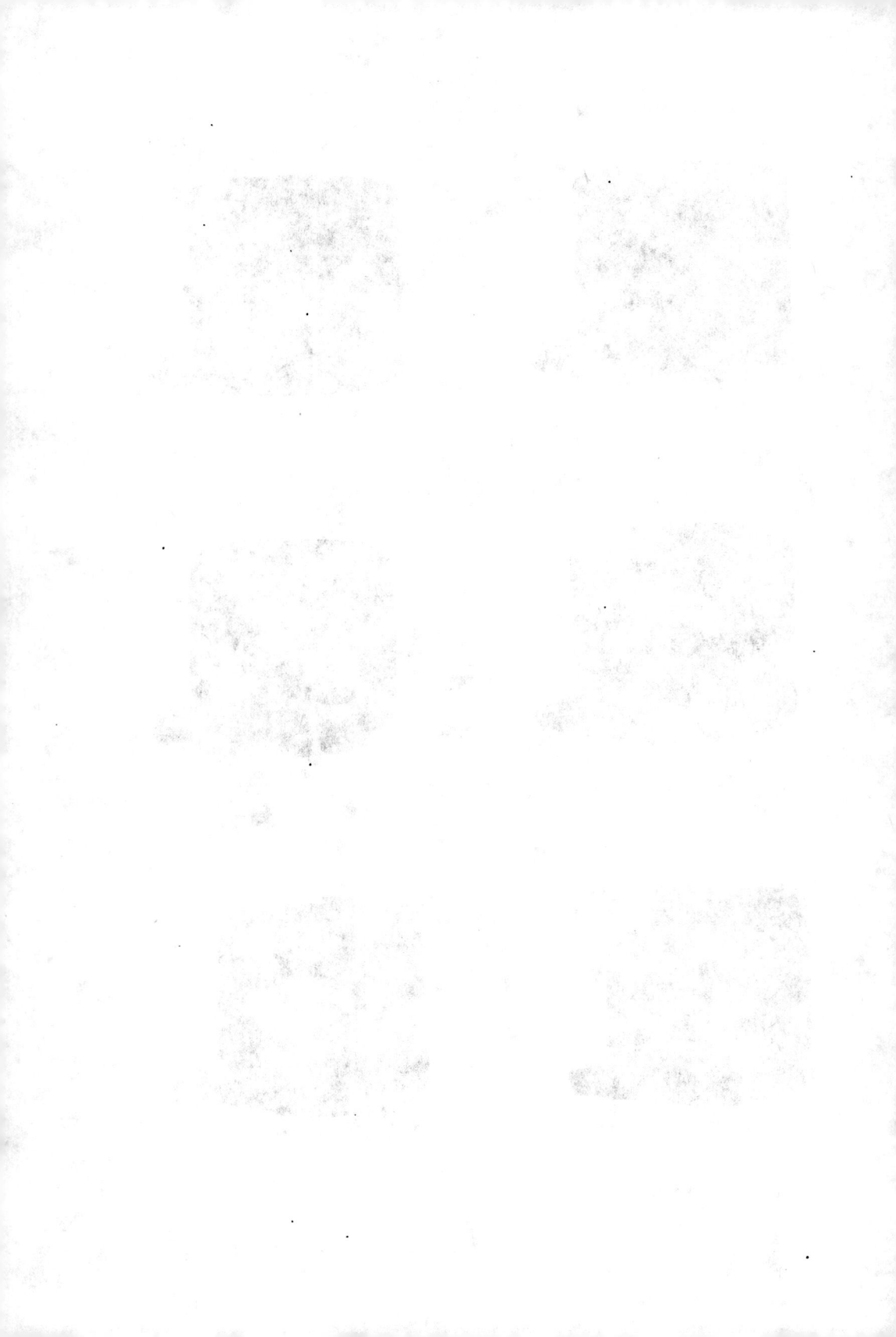

les pourtours intérieurs de la croûte, emplissez-en le vide avec du pâté de foie-gras ou du pâté de gibier, cuit en moule ou en casserole, distribué en tranches régulières.

Ces croûtes, de moyenne grandeur, conviennent pour être servies dans les dîners ou dans les banquets nombreux, alors que les plats doivent être multipliés et abondants. Cette méthode est avantageuse, en ce sens qu'avec un pâté cuit en moule on peut garnir plusieurs croûtes, et qu'on peut ainsi servir plus de convives à la fois.

Voici maintenant la méthode pour préparer des imitations de croûtes en pâte crue, c'est-à-dire en pâte à nouille, dans le genre de celle représentée par le dessin 656.

Faites exécuter une caisse en fort carton, chez le premier relieur venu, en lui donnant la hauteur et le diamètre exacts. Cette caisse doit être bien ronde et droite, fermée au fond et sur le haut avec du carton ordinaire mais lisse et fort: le couvercle supérieur doit être percé, sur le contre, d'une petite ouverture circulaire, pour en faciliter le maniement; le couvercle doit être fixé à 2 ou 3 centimètres au-dessous des bords supérieurs, de façon à former un creux de cette même profondeur.

Étalez en cercle, sur la table, 300 grammes de farine; battez 7 œufs entiers et 1 jaune, versez-les dans le cercle, faites la détrempe peu à peu, sans ajouter de l'eau, en tenant la pâte ferme; fraisez-la; divisez-la en trois parties; travaillez celles-ci tour à tour avec les mains, pour faire prendre du corps à la pâte et lui faire absorber beaucoup de farine, de façon à la bien remplir. Réunissez alors les trois parties; puis, formez la pâte en boule; laissez-la reposer un quart d'heure, à couvert.

Abaissez la pâte au rouleau, en bande de l'épaisseur d'une pièce de 2 francs, assez large et assez longue pour envelopper la caisse; laissez-la reposer quelques minutes; coupez-la ensuite de la longueur et de la largeur de la caisse en carton; coupez en biais et en sens contraire les bouts de la bande, afin de pouvoir mieux les souder. Humectez la surface de la bande avec une mince couche de repère au blanc d'œuf; puis, avec la main, lissez et broyez cette couche afin d'en imprégner la pâte. Appliquez sur la bande les parois extérieures de la caisse en carton, en la couchant; relevez aussitôt la bande des deux côtés, de façon à envelopper la caisse. Soudez au repère les deux bouts de la bande; posez ensuite la caisse debout, et appuyez-en les parois à l'aide d'une simple bande de papier, en la faisant glisser tout autour. Masquez le haut de la caisse, c'est-à-dire la crête saillante, à l'intérieur, avec une bande de pâte, en la soudant avec attention.

Prenez une large pince à pâtisserie, à dents épaisses, et, avec elle, pincez régulièrement les parois extérieures, en commençant par le bas, par rangs, et chaque rang incliné en sens inverse, de façon à former un décor correct et saillant : c'est le point essentiel. Pincez ensuite l'intérieur de la crête et le haut.

Laissez sécher la pâte un quart d'heure; donnez-lui alors, à l'aide d'un pinceau, une couche d'ocre jaune délayé à l'eau; quand la couleur est sèche, donnez-lui une autre couche avec une nuance un peu plus brune, c'est-à-dire avec de l'ocre rouge et jaune, mêlés avec un peu de caramel, de façon à imiter la couleur de la pâte cuite. Quand la couleur est sèche, nuancez légèrement les aspérités avec la même couleur un peu plus chargée en caramel, afin de mieux imiter la pâte cuite au four. Laissez sécher et donnez à l'ensemble une couche de *gélac*.

Le point principal de l'opération réside dans la parfaite imitation de la nuance de la pâte cuite : il faut surtout éviter la nuance rougeâtre. — Au lieu de la pâte à nouille, on peut aussi employer la pâte anglaise cuite (page 2).

Ces imitations de croûte, bien nuancées, sont de belle apparence, légères et solides ; elles sont peu coûteuses et d'une exécution facile ; elles ont ceci de particulier qu'elles peuvent être conservées intactes pendant un an et plus [1], qualité bien suffisante pour attirer sur elles l'attention intéressée des praticiens : je recommande cette méthode.

DESSINS 662 A 665. — IMITATIONS DE GRANDES CROUTES POUR PATÉS FROIDS

PLANCHE 138.

Les deux imitations de grandes croûtes rondes, représentées par les dessins 663 et 664, sont d'innovation récente ; c'est un genre tout à fait nouveau. Ces croûtes, bien finies, sont très élégantes et d'un grand effet sur la table d'un buffet de bal. Elles diffèrent de celles reproduites à la planche 137 non seulement par le genre, qui est tout différent, mais aussi par les dimensions : leur hauteur est de 22 centimètres sur 25 de largeur. Ce format ne convient que pour être servi sur la table d'un grand buffet.

Ces croûtes ne sont pas cuites ; elles sont montées sur une charpente en bois ; je les ai toujours exécutées sur une boîte à pâté de foie-gras ; en tout cas, la charpente doit être en bois mince, fermée en haut et en bas. La frise pincée est seule saillante ; elle doit avoir de 3 à 4 centimètres de haut, au-dessus de la surface plane : celle-ci doit porter sur le centre une petite ouverture circulaire pour en faciliter le transport. — L'apprêt de la pâte pour les grandes croûtes à pâté froid est décrit à la page 2, sous le titre : *Pâte à dresser, cuite, à l'anglaise*.

Pour rendre ces croûtes élégantes, il faut absolument que les ornements appliqués contre les surfaces soient tout à fait en relief, aussi corrects que possible, et solidement fixés. Préparez la pâte, dans une casserole, avec un demi-litre d'eau, 300 grammes de beurre, 500 grammes de farine ; quand elle est remplie, tournez-la ; abaissez-la ensuite en bande d'un centimètre d'épaisseur, un peu plus large que la hauteur de la charpente, et assez longue pour en faire le tour. Humectez sa surface ainsi que la charpente, avec du repère léger, et appliquez la pâte sur la charpente, de façon à l'envelopper entièrement ; appuyez-la fortement ; soudez les deux bouts de l'abaisse ; élevez la pâte au-dessus de la charpente, en la pressant avec les mains. Masquez ensuite la surface plane avec une bande mince de pâte, pour dissimuler le bois ; pincez les surfaces extérieures, sur le haut et sur le bas ; décorez enfin le centre avec des ornements en pâte, dans l'ordre représenté par les modèles 663, 664, 665.

---

1. Pour conserver ces croûtes en bon état, il faut les envelopper dans du papier de soie, et les enfermer dans des caisses à pâté de foie-gras, en lutant attentivement toutes les jointures avec du papier collé : on les tient en lieu sec. Dans ces conditions, il m'est arrivé de conserver pendant 2 ans ces croûtes en parfait état.

Pl. 138.

DESSIN 662.

DESSIN 663.

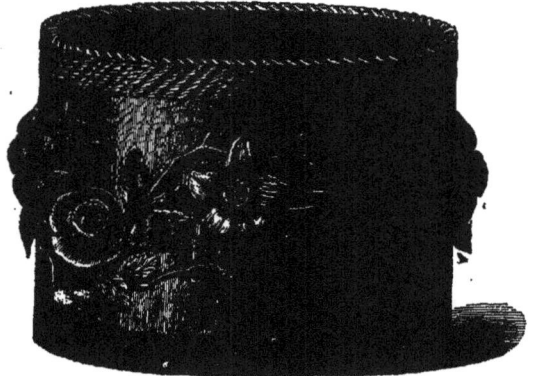

DESSIN 664.

DESSIN 665.

Les imitations de feuilles, de branchages, de fruits et de fleurs, en un mot tous les ornements[1] en relief, sont façonnés à la main ou coupés à l'emporte-pièce ; ils sont appliqués contre les surfaces préalablement humectées avec du repère léger, afin de mieux les coller ; mais cette soudure ne peut suffire qu'aux ornements appliqués à plat ; ceux bombés ou appliqués en saillie doivent être soutenus à l'aide de chevilles en bois mince, de façon à leur donner toute la solidité voulue, car c'est là un point des plus importants ; il est évident que ces chevilles doivent être invisibles.

Quand les croûtes sont décorées, elles doivent être complètement dorées, puis placées dans un lieu sec et pas trop chaud, afin que la pâte sèche sans violence ; mais pour qu'elle acquière la solidité nécessaire, elle doit rester exposée à l'air au moins 24 heures, et dans l'intervalle être dorée plusieurs fois. Dans les conditions où cette pâte est préparée, il est évident qu'elle ne peut pas se maintenir très longtemps ; cependant, on peut bien conserver ces croûtes en bon état pendant 8 à 10 jours.

Quand les surfaces sont parfaitement sèches, il faut légèrement en brunir les parties saillantes avec de l'*ocre jaune* délayé avec un peu de caramel, afin de leur donner l'apparence d'une pâte cuite au four ; on brunit légèrement les aspérités ; puis on vernit l'ensemble avec du *gélac*.

Quand on veut servir ces croûtes, on les garnit, soit avec des pâtés de gibier ou de volaille, cuits en casserole ou en moule, soit avec du pâté de foie-gras cuit en terrine ou en boîte.

Bien que ces croûtes soient fermées sur le haut, il ne faut pas se dissimuler cependant que pour être garnies convenablement, elles exigent une garniture très abondante, correspondant à leur forme. Or, si cette abondance n'était pas réclamée, on pourrait la diminuer, en collant sur le centre de la surface plane un petit dôme en pâte cuite, masqué de gratin ou du pain de gibier, sur lequel on dresserait le foie-gras en pyramide élevée, correcte, se terminant en pointe.

Ces croûtes ainsi garnies, sont dressées sur un plat rond, et entourées à leur base avec de beaux croûtons de gelée.

La croûte représentée par le dessin 665 est de forme ovale ; elle est aussi exécutée en pâte cuite, à l'anglaise, sur charpente, absolument dans les mêmes conditions que les croûtes rondes.

L'imitation de croûte à pâté-froid représentée par le dessin 662 est de forme ovale ; elle est exécutée en *carton-pâte* (page 355). Ce genre d'imitation est aujourd'hui en grande vogue, en Allemagne, mais j'avoue que je n'ai jamais professé pour lui un grand enthousiasme, et ne le reproduis ici qu'à titre de renseignement. Je trouve ces croûtes peu en rapport avec l'ornementation culinaire. Elles ont pourtant une qualité, c'est d'être de longue durée ; mais, en somme, elles ne doivent être admises que comme un *en-cas*, utilisable dans des circonstances où les pâtissiers pourraient être surpris par le manque de temps ; en ce cas même, j'estime qu'elles ne peuvent être servies que sur la table d'un buffet, jamais dans un dîner. Depuis longues années, j'ai dans mes armoires plusieurs de ces imitations rondes et ovales, que je n'ai jamais songé à servir.

Voici la méthode employée pour monter ces imitations de croûtes : si l'on dispose d'un moule ovale, à charnières, l'opération est toute simple, car il suffit de le fariner à l'intérieur, de le poser sur un plafond, et de le foncer mince avec la pâte préparée. On monte la pâte au-dessus des

---

1. Il est bon d'observer qu'un grand nombre d'ornements en pâte cuite, dans le genre de ceux appliqués à ces croûtes, peuvent être moulés sur des matrices en plâtre : ce sont surtout les liserons, et bordures pleines, les feuillages, et les fruits qui sortent le mieux.

bords du moule pour former la crête ; on pince cette crête en dehors et en dedans ; puis, on fait sécher la pâte à l'étuve douce ; elle doit sécher au moins 48 heures. On enlève le moule, et on laisse sécher encore la pâte. On ferme ensuite l'ouverture de la caisse avec une bande en fort carton blanc, à quelques centimètres au-dessous de l'extrémité de la crête.

Pour obtenir une jolie imitation, il est nécessaire que ses surfaces extérieures soient bien lisses ; pour les obtenir telles, on les frotte avec du papier sablé ou une peau de chien de mer ; cela fait, on donne à la pâte, à l'aide d'un pinceau, une couche d'*ocre doré*, délayé au vinaigre ; quand cette couche est sèche, on en donne un autre avec du *crom jaune ;* on laisse encore sécher, et on donne une troisième couche avec de l'ocre rougeâtre (*bolus armenicum*); on noircit ensuite légèrement les aspérités, avec cette dernière couleur mêlée avec un peu de caramel. Quand la couche est bien sèche, on vernit au *gélac.*

A défaut de moule, ou si l'on veut donner à ces imitations de croûte des proportions plus grandes, ayant le même évasement que les moules à pâté froid, il faut opérer à l'aide d'un simple moule en fer-blanc, légèrement évasé, sans fond, ayant par exemple 50 centimètres de long et 15 centimètres de hauteur. Un tel moule n'est pas coûteux, et peut être exécuté en quelques heures par un ferblantier.

Farinez intérieurement ce moule avec du blanc d'Espagne, placez-le sur un plafond. Foncez-le alors, aussi mince que possible, avec du carton-pâte abaissé au rouleau, sur la table saupoudrée de blanc d'Espagne. Coupez la pâte droite, sur le haut, faites-la sécher à l'étuve douce ; aussitôt qu'elle se soutient, sortez-la du moule remettez-la à l'étuve pour finir de la sécher complètement.

Foncez une seconde fois le même moule, avec de la même pâte, mais cette fois en faisant un fond. Faites sécher la caisse, en opérant comme auparavant.

Quand les deux caisses sont solides, assemblez-les, soudez-les l'une sur l'autre, en sens inverse, de façon à obtenir une caisse évasée, ouverte sur le haut, se rapprochant autant que possible de la forme des grands moules à pâté froid.

Cette caisse n'est en somme que la charpente sur laquelle on appliquera des ornements en relief, de façon à lui donner la forme et l'apparence d'une véritable croûte à pâté froid, semblable à celle que présente le dessin 662.

Tous les ornements appliqués sont aussi en carton-pâte ; les uns sont coupés au couteau ou à l'emporte-pièce, les autres enlevés sur matrice ; la crête du haut est pincée sur place, en dehors et en dedans, sur une bande de pâte appliquée en saillie de chaque côté du rebord. Les cannelons du centre et les cannelons tournant autour de la base et au-dessous de la crête sont moulés par petites parties sur la cannelure d'un moule à pâté froid, et coupés en moitié, c'est-à-dire que ce ne sont que des demi-cannelons. On les imbibe de repère, du côté coupé, et on les applique à mesure contre les parois extérieures de la charpente ; les deux points principaux de l'opération se résument en ceci : charpente mince, décor régulier.

Faites bien sécher le décor ; lissez-en les surfaces ; puis nuancez l'ensemble, en opérant comme il est dit plus haut, pour les croûtes en pâte crue.

TABLE ALPHABÉTIQUE

DU TOME SECOND

FIN DE LA TABLE ALPHABÉTIQUE DU TOME SECOND.

MOTTEROZ, Direct. des Imprimeries réunies, A, rue Mignon, 2, Paris.   88 *bis*.